廣播節目企劃與電台經營
——培養全方位廣播人

賴祥蔚◎著

1000100101010
00111001010101001010
00101010010101010001010101010001
0001001010
100101010
00010101010001001010
010101000101010101010001001010

歡迎來做廣播人

　　廣播是唯一可以不用眼睛看的媒體，也是唯一可以「一心二用」的媒體，所以廣播不死，而且常發揮小兵立大功的效果，許多人在第一時間得知重大新聞的來源，常是廣播。

　　新科技也帶給廣播新生命，像衛星廣播、網路廣播，以及正在發展的數位廣播（DAB），更擴大了廣播的範圍與品質。

　　賴祥蔚博士對傳播素有研究，對廣播尤其有興趣，理論及實務兼備，所著之《廣播節目企劃與電台經營——培養全方位廣播人》一書包羅甚廣，從電台基礎課程（尋找廣播好手、廣播人的言行、熟悉播音器材、認識電台組織、國內電台現狀），節目進階企劃（分析競爭對手、探索廣告潛力、瞭解電台理念、擴大製作陣容、廣開行銷通路、整合現有資源、凝聚聽友社群、留意潛在商品、心存成本概念、企劃完善節目），廣播專業學分（電台營運計畫、節目的生死學、收聽率面面觀、做好台歌台呼、電台主管機關等），到電台行政、節目規劃及實務操作，均著墨甚深，可作爲工具書，值得有志於廣播工作者一讀，相信必有所獲。

　　熱情、知識、才能、努力，這是成爲一個成功廣播人必備的條件，歡迎更多有志人士加入這個行業共同努力，提升廣播的影響力。

趙少康

（推薦者現任飛碟電台董事長，曾任環保署長、立法委員）

資訊時代的新觀點

　　賴祥蔚博士新著《廣播節目企劃與電台經營》在台灣媒體生態競爭激烈下問世，具有深刻的意涵。因為不論傳播科技再如何進步，媒體之間再如何整合，對於閱聽人而言，他（她）們只要求有高品質且又滿足需求的節目供應。從這基本的觀點出發，如何兼顧媒體內容的水準，又能獲得經濟上的合理收益，就成為媒體人必須嚴肅面對的課題。

　　筆者認識祥蔚多年，對他致力於學術研究而且關注於媒體動態，留下深刻印象。在過去幾年，祥蔚從事中國大陸傳媒集團之研究卓然有成，如今結合實務經驗，將焦點轉向台灣的廣播事業，自是得心應手。由於國內有關廣播節目企劃與電台經營的相關書籍不多，面對瞬息萬變的媒體環境，無論是新聞傳播的業者及學者，都有必要「再進修」。相信以祥蔚多年實務及學理上的投入，必能提供最為多元且符合資訊時代的新觀點。是為序。

彭懷恩

（推薦者現任世新大學新聞系教授，曾任世新大學傳播學院院長）

爲廣播媒介開創美好的未來

　　廣播是個很有特性的傳播媒介，對社會的影響直如滴水穿石，或許也因爲造成的影響是如此的沈潛，廣播產業受到的青睞，比起其他傳播媒介相對的也比較少，相關的學術論著與教科書也比較有限，許多過時的理論、觀念、思維，包括不合宜的節目、行銷意理與程序，至今依然被奉爲圭臬，間接造成整個廣播產業遲滯不前。看到賴祥蔚博士這本著作，整合當代的理論與實務，以系統化結構介紹廣播電台經營管理與節目產製的各個課題，讓初學者可以有邏輯的學習，讓從業人員可以通盤瞭解廣播電台的營運，也讓管理人員對經營作爲可以內省再思。這本書對廣播媒介的正面意義自是不言可喻。

　　賴祥蔚博士有良好的文學背景，研究所時期更受了完整的學院派訓練，是一位觀念正確、思維細膩、見解獨到的青年學者。在飛碟電台服務的歷練，更讓他以廣播人自許，愛烏及屋之心，也讓他對廣播產業有深刻的期許。他寫的這本書，反映了這樣的特質與理想，相信細讀這本書的讀者，除了對廣播電台的經營管理與節目產製會有具體的認識，對於廣播人應有的精神與特質也會有深刻的體認。

　　幾年前祥蔚以政治研究所博士生的身分，出現在廣電研究所「廣電專業經營與管理」的班上，著實令大家有點意外。他低調的言行、縝密的思維、恭謹的態度，有別於許多刻意驚世駭俗的傳播從業人員。在學習上，他更表現出異於一般年輕朋友的認眞與執著，從絕不缺席、勤抄筆記、凡事好問就足以證明。他在課堂討論時的主動與敏銳，很能針對媒體產業的問題，提出過人的見解或針砭，連廣電所在職生都被比下去，很容易讓人誤以爲他是傳播科系出身的專業人員。印象最深刻的是，他會把課堂所學、服務所見與深思所得，在很短的

時間內融會貫通，成爲獨到的見解，寫成方塊刊載在報章上，讓社會各界參與分享；以他工作之忙碌與課業的壓力，非有過人的熱忱與心力，才足有此美事。相信這本書會順利出版，字裡行間充滿著熱忱與信念，就是因爲作者有這樣的人格特質。

　　祥蔚的博士論文是從政治經濟學的觀點，探析中國大陸廣電媒介產業集團化的議題，正統的媒介經營訓練與多年在電台服務的經驗，讓他得以內行人的觀點與角度深入問題。親身走訪大陸廣電媒介的所見所聞，以祥蔚的主動性格，自會拿來與既有經驗作番比較，衍生出新的論點與觀念。這本書提出不少獨到的見解與觀念，當然是作者有這樣特殊的背景經驗。

　　廣播產業正面臨數位時代的挑戰，需要更多觀念正確、能力足夠、熱忱十足的專業人才投入，祥蔚將理論與實務充分結合，將知識與大家共享就是一個好榜樣。也期許細讀完這本書的朋友，能本著正確的專業知能與充分的信心來加入從業人員的行列，一起來爲廣播媒介開創美好的未來。

關尚仁

（推薦者現任政治大學總務長，曾任政治大學主任秘書、廣電系主任）

培養全方位廣播人——代自序

　　這是一個最不重視全方位廣播人的年代，也是一個最適合全方位廣播人出頭的年代。因為長期以來的不重視，所以全方位廣播人非常稀少；但也正因如此，當廣電元年悄悄拉開了競爭的序幕，世界貿易組織與全球化發展即將擴展這場大賽，值此新局，不管新手還是老鳥，只要能夠早些學習成為全方位廣播人，一定都能獲得有識者的青睞，贏取更多發揮與升遷的機會。

　　所謂的全方位廣播人，指的是不只專精於節目的企劃、製作、行銷，或者是廣告等任一層面，而是能進一步明白電台的整體運作邏輯，並且結合專業的經營管理理論，看清楚電台的生存之道與未來發展，因此適合在電子媒體中擔任經營管理職務。

　　說起電子媒體的經營管理，直到這十年來才開始受到國內大學的重視，這是由於過去的產業市場屬於寡占結構，競爭者既然少，生存自然相對容易，而且大多數的電子媒體都具有或多或少的黨政軍色彩，重要的經營階層往往來自於直接政治任令或間接恩眷提拔，因此經營管理的專業知識自然不那麼受到重視。

　　一九九三年開始，電波資源重新釋出之後，由於新的競爭者加入市場，產業結構丕變，電子媒體才開始注重專業。但是這裡所謂的專業，指的往往是新聞採訪、節目製作，或是廣告業務等單一領域的資深，並不是真正受過經營管理上的專業訓練。兩者之間本來不能等同，就像擅長採訪報導的人才不一定適合經營管理，這本來是常識概念，可惜國內媒體常態卻是反其道而行。至於黨政軍媒體高層人事的政治任命，即使政權輪替之後仍然沒有徹底改善，令人遺憾。

　　傳播媒體，尤其是其中的電子媒體，具有許多被正統經濟學視為

例外的產業特性，例如面對雙元的產品市場、節目再製成本趨近於零等等，因此其經營管理自有獨特之處，必須緊密結合自身的特性。傳統電子媒體管理學往往只談各媒體的組織架構與人事執掌，這些固然不足，新近電子媒體管理學全盤參考企業管理學，不免又忽略了自身特性。

就電台而論，節目企劃與電台經營本來是一體兩面，但是實際上這兩門課程常常各行其事。如果節目企劃課程暢談各種節目之企劃與製作，卻忽略經營層面的考量；而電台管理課程則憑空談論怎麼進行管理，卻遺忘節目屬性對經營管理的影響，兩者都屬不宜。有鑑於此，乃有本書的產生。

這本著作是筆者結合學術研究、實際參與、廣泛觀察、多年教學，以及思考歸納的心得成果，書中結合了學術理論與大量的實際案例，並以口語化的寫作方式呈現。首先對於電台的節目分工、器材、組織、與產業現況等加以介紹，然後從企劃一個節目應該思考的面向開始，深入淺出談論以下各個題目：掌握聽眾特質、分析競爭對手、探索廣告潛力、瞭解電台理念、擴大製作陣容、廣開行銷通路、整合現有資源、凝聚聽友社群、留意潛在商品、心存成本概念，以及企劃完善節目等。以上種種，不只是企劃一個節目的思考前提，其實更是經營整個電台的基礎；各個面向中所提及的原理，除了電台之外，也適用於電視等其他電子媒體。書中最後簡單引介營運計畫、收視率、政府法規，以及意識型態與倫理等相關議題，以供有興趣讀者參考。

這本書涵蓋範圍極廣，每個篇章牽涉的都是一門高深的學問，各領域均有真正的學者專家。筆者自知淺薄卻仍大膽著述，為的是負起拋磚引玉的任務。值此之故，書中謬誤在所難免，尚祈不吝包容指正。

賴祥蔚

目　錄

第壹篇　電台基礎課程

第一章
尋找廣播好手

　　你知道很多電台正在尋找廣播好手嗎？我猜你不知道。告訴你，其實由北到南、從古至今，所有電台都一直不停的在尋找廣播好手，只是你不知道，因此錯失了機會而已。有人可能會問：我真的很想當廣播好手，但是不知道怎麼樣才能變成廣播好手。有人可能會想：我不是大眾傳播系、新聞系，或廣播電視系的學生，甚至根本沒上過大學，這樣怎麼當得了廣播好手？

一、誰能當廣播好手

　　其實不必擔心，只要有心與用心，人人都可以是廣播好手。或許你已經在電台工作，正苦惱於不能擠身廣播好手之林；或許你已經在廣電與新聞傳播科系就讀，正擔心畢業以後找不到電台工作；也或許，你連相關科系都擠不進去。通通沒關係，只要有心與用心，機會永遠在那裏等你。事實上，很多人雖然已經在電台工作，如果不肯用心學習，注定一輩子難有突破；相同的，許多學生雖然已經在大學相關科系就讀，偏偏沒有這個心，四年下來也根本學不到什麼。

　　這個領域跟所有其他領域一樣，進來早不是成功保證，正科班畢業也不是成功保證。先看資歷，以聲音渾厚有磁性而享有大譽的李季準，幾十年下來夠資深了吧？連呂秀蓮副總統都曾經在金鐘獎典禮上公開說，她是聽李季準的節目長大的。相信很多有點年紀的人都跟呂秀蓮同樣是這麼長大的。結果呢？還不是因為廣告業績不理想而黯然離開中廣。當然，廣告業績不能等同於節目的好壞，何況李季準畢竟也風光了幾十年，已經算是非常難能可貴，比較起來，幾十年來有更多的廣播人們一直「默默」服務，大多數人卻可能從來沒有聽過這些人。資深雖然不是成功的保證，但電台中絕非不歡迎資深的廣播人。白銀女士縱橫空中數十年，長期在電台服務，堪稱兒童節目與call in

節目的先行者，甚至連戒嚴時期的冤獄都打不垮她，就是一個值得尊敬的範例。

　　再談談學歷，放眼當前的廣播好手，有幾個是因為先有了正科班的學歷？廣受年輕人喜愛、衛冕電台情人多年的光禹，大學念的是理工科系。主持警廣節目受歡迎，因此選上台北市議員的秦晴（秦儷舫），畢業於成功大學機械系。從電台紅到電視台的于美人，則是畢業自東吳大學中文系。至於飛碟電台董事長趙少康，台大農機系畢業後留美獲得機械工程碩士學位，在一九九六年投入飛碟電台經營以前，長期在政壇服務，從議員、立委到環保署長，號稱政治金童，除了偶爾主持節目以外，對廣播根本是個門外漢，但是靠著有心與用心，短短幾年下來，不僅他的談話性節目長期受到聽眾歡迎，飛碟聯播網在他的經營下，更是笑傲台灣天空，連年創下四、五億的超高盈收，從此成為媒體金童，不知羨煞多少人。這些例子顯示，廣電相關科系畢業的學歷只能為你加分，不能保證在這行闖蕩一定及格，更不足以讓你因此在廣播好手這門終身學分上獲得滿分。

二、什麼是廣播好手

　　所謂的廣播好手，指的絕不只是電台節目主持人而已。雖然對許多嚮往廣播好手生涯的人而言，主持人似乎是大家心中唯一想得到的答案。要想做出一個廣受喜愛的好節目，主持人雖然十分重要，但是還要有更多的同仁們一起支持才能成功，這些人通通都是廣播好手。

　　就單一節目而言，最基本而重要的職務就是製作人，這個工作要負責提出節目構想以便爭取時段播出，具體工作包括節目設計、工作與人力資源分配、預算成本規劃、節目品質掌控，以及節目團隊對內與對外的溝通等等。要扮演好這個角色，首要任務是提出一個能夠吸

引人的節目構想，並且激勵相關人員為了理想全力以赴。

其次的職務才是節目主持人，這個工作是透過聲音對觀眾表現，貫徹製作人對於節目的想法，除了要營造節目的氣氛以外，還要精確掌握現場的各種突發情況，並且要隨時與製作人及其他節目人員溝通，讓節目吸引聽眾。

再其次是節目企劃、節目行銷與節目製作。節目企劃的工作是秉持製作人提出的節目宗旨，具體設計並執行節目各個單元，包括談話內容的主題與素材、音樂的選取與搭配等，必須廣泛閱讀報章雜誌，常常提出新創意、新企劃，並且負責執行。這跟電台裏一般通稱的「企製」（企劃製作）工作最為接近。

節目行銷的工作是負責節目的宣傳與行銷，幫助節目開拓更多聽眾，因此除了要懂得撰寫新聞稿之外，也要密切與企劃人員溝通，並且構思跟聽眾有關的活動，以最小成本發揮最大效益。

節目製作的工作則是負責節目的製作，利用混音機等電台硬體設備呈現出理想的聲音，也就是控音，並且把節目錄起來或播出去。

最後是節目助理，這個工作主要負責一般性庶務的處理，例如依照指示尋找資料、協助邀請來賓參加節目、安排電話連線，或應答聽眾的來電等等。

在實務工作上，由於電台的人力資源在各種傳播媒體中往往是最精簡的，因此前述幾項職務常常受到壓縮，甚至一個節目只有一個人負責，這時候他的身分其實是涵蓋了製作人、主持人、節目企劃、節目行銷、節目製作，以及節目助理。比較常見的情況是一個節目只有一個主持人，外加一個助理作為搭配。很多電台企製常常好奇的問，到底是主持人應該規劃節目？還是企製要負責提出想法？因為有的主持人會充分授權企製去進行所有規劃與安排，自己只負責時間到了來講講話；但是有的主持人完全不理會企製的想法，只讓他們去做影印與買便當等跑腿的庶務。在這兩者之間其實沒有清楚的分際，問題癥

結在於每個主持人對於自己的角色認知不同，不管電台在工作內容上有無清楚的文字規定（通常沒有），有人認為自己是製作人兼主持人兼企劃，也有人認為自己只是主持人。由於現實上主持人比較受電台重視，好的企劃應該先瞭解主持人的心態，以此作為基礎進行配合，如果想要更大的發揮空間，就必須用心思考、隨時找機會提出自己的想法，包括找主題、找資料來說服主持人，這樣才能獲得電台主管或主持人的信賴與肯定，從而更上一層樓。除非企劃根本已經想要拆夥，另投明主，所以故意不配合主持人。

不管人力怎麼精簡，製作一個節目所需的工作絕對不可能精簡，只是看這些工作如何在現有人力中分配罷了。身兼多職不能是忘記某些任務的藉口。許多廣播人往往只知道主持人與節目助理的工作，忽略了節目構思與宣傳的重要性。一個成天只會忙著尋找來賓的電台人員很難變成廣播好手，因為不動腦就製作不出好節目；同樣的，一個不能每天吸收新資料而只會空談的節目主持人，也不可能長久維持節目水平。很多節目之所以能夠走紅，往往是因為主持人在發揮主持魅力的同時，也扮演了良好的製作人與節目企劃角色，除了主持，也對整個節目應該如何吸引聽眾的大方向有其想法，並且具體設計每一集的內容，甚至自己去蒐集資料。這些主持人或許不是很清楚的意識到自己身兼多職，但事實上是肯定的。相反地，如果企劃同時扮演了製作人與節目企劃等多重角色，主持人只出一張嘴，看著資料照本宣科，那麼不難想像在這種情況下，企劃就成了節目的關鍵，主持人則淪為貢獻聲音的「播報員」，甚至是資深電視主播李艷秋在獲獎時對於自己工作的形容——傀儡。

想當廣播好手不一定要有悅耳的聲音或是機靈的反應，主持人不是唯一的廣播好手，很多時候製作人才是最重要的角色，甚至可以說如同是節目的靈魂。當然，其他製作節目的職務也都不可或缺，行行出狀元。更何況，沒有任何電台會只有一個節目，一定會有許多節

目,由節目部來統一管理。除了節目部以外,通常一個電台在董事長與台長之下,還會有工程部、業務部、行政部、行銷部與新聞部,各個部門都要發揮功能,電台才能經營良好。這些部門的人才都可以說是廣播好手。

三、怎麼變廣播好手

想當廣播好手有很多方法,就節目的製作與主持而論,常見的方法不外三種,一種是直接切入,爭取當上節目主持人,但是這要先自行修練,等到認為已經有了一定火候再密切注意電台招考等時機,或是選日不如撞日,立刻送件,以便自我推薦;第二種是間接逼近,從企劃人員、助理、乃至於工讀生做起,邊做邊學,邊學邊前進,直到有了自己的節目為止。第三種是黃袍加身,本來沒想到要爭取,忽然天下掉下來一個機會給你。

藉由第一種管道出身的節目主持人中,光禹算是相當成功。他早年就試著自己對著錄音機錄節目,再把相關資料寄到警察廣播電台,勇敢自薦,雖然沒有因此立刻成為當紅主持人,但得到邊做邊學的機會,不論是警廣的「今夜家族」節目還是飛碟聯播網的「夜光家族」節目,都受到聽眾熱情而溫馨的支持,一路走來終於有今天的地位。先前在台北之音起家,後來轉進中廣流行網的呂如中,則是另一個勇於自薦而成功闖出一片天的節目主持人。

藉由第二種管道出身的節目主持人裏,侯昌明的經歷算是一步一腳印。他原本是飛碟電台的工作人員,後來因為不辭勞苦,擔任節目外派到各個現場的電話連線人員「好康先生」,開始有了空中發聲的機會。由於這段時間侯昌明表現積極良好,又能與電台裏的節目主持人一搭一唱,默契十足,不久就升級變成了共同主持人。侯昌明的經

驗顯示從企製變成主持人不難，其實從工讀生變企製更容易。有一名學歷不高的電台櫃檯工讀生曾向筆者探詢要怎麼樣才能接觸節目，筆者當時建議她利用下班時間爭取擔任節目的免費義工，先求學習再等待機會。她當了一段時間的義工後，該節目的企製因故離職，因為急需補人，她又已經熟悉作業、表現良好，於是順理成章升格成為企製。這麼看來，只要有心又用心，即使只是先當電台的打雜工讀生，也有機會向著變身廣播好手的大路邁進。

　　有些走間接逼近路線的主持人是從其他相關領域逐漸轉進，例如飛碟聯播網的Johnny本來是電視台的娛樂新聞記者，後來被發掘成為節目主持人；另一位News98電台的主持人唐湘龍原本是報社記者，受邀擔任「飛碟晚餐」節目中的固定來賓，言語犀利，後來獨當一面開始主持節目。由此可見，一開始沒能進到電台並不代表以後就不會有機會。

　　藉由第三種管道出身的節目主持人裏，于美人的故事最為有趣。她在地下電台興盛的年代中，意外被朋友拉去填補時段，主持現場節目。臨上場的前一天晚上還緊張得要命，找了一堆相關教科書來惡補，加上現場隨機應變，很快進入狀況，而且她那非正科班的生活化主持風格，例如公然在節目中說放音樂是因為肚子餓要去吃個泡麵、開放call in聊天等等，在當時都不多見，也因此受到許多聽眾喜愛。在地下電台練就了一身功夫之後，于美人對電台更有興趣，試圖轉進正式電台，不過一開始並不順利，大概是因為地下電台的經歷不被重視，曾經有過投遞資料給台北之音卻石沉大海的經驗，後來到了飛碟聯播網後靠著自己本領與不斷用心，很快就大為走紅。除此之外，許多名人都曾受邀主持節目，尤其藝人最受喜愛，例如老牌歌星鄭怡進入中國廣播公司，偶像新秀李威、林佑威進入台北之音等，太多藝人來來去去，族繁不及備載。政治人物也是常受邀的族群，羅文嘉先前離開台北市政府後賦閒在家，就被News98電台邀請去主持節目，後

來因爲出任文建會副主委才離開，接著又選上立法委員。知名外商公司北電網絡的總經理吳振生則是從商界直接跨行到電台，因爲與News98電台高層主管的一次電梯偶遇閒聊而受到邀請主持節目。這種名人案例因爲一般人學也學不來，純供茶餘飯後八卦參考。

四、學著當廣播好手

儘管人人都想當節目主持人，其實廣播電台的主持人剛開始並不受重視，他們甚至沒有機會在空中說出自己的完整姓名。

據考證，美國第一位廣播員（announcer）可能是湯米考恩（Tommy Cowan），但當時聽衆絕對沒有聽過這號人物，他們只知道有個代號爲ACN的傢伙偶爾會在節目中說話，這裏的ACN其實是紐約廣播員考恩（Announcer Cowan N.Y.）的縮寫，這是因爲當時電台不准廣播員在空中說出自己名字，以免廣播員出名之後要求加薪。有趣的是，即使聽衆明明只聽得到廣播員的聲音而看不見他們的人影，當時卻規定在電台錄音室中，男廣播員必須穿著半正式晚禮服，女廣播員則要穿上晚宴長禮服。

現在大家當然都已經知道，過去的這些奇怪措施最後都失敗了，因爲播音員有名才能夠吸引更多的聽衆與廣告，早年最有名的廣播人首推美國總統羅斯福（Franklin Delano Roosevelt），他從一九三二年開始透過廣播電台直接向美國人民說話，成爲所有民衆在經濟大蕭條之中的重要安慰。現在不但廣播節目主持人一個比一個有名，每年還有各種電台情人的票選，已經具有大衆偶像的地位；至於他們在電台錄音間的穿著，則是一個比一個休閒、甚至一個比一個不修邊幅。有些從電視轉戰電台的藝人就曾經說過，不必上妝、不管服裝，正是電台工作最吸引他們的因素之一。

　　從古至今，廣播節目的風格變化十分驚人，很多人因為掌握了流行趨勢，就此順勢竄起。台灣過去偏愛字正腔圓與悅耳美聲，不容一點走調，但是這幾年來很多不符合前述要求的主持人紛紛走紅，甚至引起流行，例如地下電台中的台灣之聲，台長兼主持人許榮祺講話既不流利，聲音也不好聽，卻曾經轟動一時。如果說時代造英雄，那麼現在應該是最適合把一般人創造成廣播英雄的時代。

　　美國最早的廣播電台節目，是將樂團的實地演出，透過轉播讓所有的聽眾都能收聽。這種方式最初是由匹茲堡的 KDKA 電台開始，該電台在大飯店的舞廳中架設設備，以便轉播知名樂團的演奏。有些財力雄厚的廣播電台甚至擁有自己的專屬樂團或演奏藝人。不過並非每個樂團都受到聽眾喜愛，相反的有些樂團則受到熱烈支持，聽眾希望一聽再聽，因此早在一九二二年，北加州的 WBT 電台開始利用留聲機來播放受歡迎樂團的唱片。不過在剛開始，這種利用留聲機的方式，主要只是作為填補空檔之用而已。不久到來的經濟大恐慌，讓很多電台無力再負擔現場演出的昂貴費用，在這種背景之下，一九三五年馬丁布拉克（Martin Block）將西岸借重留聲機的方式帶到了東岸的紐約，並且加以模仿與擴充，變成 WNEW 電台的正式節目「虛構的舞會」（Make-Believe Ballroom），此後漸漸變成了新的主流。從此以後，這種選取並播放唱片的工作在電台節目中越來越普遍，也越來越重要。正因如此，電台節目主持人又被稱為唱片騎士或碟手（disc jockey），英文縮寫即為 DJ。

　　時至如今，DJ 已經變成一個以播放音樂與說話為主的工作，表達能力至為重要。在自我的表達訓練上，說話的「順暢」與「清晰」是最基本的要求。很多人總以為自己每天都在說話，說話怎麼可能不順暢、不清晰。有時候聽到電視或電台主播因為一時失口而口吃或吃螺絲，還會不客氣的嘲笑人家。可惜事實偏偏就是如此，多數人都說不好話，不信的話，自己現在看著報紙錄一段來聽聽看。想要訓練說

話的順暢與清晰，最好的方法就是多讀多說，並且隨時錄下來聽聽看自己的表現，以便調整修正。

練好了順暢與清晰，進階課程是說話的「語氣」與「情感」。一個人如果說起話來既沒有抑揚頓挫又沒有融入感情，大概就跟電影中的機器人差不多。雖然很少人說話會像機器人那麼沒有變化，但是能夠好好發揮說話語氣與情感的人也不多。有些廣播節目主持人認為模仿是訓練語氣與情感的最好方式，可以藉由模仿廣播老手的談話風格、模仿廣告中的精采對白，然後錄下來聽聽看自己的聲音跟別人有什麼不一樣、哪裏還可以加強，慢慢求取進步。

最後是意境的想像與創造，這有賴DJ真正捉住聽眾的內心感受，並且具體透過詞彙與音樂的組合，來營造出節目的感覺與氣氛。

除了表達訓練，想當廣播好手必須學習的功課還很多。如果自問不能直接從節目主持人開始，而是必須要從助理、節目企劃、節目行銷、或者是節目製作逐步做起，那麼要學的功課可就更多了。即使已經有了主持的機會，想要讓節目能夠更上一層樓還是需要更多的學習。電台這麼多，節目到處有，獲得主持的機會不難，想要真正走紅就不容易了。有些人能夠從最基層一路往上爬，有些人卻總在原地踏步，等人家來後浪推前浪，其中差異除了運氣之外，一定還有其他原因。

第二章
廣播人的言行

　　想當廣播好手，當然要知道怎麼說話。要說話，先要知道該說多少話。很多人可能不知道，如果以平緩口氣說話，如同早期廣播人所受的咬文嚼字訓練，一分鐘大約可以說出一百八十至兩百四十個字之間；如果是現代人的快速節奏，說起話來都像張小燕一樣的知名快嘴，總把「這個樣子」濃縮念成「醬子」，那麼短短一分鐘之內可以噴射出來的字數大概在兩百四十至三百字之間。有了基本概念，才不會發生時間已經到了，準備好的文稿資料卻還說不到一半，或是已經江郎才盡、無話可說，偏偏時間還有一大半的窘況。

　　除了要知道說話速度與文字數目之間的關係，還要知道廣播人說起話來跟一般人有一點小小的不同，甚至有時候是用手而不是用嘴說話。

一、廣播人說什麼話

　　廣播好手說的話首先必須口語化，這是最基本的功課。說起話來要像是跟朋友面對面聊天一樣，很多剛接觸電台麥克風的人，常常都因為太依賴事先準備好的文稿，一路照著念。其實寫下來的文字很難跟說出口的話語完全一樣，倡導白話文的胡適呼籲「我手寫我口」，要做到可不容易，以今天的標準來看，即使他講的這句話也不夠口語。照稿念會讓聽眾明顯感覺到你不是在跟他們說話，而是在自說自話。口語化的要求雖然推行已久，很多媒體人還是會犯一點小毛病，就像現在的電視新聞記者在報導時，常常描述受傷的人已經「沒有大礙」，這也不夠口語化，而且會讓「大愛」電視台很不自在。

　　其次是通俗化，例如文章常寫到的「亦即」在口語中是不會出現的，應該改說成「也就是」；說「盥洗」不如改說「刷牙洗臉」；說「代步工具」不如說「交通工具」或「車輛」；很多成語最好也應避

免，與其說「才高八斗」不如直接就講「很有才華」，簡單又明瞭。

　　第三是隨時加強說明。很多廣播新人總從自己的角度去思考，以為自己講得這麼認真，聽眾一定也聽得非常認真。可惜事實卻是：聽眾通常不是非常認真在收聽，而廣播又不像報紙雜誌可以回過頭來重看，因此如果遇到重要部分或容易混淆的部分，都應該加強說明，例如宣導明天晚上八點會開始停水，就應該多提醒幾次是明天、晚上、八點，以免聽眾一時沒聽請楚，誤以為是今天或明天早上八點，引起不必要的困擾。尤其邀請來賓上節目在介紹來賓時，除非對象非常有名，不然最好將來賓大名清楚說出，再加強說明，如「張惠妹，弓長張，恩惠的惠，姊妹的妹」，「林心如，雙木林，心臟的心，如果的如」，而且最好不要只有一開始提到，因為有些聽眾可能是中途才加入收聽。這樣一來，聽眾才會清楚現在到底是誰在說話，有助於聽眾及早進入狀況，吸引收聽。

　　第四是少用代名詞。文章中的祂、她、他、牠、它不會讓人混淆，但是念起來就全然不是那麼回事。舉例來說，講：「他把他趕走以後，走過去擁抱她」，不如講：「正賢趕走文聰以後，走過去擁抱碧玉。」第一位華人諾貝爾文學獎得主高行健，他的小說在文壇是出了名的人稱簡要，只用幾個你、我、他就貫穿幾十萬字的小說。這種寫作方式在表現手法上也許很有深度，會讓讀者多看幾遍之後才若有所悟，但是如果出現在廣播中多半讓人完全聽不懂。

　　第五是注意同音異義字。中文的一個音可以在字典上找出許多不同的字，有時候意思天差地遠。如果主持人在節目中很客氣誠懇的祝福所有聽眾「諸公」們每天發生「趣事」，那麼聽眾們十之八、九可能會以為主持人不但一開口就罵人「豬公」，而且還大膽詛咒他們「去世」，這麼一來結果可就大大不妙了。這種例子可能發生在每一個人身上，廣播人說話的機會最多，聽眾又相當廣大，應該力求避免，才不會引起困擾，除非是故意要製造鬧劇或笑料。

最後是不要說錯話。孔子說：「知之爲知之，不知爲不知。」能做到這一點就算及格。少數廣播人喜歡大談自己不懂的話題，冒充專家，這種行徑不僅讓內行人聽了看笑話，也可能誤導聽眾。對於文字的讀音也應該勤於查閱字典，以免將龜（ㄐㄩㄣ）裂念成龜（ㄍㄨㄟ）裂，口吃（ㄐㄧˊ）念成口吃（ㄔ），或是將莘（ㄕㄣ）莘學子念成莘（ㄒㄧㄣ）莘學子，甚至將草菅（ㄐㄧㄢ）人命念成草管（ㄍㄨㄢˇ）人命。即使是無意的口誤也要力求避免。心理學家認爲，口誤反映了某些心理狀態，這不是本書的討論範圍，但是必須指出的是，有些時候口誤可能引來嚴重後果，特別是在政治高壓時期。一個極端的例子發生在一九五〇年代的大陸，有個電台播音員播報時，誤將文稿上的中共高層要員「安子文」讀成了國民黨高層要員「宋子文」，這一字之差的結果是爲他帶來十五年的牢獄之災。

二、廣播人比什麼話

有些時候廣播人不能說話，但是又需要溝通，這時候就需要比手畫腳。因爲又要說話主持節目，又要開口叫助理忙東忙西，氣氛很容易跑光。總不能才故作感性的跟聽眾說：「歡迎收聽今晚的非常家族，我是你們的主持人。」馬上又兇巴巴的大叫：「喂，叫你現在要進音樂，你怎麼忘了？」同樣的，聽眾在收聽來賓難過的說著一段感人往事的時候，忽然聽到主持人或助理在旁邊提醒：「講大聲一點。」不免也很煞風景。

廣播人的比手畫腳雖然沒有手語這麼豐富好用，但是發揮的功效不小。底下是幾種播音室中常用的溝通手勢：

試音（give me a level）：右手舉起至與口同高之處，手指往前平

伸，四根手指在上、拇指在下，反覆合攏分開，比出講話的
樣子。

預備（stand by）：高舉右手，手掌伸直，手指微開或合併均
可。

開始（cue）：從預備手勢向前向下畫，改握拳，只伸出食指。

你在節目上（you're on）：用食指直接指向對方。

靠近麥克風（more closer to mic）：右手掌伸直放在嘴前，掌心
朝內，由外向內移動。

遠離麥克風（more further from mic）：右手掌伸直放在嘴前，掌
心朝外，由內向外移動。

加大聲量（more volume）：雙手移至肚腹前方，指尖平伸相
對，手心向上，如捧物般上下移動。

減低聲量（less volume）：雙手移至肚腹前方，指尖平伸相對，
手心向下，如拍打般上下移動。

關掉麥克風（kill my mic）：右手食指在自己頸部從左向右畫，
比出割喉嚨的動作。

放前奏樂或配樂（play the theme）：左手水平，右手垂直，握拳
伸出兩手食指比出一個直角。

加長（stretch）：兩手平舉向前，指尖相對，比出拉橡皮筋的動
作。

收尾（wrap up）：兩手握拳，伸出食指相對，互繞圓圈。

放尾聲（conclude with the chorus）：伸出右手，握拳，反覆幾
次。

熟悉這些播音室中的常用手勢，無疑的是當個廣播好手的基本入
門功課。有一句俗話說：「書到用時方恨少。」輕視前述這些溝通小
技巧的廣播人很快就會發現：「手勢到比時方恨少。」

三、節目的正常進行

假設某電台中午時段的新聞談話性節目「政治最前線」擁有一整套的節目製作人馬，包括製作人、主持人、企劃、行銷、製作以及助理，在美好的正常情況下，一天的過程大概如下：

早上十點：

製作人邀集所有人員開會，先檢討了一下昨天節目的缺點，包括邀請來的來賓們立場都一樣，聽起來像一言堂，一點都不精采。製作人也指責主持人昨天沒有控制好來賓的發言時間，讓其中一個來賓獨白太久，聽起來有點悶，而且主持人問的最後一個問題，一聽就是外行話，減低了節目與主持人應有的權威性。

檢討完之後立刻開始討論今天的節目主題。主持人先開口說今天報紙上都在報導「威而剛」的新聞，可以找專家學者來談這個話題，男性聽眾應該會有興趣。製作人覺得不妥，因為節目的宗旨是希望發掘政治新聞背後的內幕，或是對於未來的影響，長久以來聽眾已經習慣，也相當支持，不適合忽然去討論壯陽藥物。

這時節目企劃提出兩個已經想好的方案，一個是行政院最近與台北市明顯槓上了，建議針對誰對誰錯來進行探討，同時找專家學者從憲法層面來看到底台北市是不是行政院的下屬，因此不能「犯上」，還是本於地方自治精神應該要合理力爭。節目企劃所提出的另一個方案是探討這一段時間以來最熱門的全民公投話題，看看是不是包括司法案件在內的任何議題，都能靠公投解決，順便參考各國的經驗。

大家初步討論了一下，覺得兩個方案都不夠好，沒有什麼勁爆內幕能夠炒作話題、吸引報紙報導，例如行政院長先前宣布將要淡出政

壇，如果是在節目中第一手透露就好了，不過既然這類題材本來就不容易找到，最後還是決定選擇公投作為主題。製作人請節目企劃列出打算邀請電話連線的來賓名單，並且不忘提醒邀請的來賓們應該處於對立的立場，這樣討論起來才會有衝突與辯論，才會讓聽眾覺得精采。本來節目都請來賓上現場，不過SARS發生時改為電話連線，後來電台發現這樣可以省下每集兩人各五百元的車馬費，因此通告一律改為連線，除非請到的是超重量級人物。製作人同時請節目企劃順便多找一點相關剪報，讓主持人先看看，對這個問題有一點基本認識，才能進入狀況，引導出深入淺出的內容。

早上十點半：

節目企劃詢問了節目的相關顧問，並且查閱了一下最近在報紙上對於公投發表過意見的政治人物與學者專家，分成意見不同的兩派，按照順序各自列了三個人，並且用電腦打好一張傳真用的邀請便函，詳列電台頻率、節目介紹、播出時間、連線時段、主持人、討論主題、四個參考題綱，以及聯絡電話與聯絡人等資料，請助理開始聯絡中午的連線事宜，順便挑選了幾份重要剪報，請助理影印送給主持人閱讀。助理開始忙著打電話到相關部會、立法院與幾所大學，一旦對方時間可以配合，就傳真邀請函過去。

早上十一點半：

節目企劃剛剛寫好節目流程表（run down），流程表第一列精準的列出幾分幾秒，第二列則是配合前述時間的節目內容，包括進片頭、主持人開場、來賓第一段連線、進音樂等等，並且有一些附帶說明，例如來賓的姓名與職務、音樂曲目。流程表的角色彷彿劇本，讓相關人員都能知道節目會怎麼進行，由製作人認可之後定案。這時製作人想要確認一切是不是都進行順利，看過流程表之後發現來賓名單上沒有邀請到部會首長，只邀請到立法委員，而且還不是講話犀利的明星級立委，顯得略為不滿，同時他也質疑邀請的教授以前沒上過節

目,口才不知道好不好。節目企劃解釋這是因為想要優先邀請的官員與立委中午都有事,只有這位立委可以配合;至於教授在電話中講起話來頭頭是道,應該還不錯。製作人搖了搖頭,沒有多說。事實上,他想說的話以前已經說過好幾遍了:「這些都是藉口,邀不到理想的人是因為你不夠用心。不然為什麼前幾集我出面就邀得到重量級人士?難道我不出面就不行嗎?」

中午十二點整:

電台開始播放準點新聞,五分鐘後電腦控音系統會自動播放三十秒的節目片頭,因此主持人還有一點時間準備,她帶著剪報以及自己手寫的一頁摘要進了錄音室,桌上還有助理剛送來的節目流程以及一杯白開水。按規定,食物不能進播音室,就算是飲料也必須加蓋,以免不小心翻倒溢出,造成電子儀器短路。臨進播音室之前,製作人特別叮嚀主持人要多問一些雙方見解對立的問題。製作人帶著企劃、行銷、製作及助理一起進入控制室。節目企劃第一次撥打電話通知即將開始連線,請來賓先準備,不久第二次撥打電話,請來賓在線上等候。

中午十二點五分三十秒:

節目正式開始,主持人開場,跟聽眾先打了招呼,聊了幾句天氣交通,隨即進入主題,簡單介紹過公投的發展背景之後,點出幾個問題,再介紹來賓同時請來賓跟聽眾們打招呼,再進入節目討論。播音室與控制室中間隔著雙層的透明隔音玻璃,兩邊人員可以隨時互比廣播常用手勢,在節目進行中繼續交換意見。

下午一點:

節目結束,製作人發現立委的看法與所屬政黨立法院黨團公布的統一書面聲明有著明顯的不同,靈敏的新聞感嗅出其中潛藏的政治對立,立刻指示節目行銷將這個發現寫成新聞稿發出去。過去經驗顯示,很多刺激性話題都是當事人在無意之間脫口而出,懂得加以把握

的製作人才能幫節目創造走紅機會。節目行銷原本以爲今天不必寫新聞稿，正想著怎麼把節目現場拉到各大學，以便製造新聞並吸引學生收聽，接獲指示之後馬上明白了這個訊息的重要性，迅速憑著剛才收聽的記憶埋頭趕寫新聞稿，並且要來側錄帶以便確定幾個關鍵用語，寫好後透過電台的行銷公關部門發送出去給各家報社與電視台。

下午四點：

在報社與電視台記者的追問下，該立委與黨團幹部的爭執更加擴大，演變成了黨團的分裂與內鬨，製作人立刻指示節目企劃第一時間邀請雙方隔天一起上節目現場，這樣更有效果，至於車馬費他會想辦法張羅。雙方先後同意後，製作人指示節目行銷發出新聞通告，預告隔天中午的節目內容。忙完這一切，製作人露出得意的微笑，他知道報紙明天報導在這段政治新聞時，多數都會提到這一段過程，也就免費幫自己節目進行了宣傳，而且也會預告明天的主題，招惹一堆電視台派出SNG到現場來擠，當然也就吸引了更多的聽眾。

四、節目的通常進行

前面的情節是「正常」情況，可惜多數節目的進行不是這麼一回事，而是按照「通常」情況。在通常情況下，隨著節目是內製內包、外製外包等不同方式又有不同。

(一)外製外包

電台將節目開放給外面的機構或個人承包，這些承包者付出時段租金給電台之後，不僅要製作節目，連節目裏的廣告也一起包下來對外招攬。老字號的民營電台多半採取這種方式，好處是坐收租金，沒有風險；壞處是難以維持整個電台的風格一致，管理也比較麻煩，因

為每個節目都要想辦法把付出去的錢給賺回來，大家各顯神通，電台則限於已經拿了人家的錢，不好干涉。由於電波資源屬於全民所有，電台只是獲准經營而已，因此這種方式常被批評是賺取租金的二房東。外製單位可能是只承包一個節目的小工作室，也可能是承包一堆節目的大公司，除了要製作節目之外，還要招攬廣告。

(二)內製內包

這是由電台自己製作節目、自己承攬廣告。電台的節目部有一批固定員工，負責所有節目。每個節目固然都有主持人與企製，但他們可能同時也要負責其他的節目。電台為了節省人力開支，會讓每個企製多接幾個節目，反正給的薪水都一樣，而且沒有加班費。規模大一點的電台會以合約方式聘請有名的主持人，這些外聘主持人時間到才來，節目完就走，有事就透過電話指揮企製去做。如果是冷門時段或是規模小的電台，因為請不起外面的大牌主持人，企製可能還身兼主持人。為了減輕企製的工作負擔與抱怨，電台會找一些便宜的時薪工讀生來支援庶務性的工作。企製工作雖然不需要負責招攬廣告（那是電台業務部的任務），也可以忘了行銷（反正電台有行銷企劃部，儘管人力多半單薄得難以顧及各個節目在幹什麼），甚至不理製作（有的電台設有專人負責所有節目的控音工作），但是手邊的一堆節目，已經足夠讓大多數的企製們忙到只求節目正常播出就好，沒時間扮演對整個節目走向很有想法的製作人，也管不了每一集節目應該怎麼企劃與行銷。

(三)其他製包

除了內製內包與外製外包之外，從排列組合來玩，還可能出現外製內包（節目別人承租，廣告則是自己承攬自己賺）與內製外包（現實中不存在自己純做節目卻讓別人獨家招攬廣告的電台），以及只製

不包與不製只包（現實中同樣不存在不做節目只招攬廣告的電台，有線電視的購物頻道勉強算是不製只包）。就只製不包來看，公營電台可能是內製不包或是外製不包，因為這些電台是政府經營，所以不能招攬廣告，當然不包。有些公家電台的節目以自己製作為主，有必要時才委託外面的機構製作，例如內政部的警察廣播電台、軍方的漢聲廣播電台；有些公營電台因為要服務多元族群，例如各個年齡層、各種弱勢族群、原住民等少數族群、甚至是外勞等等，電台人員再厲害也沒辦法兼顧這麼多元的需求，因此主要是透過公開招標，委託外面的相關機構製作，剩下的節目才留給自己製作，例如教育部的教育廣播電台、台北市政府的台北電台等。公營電台因為沒有廣告業績的壓力，不但沒有業務部門，通常也沒有行銷部門，不過部分公營電台的收聽率還是能維持一定水準。

　　儘管存在著不同的製包方式、不同的人力配置，但是如果想要當個真正的廣播好手，製作出一個好的節目，就不能忘記每個節目都必須存在著製作人、主持人、企劃、行銷、製作及助理，你可能沒有這麼多人手，但是每個角色都要有人扮演，因此一定會有人身兼多個角色。換個角度想，扮演的角色越多，學習的成果就越豐碩。

附表2-1　節目企劃簡表

	一	二	三	四	五
11：00	新聞				
11：05	CM1				
11：07	大片頭				
11：08	單元一（新聞講古）： （內容說明）				
11：13	SONG：				
11：16	CM2				
11：18	單元二（名稱）part1：				
11：23	SONG：				
11：26	單元二（名稱）part2：				
11：30	SONG：				
11：33	CM3				
11：35	單元三（名稱）				
11：43	SONG：				
11：46	CM4				
11：48					
11：56	SONG：				
11：58	強制進廣告				

附表2-2　節目流程表

節目 run down

播出時間	年　月　日（星期　）：　～　：		集數	
時間	內容			備註
11：00	整點新聞			新聞部
11：06	CM1			
11：08	大片頭			〈編號〉
11：09	SONG：			
11：12	OPEN：開場＆資訊數則			
11：17	SONG：			
11：20	CM2			
11：22	單元一（名稱）：			
11：29	SONG：			
11：32	CM3			
11：34	單元二（名稱）： 來賓： 主題：1. 　　　　2.			
11：43	SONG：			
11：46	CM4			
11：48	單元三： 來賓： 主題：1. 　　　　2.			
11：55	SONG：			
11：57	強制進廣告			

製作人：　　　　　節目企劃：　　　　　音控：

第三章
熟悉播音器材

節目製作必然是最熟悉播音設備的人，不過熟悉播音器材卻不只是節目製作一個人的事。不熟悉播音器材的製作人，不能知道所製作的節目可以發揮到什麼樣的境界，同樣的，不熟悉播音器材的主持人，也不會知道各種聲音可以怎麼樣改變與調配。熟悉播音器材不但可以讓主持人得以跟節目製作充分溝通，獲得最好的聲音表現，甚至廣播圈裏許多主持人在走紅之後，還是喜歡自己親手操控這些播音設備，而不喜歡倚靠他人之手。

一、新手的入門練習

大多數的人都無法常常接觸電台的播音設備，甚至從來也沒有機會看到這些夢想中的播音設備。即使已經得以進入大學的相關科系就讀，有些學校雖然擁有實習電台，但是並不是所有學生都有機會搶到時段，有些學校雖然有播音室，但數量不一定充足到能讓每一個學生練習使用。目前市面上有一些專門提供出租使用的播音室，但是收費可不便宜，一個小時要價在一千元上下。這麼說來，難道學習使用播音器材，一定要先進入電台工作、就讀大學相關科系，或是每個小時花一千元嗎？

當然不必。對於新手來講，剛開始只要幾部一般的家用錄放音機就足以派上用場。家用錄放音機錄出來的品質當然不能與專業播音設備相比，但是已經足以讓人聽出節目的水平。

很多人認為，廣播節目的靈魂在於音樂。從歷史發展來看也確實是如此，廣播節目始於音樂的轉播與分享。事實上，當前的大多數節目，不過就是放放音樂再加上主持人說說話，如此而已，根本沒有什麼很難的技巧。聽起來不難，這大概正是為什麼很多人都覺得自己也能當個廣播好手。是不是真的不難，實地動手進行就知道。如果你有

心自己製作一個廣播節目，只要幾部錄放音機，一個小麥克風，再加一個安靜的室內空間就可以開始。以下是幾個基礎的入門步驟：

第一步：先構思一個節目主題，設計一個大概十分鐘的單元，找到幾首適合這個主題的音樂。

第二步，錄製一個小片頭。所謂片頭，指的是一段夾帶了節目名稱、特色與時間等資訊的音樂片段，在節目一開始的時候播出，宣告節目的開始。至於小片頭則用於節目中的各個單元，有一些節目會省去單元的小片頭，直接由主持人以口白介紹。

第三步，對著小麥克風說一段節目的開場白，以錄放音機錄下來之後，自己聽聽看。很多想當廣播好手的人根本沒機會好好聽一下自己的聲音，現在機會來了。先聽聽看自己的聲音，再聽聽電台裏的聲音，看看有什麼不同，自己有無需要改進的地方，再多試幾遍。

第四步，以一部錄音機負責全程錄音，一部錄放音機播放小片頭，緊接著的是開場白，開場白說完之後，以錄放音機播放音樂。如果在輪流播放片頭與音樂時，擔心更換錄音帶或 CD 太麻煩，可以多準備幾部錄放音機，分別負責播放片頭、第一首音樂、第二首音樂，或其他聲音與音效。如果喜歡，主持人說話的時候也可以播放一些音樂當襯底，但襯底音樂的音量不宜過高。談話與音樂怎麼搭配，端看自己設計。總長十分鐘的單元，大約可以播放兩首歌曲，另外加上幾分鐘的談話。

第五步，自己先聽聽看錄下來的效果。如果有需要的話，可以利用過音的手法，在轉錄時進行一些簡單的修剪與編輯。

第六步，邀請其他人聽聽看自己的廣播節目，以便獲取意見與批評。多數人聽不出自己的節目的缺點，因此最好多多參考其他人的意見，再根據這些意見改善自己的節目內容。

前述的這些步驟，大概就是製作一個節目的雛型。第一步涉及節目的設計與企劃，看起來似乎相當容易，其實最是關鍵，稍後會有深

入淺出的探討。第二步涉及前製作，也就是在錄製一個節目之前，必須先做的功課。第三步與第四步直接牽涉節目的製作。第五步涉及後製作，也就是節目初步製作出來之後的一些加強與修補。第六步涉及節目評估，攸關未來節目的改善。

　　藉由這種簡便方式所製作出來的節目，聲音品質一定不夠理想，這是因為音樂或談話是先傳輸到空氣中，然後才被收錄下來，因此在收錄的時候，空氣中的其他雜音也會一起進去。就算完全沒有其他的雜音，音樂與談話還是要先傳輸到空氣中然後才被錄放音機擷取到，因此這段空氣中的旅程，會造成錄起來的聲音聽起來很有空曠感。小麥克風能夠幫一點小忙，但是還不夠好。有了專業的播音設備，這些問題都可以克服。

二、基本的播音設備

　　很多廣播新手第一次看到播音室中的一大堆複雜的設備，可能都會感到由衷的恐懼。這些看起來非常複雜的播音設備，確實具有許多的專業功能，值得花上時間去學。不過坦白說，常用到的幾項按鍵與拉桿，大致上就等於前面所提過的幾部家用收錄音機的組合而已，只要幾個小時的時間，連小學生都能學會基本操作，一點都不難。

　　首先，最主要的播音設備是看起來像個超大鍵盤的混音機（mixer），又稱為成音控制器（console），主要功能就是讓聲音在傳輸的過程中，儘量保持原有品質，不要跑到空氣中去旅行，以免結交了雜音、空曠感等不受歡迎的朋友。好的混音機價格上百萬，可見其珍貴。混音機的常用功能，等介紹完其他播音設備之後再進一步說明。

　　第二，是一些錄放音設備，早期包括傳統唱盤、卡式錄放音機等，最近的新玩意包括CD player、MD（mini disk）、以及DAT （digital audio tape）等，新舊雖然有別，功能大致一樣，操作也是差不多的簡單。這些錄放音機的聲音輸出與輸入，都是透過混音機進行，因此可以保持原來品質。在電台的專業播音室裏面，每一部混音機一般都會搭配這些錄放音機器各一套或兩套。

第三，麥克風也是不可缺少的設備。有了麥克風可以讓節目主持人或來賓的聲音，減少在空氣中的不必要流浪。麥克風的收音方式可以分成全向、雙向與單向等不同的方式，全向式麥克風可以向四面八方收音，雙向式麥克風可以前後收音，不過目前電台中通常都是使用只能單向收音的單向式麥克風，畢竟要收的主要是主持人或來賓的聲音。專業的單向式麥克風，可以減少不必要的雜音與空曠感。在電台的播音室裏面，一般會預先準備好一支或兩支麥克風。

第四，電話。用於call in或call out等節目連線之用。

第五，電腦。傳統的播音室中很少見到電腦，只有比較先進的播音室中才會出現電腦，現在電腦已經成為基本配備。在廣播輔助功能上，有些電腦只是具有儲存與播放歌曲的功能，方便從中尋找台呼或是常用歌曲；有些電腦已經結合最新的廣播專業軟體，可以直接在電腦上對節目進行編輯，既簡單又方便。

第六，專業用的耳機。透過專業耳機，可以連一點輕微的雜音都聽得一清二楚，有助於確保節目的聲音品質，不讓任何意外的雜音出現在節目中。關於耳機的詳細用途，等一下會進一步說明。

前述的這些設備以混音機為中心結合。在混音機上面，從第二項到第五項都會有其相應的音軌，就是一個看似軌道的裝置。這些軌道上會有一個可以上下移動的推把，用來調整音量的大小。事實上，這就是調整音量大小的軌道。舉例來說，一部卡式錄音機接到混音機上，就會有一道音軌來控制它的播放音量。

假設總共有兩部卡式錄放音機，一部 CD player，一部 MD player，以及兩支麥克風連接到混音機上，那麼就會有六道相應的音

軌。當然，播音室中的混音機上一定會有更多的音軌，排排成列，規模盛大，這也是爲什麼很多廣播新手會覺得混音機不好學的原因。實際上，這就是一個熱鬧的錄放音機組合而已。

　　在操作方面，所有音軌上的推把平常都應該維持在最低處，也就是音量爲零的地方。音軌的推把由下往上推，音量由小漸大。音軌上通常會有刻度，標示出標準的音量位置，以供參考。想要播放出聲音的時候，必須啓動錄放音機，同時將音軌的推把往上推。當有兩個以上的音軌推把都往上推，這些聲音就會一起出現，這也是混音機命名的由來。假設節目主持人希望講話時有輕音樂襯底，這時候麥克風音軌的推把應該推到標準音量位置，而播放音樂的音軌推把則不宜推太高，以免音樂的音量太大反而干擾主持人的聲音。如果是預錄的節目，就是由連接到混音機上的一個錄放音機音軌作爲錄音之用；如果是現場節目，則會有一個音軌用來調整播出音量的大小。

　　相較於第二項至第五項的設備會有相應的音軌，第六項的耳機則是另有一個調整音量大小的調鈕。通常錄放音機的音軌推把往上推的時候，播音室中的喇叭也會放出聲音，但是當麥克風的音軌推把也往上推，也就是麥克風開始收音的時候，播音室中的喇叭就會自動消音。這是因爲喇叭如果不消音，聲音就會一再反覆的進入麥克風再從喇叭出來，造成尖銳的迴音。這時候耳機就派上用場了，它可以讓播音室中的人繼續聽到各個音軌的聲音，又不會造成迴音。

　　以上這些就是播音設備的常見用途，確實一點都不難。聲音錄好以後，如果需要進行剪輯等後製作，除了利用在過音時剪輯之外，早期也常動用刀片與膠帶在磁帶上剪接，現在可以在數位式錄放音機上直接剪輯，如果已經引進專業電腦軟體，不但更加容易，剪輯時可以玩弄的各種小花招也越多。

　　混音機上還有一大堆的其他轉鈕，各有一些專業的成音功能。由於多數轉鈕都已設定在標準位置，製作節目時不必更動，因此剛開始

先不必操心。更何況這麼多功能在書本上也不容易教導清楚，反而讓初學者看了之後頭昏腦脹，不如少說兩句，先學會基本的常用功能，其他的功能等進了播音室之後慢慢學習，多操作幾次就能熟悉了。

三、播音設備的妙用

播音設備是死的，必須有心、用心的廣播人才懂得適時活用、發揮妙用。

以麥克風為例，單向式麥克風雖然是播音室的主流配備，但是如果節目想要製造出空曠感，讓聽眾清楚感覺到節目把他們帶到了大運動場等戶外場合，增加一點臨場感，這時候就應該使用全向式麥克風。除此之外，麥克風還有高頻與低頻的差異，指的是麥克風對聲音能感應的頻率範圍，各有適合收錄的聲音，例如在收錄鋼琴演奏的聲音時，就應該選擇高頻麥克風。同理可知，節目主持人也可以選擇最能夠完美呈現自己聲音的麥克風。

在使用混音機製作節目時，如果能夠善加利用以下幾個常用的小技巧，將會有助於提升節目的精緻性：

過音加錄：在原有聲音中加進其他聲音，例如過音轉錄歌星大合唱時，節目主持人透過麥克風把自己的聲音也錄進去；或是利用歌曲的旋律演奏部分，加上幾句主持人的感性詮釋，一起錄下來。

銜接法：透過最常用的剪接技巧，把原本不相連或者不相干的聲音銜接在一起。例如訪問來賓時，原定只能播出十五分鐘，但是預錄時因為相談甚歡，時間沒有控制好，一聊就聊了半小時，這時必須刪去不精采的部分，把保留下來的幾個精華

片段銜接起來。銜接技巧好，聽眾根本聽不出痕跡。如果對於同一個主題在不同的時間地點先後訪問了幾個來賓，也可以把他們的聲音重新加以銜接，讓聽眾聽起來以為他們是一起接受訪問。同時結合過音加錄與銜接法，還可以重現與改變歷史，例如把政壇高層會談中的某一個聲音剪掉，換上自己的聲音。

淡出法與淡入法（fade out / in）：藉由逐漸調高或調低音量的方式，把聲音帶進節目或帶出節目，以減少聲音突然產生變換時的突兀感。使用淡出法或淡入法時必須小心，以免出現太長的節目空白（dead air）。

疊出法與疊入法（cross fade）：在調低某一軌音量的同時，也調高另一軌的音量，讓兩個音軌的聲音在過度階段交疊。例如在音樂漸弱時，節目主持人就開始說話；或是在節目主持人說話即將結束時，就先小聲播出音樂再逐漸加大音量。

剛入門的廣播人會比較喜歡在小技巧上多玩一些花招，對於罐頭笑聲與掌聲等特殊音效的使用頻率也比較高。其實電台節目最重要的關鍵還是在於抓住聽眾的感覺。只要感覺對了，光是談話就足以令人專心傾聽。如果感覺不對，太多音效反而更添吵雜與干擾。

四、數位化的新發展

隨著數位化的科技發展，許多播音設備也跟著數位化而越來越方便。例如前面提過的MD不只可放可錄，音質逼近原音，儲存容量更大，選曲輕鬆，剪輯也方便。由於MD的種種好處，許多年輕人都開始選擇MD隨身聽。

　　數位化科技的新發展包括「電腦自動播出系統」與「電腦剪輯軟體」，把電台要播出的節目、新聞、以及廣告等，通通收錄並且儲存在電腦內，只要靠著手中滑鼠操作幾個簡單的點選動作，就可以在電腦上直接進行剪輯、編排、甚至設定播出的時間。

　　有了數位科技的幫助，所有的節目內容都可以輕鬆放上網際網路，直接在線上收聽。不過目前因為受限於頻寬，多人同時上網收聽的成本太高，而且上網也不如隨身聽一樣簡單方便，因此普及性還有待科技的進一步發展。

第四章
認識電台組織

　　儘管傳播媒體集團似乎已成為世界主流，但是目前台灣地區的電台主要還是獨立經營，即使幾大聯播網的加盟電台也不多，不像 Clear Channel 集團旗下就擁有一千兩百家地方電台。以下簡單介紹台灣的電台組織。

一、民營電台的組織

　　在一個民營電台裏面，組織的上層領導者通常是台長，至於組織的常見主要部門則包括節目部、工程部、業務部、行銷部以及管理部等；有一些電台依其性質的需要，另外還設立了新聞部、網路部、教學部、獨立事業部等等。

　　雖然廣播電視法第十六條具體規定：「廣播事業應分設節目、工程及管理部門外，並應視其性質增設新聞、教學、業務、專業廣播或其他有關部門。」不過這些只是基本要求，因此除了節目部、工程部及管理部之外，實際上會設立的部門非常多。電台到底應該設立哪些部門，必須從經營的邏輯來推想。

　　首先，有一群人對於經營電台有興趣，經過商議決定一起拿出一筆資金來爭取。如果順利的話，他們可以透過申請新電台或是買下既有電台的方式，獲得電台的經營權，成為民營電台的股東。股東們基於一股一票的原則，選出董事會的董事們，再由董事相互推舉出董事長。因為有些董事長不一定擅長經營管理，因此可能聘請專業經理人擔任總經理，以便讓電台獲得最佳經營效益。同樣的，如果總經理只懂一般公司的經營管理，卻對具有獨特性的電台不夠瞭解，總經理也可能再聘請一位熟悉電台運作的專業廣播人來擔任台長。由於台灣的電台規模通常不大，如果當事人能力能夠勝任，同時也基於節省人事開支的考量，董事長可能直接兼任總經理甚至台長，或是由總經理兼

任台長。

　　台長必須本於電台成立的宗旨，思考電台想要吸引什麼樣的聽眾，為了順利達到這個目標，應該企劃出什麼樣的節目，因此首先要仰賴節目部。基於聽眾的需求來設計電台節目，並且找到適合製作這些節目的優秀人才，以製作出理想節目，再經過品質管控之後安排播出，這些正是節目部的職責所在。除了一般節目，如果電台偏愛新聞，可以視其偏愛程度的高低，選擇在節目部底下設立新聞組，或是另行設立新聞部。就此而論，新聞部其實是特種節目部。

　　台長在責成節目部企劃節目的同時，必須思考怎麼樣才能讓聽眾知道電台有這些節目，還要思考電台所吸引來的聽眾，可以吸引哪些廣告主的興趣。為了分別把電台向聽眾與廣告主行銷出去，台長必須仰賴行銷部。很多人以為行銷部只管聽眾，其實向廣告主行銷也是重點任務。

　　唯有當廣告主或廣告代理商對於電台的聽眾產生興趣，願意撥出預算購買電台廣告時段，這時候民營電台才能獲得繼續經營的主要財源。關於廣告的銷售搭配方式、客戶接洽，以及製作服務等方面，屬於業務部的職責。

　　為了讓聽眾獲得最佳的收聽品質，確保電台的電波可以在涵蓋範圍之內順利傳輸出去，不受其他訊息干擾，必須有專業工程人員的協助，因此必須仰賴工程部。如果電台的播音工程沒做好，電波傳輸不出去，那麼節目再好都沒有用，因為聽眾聽不到。由此可見，工程部具有絕對的重要性。

　　有了這麼多部門與人才，電台應該怎麼為他們提供薪資津貼、勞保健保、以及辦公設施等各種服務，同時還要設計人事規章、處理勤缺差假、辦理會計出納等五花八門的行政事宜，這些都屬於管理部的職責。電台規模越大，管理部就越複雜。由於實際需要，有些電台又從管理部中分離出一些部門，例如會計部、資訊管理部

（Management Information System, MIS）及法務室等。

　　對於一個重視財務管理的公司而言，怎麼募集資金、怎麼管理現有資產，都是重要的課題，這是財務部門的職務。以募集資金而論，銀行、股市與債市等管道各有優缺點，必須經過專業分析才能決定。有些媒體藉此併購與擴張，例如《贏家的三種激情》一書中就對維康（Viacom）的背景提供了絕佳案例。國內媒體長期以來不重視財務管理，因此未必設有財務部，在媒體中規模較小的電台更是如此。

二、公營電台的組織

　　公營電台是由政府設立，因此與民營電台比較起來，一個最主要的差別在於公營電台接受上級機關指揮，而不是聽命於董事長或董事會。有些電台是政府出資以財團法人的形態組成，因此也具有董事會的組織，甚至被歸入民營電台，不過董事會的董事們還是由電台的上級機關聘任，因此在決策上仍然受到一些限制，不像真正民營電台的董事們是從股東中產生，具有完全的自主決策權。

　　政府想要設立電台，同樣必須依法辦理，不能沒有法律上的依據。公務機關的成立，首先要擬出組織章程與人事員額，然後在預算上還要經過民意機關的同意並接受監督，公營電台亦同。

　　公營電台與民營電台的第二個差別表現在部門的設置與名稱上，由於公營電台是由政府撥出預算成立，依賴政府預算運作，因此不必也不能招攬廣告。既然如此，公營電台自然沒有業務部。由政府撥出預算的好處之一是不需擔心經費來源，不過如果遇上民意機關忽然大刀刪減預算，結果可能更糟。台北市政府新聞處所屬的台北廣播電台，就曾經遇上預算被台北市議會刪減至只剩下新台幣一元的窘況，只好靠著不支薪的義工辛苦支撐，等待下一次的預算能順利過關。

　　除此之外，世界各先進民主國家都不允許政府機關編列預算為自己向人民行銷，因此公營電台也沒有行銷部。不允許政府編列預算向人民行銷自己，主要是因為政府本來就是接受民眾的託付來為民服務，如果現在拿了人民的納稅錢卻回過頭去用這些錢來宣傳自己，道理上實在說不通。舉個例子，如果有人花錢請了一位總管來做事，總管卻希望雇主能夠額外多給他一筆錢，以便向雇主宣傳自己工作做得很好，等於雇主必須花自己的錢來讓自己相信請到好總管，這豈不是非常荒謬？不只理論上如此，美國國會甚至還明文立法加以禁止，不過不少國家的政府機關還是會想盡辦法鑽漏洞，例如假借政令宣導的名義等來行銷自己，形同花費人民的血汗錢來彰顯少數政客的光環。

　　在部門的名稱上，公營電台通常不稱部而稱課或組。不便稱部，是因為電台擔心可能會僭越了中央政府的部會名稱。改稱為課或組，不只能與中央部會有所區別，也方便比照公務機關的等級。

　　在組織上，公營電台在台長之下，通常設立的幾個部門包括節目、新聞、工務，以及行政等。

三、各部門主管職責

　　當上了主管就一定會當主管嗎？當然不是。管理不只是一門專門的學問，更是一種獨特的個性與藝術。當主管容易，當好主管難。想要當個好主管除了必須有心學習，還要用心學習，才能懂得怎麼勾勒願景、激勵部屬、帶動團隊。

　　在管理的藝術上，拙劣的主管只知道要員工聽從命令，把部屬當成工具；高明的主管則會試著從部屬的角度出發，設法激勵員工，把他們當成夥伴看待，幫助他們從工作中找到成就感。

　　關於主管應該如何領導，情境理論指出：管理可以分成告知式、

推銷式、參與式、以及授權式四類，前兩類屬於領導者導向，後兩類屬於跟隨者導向，應該採取那一類，必須視情境來決定。簡單的說：主管的管理方式必須隨著情境的不同而有所調整，當所處市場複雜、部屬因新進而不熟悉狀況或者個性上比較倚賴、主管能力高強時，比較適合強勢領導；反之，則主管不宜過於強勢。

很多電台在決定人事升遷時，常常以資歷深淺與工作表現來決定。其實這兩項條件並不足以決定主管人選。一位資深的節目企劃固然可能是最熟悉企劃作業流程的人，卻不一定是節目部的理想主管人才。同樣的，在記者的專業崗位上表現優秀，也不等於一定就能做好新聞部主管的工作。這就好像功夫天下第一的武林高手，不見得當得了最理想的武林盟主。金庸武俠小說《倚天屠龍記》中的男主角張無忌，武功雖高，個性與能力卻都不適合領導一個武林幫會，更無法去統管天下大事，就是一個非常鮮明的例子。

在任何機構中，員工數量大致都呈現正金字塔形，由下而上，第一線的基層人員最多，中階人員其次，高階人員最少。相對的，三種階層人員所需專業知識的組成也各不相同，在操作技術、溝通技巧、專業概念、財務能力與洞悉市場等四項知識上，隨著階層的提升，前幾項的比重逐漸減少，後幾項的比重逐漸增加。四項知識中，溝通技巧對各階層而言都是同等重要。例如基層人員主要需要的知識是操作技術，比較不需要的知識是財務能力與洞悉市場；與此相反，高階主管最需要的知識是洞悉市場，比較不需要的知識是操作技術。

高階人員必須提出宗旨（mission），據以制定為期大約三到五年的長期策略（strategy），包括總體計畫（corporate plan）與事業計畫（business plan），並且規劃部門；中階人員必須提出目的（goal），據以制定為期幾個月至一年的中程計畫，例如部門計畫（department plan），並且提出工作分析、職務設計，以及評估制度；基層人員必須提出目標（objective），據以制定幾個星期至幾個月的短程計畫，通

常是行動計畫（action plan）。

就台長而論，這個職位必須秉持董事長、總經理等上級主管的理念，綜理所有電台事務。為了貫徹理念，台長必須清楚認識市場結構與競爭局勢，才能為電台研擬出最適合的長程發展策略，發掘出最能執行此一策略的各個部門主管，並且設法控制成本、創造最大效益。

節目部主管必須根據電台策略與聽眾需求，為電台制定中程節目策略，從而找到最理想的節目，可以使用的方法包括：自行製作、委外製作、對外購買，以及相互交換等等。自行製作的成本最高，也最能貼近聽眾需求。不過由於電台節目的製作成本低廉，多數電台還是偏愛自行製作，不像電視節目因為製作成本昂貴，對外購買的比例也比較高一些。電台要自行製作多少節目，製作人員的徵求條件與數量，部門人員的激勵與管理，節目播出品質的管控等，都是節目部主管的職務。

新聞部主管的職務大致與節目部主管相同，包括新聞也可以對外購買，不一定要完全自製，例如可以向中央通訊社購買文字新聞，再加以編輯播報，省下昂貴的記者人事費用。新聞部比較特別的是：在新聞自由的大纛之下，即使電台主管也不能隨便對新聞的內容加以干涉；而且多數新聞記者都身受專業訓練，批判性格強烈，外出採訪時受到各方敬重，經常質問政府官員，但是當回到電台時卻只是基層員工，加上記者工作時間不固定，常常不在辦公室，凡此種種都增加了管理的難度。各種媒體記者都主張應該藉由編輯室公約的簽署，保障記者的專業自主權不受媒介的干涉，但是推動起來相當困難。電台記者的人數在各種媒體中相對最少，距離編輯室公約的夢想也最遠。

工程部主管要負責讓電波能順利傳輸，因此必須為電台規劃播音工程設備的維修與換購，以配合電台的發展，並且選聘合適的工程師。電台平常最擔心遇到的工程問題，主要在於播送出去的電波受到來自地形地貌的影響，以及其他電波的干擾。前者如高山或大樓阻擋

了電波的傳輸，後者如合法電台的同頻干擾、鄰頻干擾，有時候還有非法的地下電台會公然搶占頻率。

行銷部主管要制定計畫，將電台行銷出去。很多電台的行銷部往往只對聽眾行銷，其實對廣告客戶行銷也同樣重要。在對聽眾行銷方面，行銷部主管可以利用電台資源、外部廣告，以及新聞公關等各種方法。前述的第一項方法是對聽眾直接行銷，可以利用的方法包括台呼、台歌、節目中宣布、與節目部合作舉辦聽友會，以及舉辦大型造勢活動等。第二項方法是透過購買或交換其他媒體的廣告版面，去對聽眾行銷。其實廣告不一定都要出現在媒體上，舉例來說，T字型路邊大看板（T-bar）在美國風行已久，知名的美國有線電視網（CNN）在剛剛誕生時，就是靠著老闆也經營的T字型路邊大看板打出知名度。這種大看板，台灣直到最近才開始推出。前幾年台灣有一些地下電台在各處噴漆，以此打響電台與頻率的知名度，頗有異曲同工之妙。合法電台如果不方便胡亂噴漆，可以考慮印製精美貼紙。第三項方法是藉由舉辦新聞活動與發布新聞公關稿，讓其他媒體的記者相信電台發布的訊息能引起其閱聽眾的興趣，因此願意免費登載，這是電台直接對其他媒體行銷、間接對聽眾行銷。在對廣告客戶行銷方面，行銷部必須透過研究收聽率市場調查資料，瞭解聽眾結構，並找出對於這些聽眾最有興趣的廣告主，透過直接拜訪廣告主、間接說服廣告代理商等方式，來增加他們把廣告預算分配在自己電台的意願。在廣告預算的分配上，電台只是小老弟，很容易被忽略，但也正因為所占的比例不高，只要分到一塊小餅就足以吃飽。

業務部主管必須為電台的廣告時段找到買主，因此要先規劃出合理的各時段定價，以及搭配不同時段的各種套餐方案，再訓練業務人員去爭取廣告預算並且為客戶執行這些預算。

管理部主管的主要任務是提供可靠的後援服務，讓台長與前述幾個部門能夠在無後顧之憂的情況下全力前進，這些後援服務包括了建

立完善的徵聘、薪資、福利、差假、總務,以及進修制度等。就建立進修制度而論,其方式包括部門讀書會、專題演講、跨電台經驗交流、短期課程進修,甚至出國考察等,可惜每一種都常被忽略,其實良好的員工進修制度有助於人力資源發展,對電台的向上提升至關重要,因此不單單只是管理部的職責,也是各相關部門主管的職責,有賴台長的鼎力支持。

四、當經理遇上總監

當經理遇上總監,到底誰該聽誰的話?

對於這個問題,可能出現很多不同的答案,有人支持經理,有人看好總監,也有人認為經理就等於總監,兩個職務不會同時存在。各式各樣的答案,反映了大眾在認識上的不一致,也反映了許多公司的實際職務安排。

提到經理,多數人知道這是個中階職務,地位在襄理、副理之上,在經理之上還有協理,更往上則是副總經理與總經理。至於總監之稱,早年並不多見,隨著外商企業陸續來台才開始受到國內企業的愛用。很多企業選擇這個稱呼都是因為覺得有個「總」字會比較好聽,卻不管有沒有誤用。按照這種邏輯推演,只怕總務與總機也會變成重要職位。

顧名思義,經理(manager)的職務是經營管理,通常負責一個部門,舉凡行政決策、資源分配、人事管理等,無所不管、無所不理。總監(supervisor)的職務是監督,應該負責生產品質的監督,而不涉入行政上的事務。

國外企業頭銜所引起的混淆,在前幾年網路企業大為熱門時更加嚴重。當年的網路企業只要能在美國申請上市,立刻就能身價百倍,

最經典的例子莫過於雅虎（Yahoo！）。很多企業為了趕流行，紛紛模仿美國上市企業的常用職稱。不少企業都是看到就模仿，可惜往往都是誤用。

以下簡單介紹美國企業的常用頭銜及其主要職務：

總裁：美國常常有許多企業屬於同一個集團的情況，這些大企業常被厭惡者批評為「巨獸」。跨企業之間的事務就由集團負責，集團的主管即是總裁。台灣電視劇中常常喜歡使用總裁的稱呼，以此彰顯出該角色享有巨大的政商權力。其實集團總裁的頭銜雖然好聽，卻不一定有權力。事實上，集團中往往存在著最重要的核心企業，該企業才是權力中心，真正掌握決策權力。

董事長：單一企業董事會的主席，名義上是企業的最高頭銜，實際上不一定有決策上的實權。

總經理：美國企業的總經理往往只是一個大型部門的主管，而非掌管整個企業。這幾年國內企業也開始學習這種稱呼，一家企業往往出現很多總經理與副總經理。

CEO：原文是chief executive officer，可以翻譯成執行長。熟悉美國企業的人都知道，這個職位才是企業的真正決策者，由董事會聘任，負責整個企業的實際營運。不管其他頭銜看起來多麼偉大，只有CEO才有最後決策權。

CFO：原文是chief financial officer，可以翻譯成財務長。由於想在美國上市，財務管理非常重要，因此財務長的地位受到重視。反觀台灣，財會部門主管通常沒有受到應有的重視。

CTO：原文是chief technological officer，可以翻譯成技術長。由於美國網路企業主要是以高科技股的身分上市，因此科技長地位也受到重視。

　　有個人費盡千辛萬苦，千里迢迢跑到美國去面見一位部長，結果很失望的回到台灣。朋友好奇的問他說：「你沒見到部長嗎？」這個人大罵：「我等了半個小時，卻只有一個人出來，交換名片一看，原來只是個秘書。我說我要見部長，他卻說沒有，我當場就翻臉走人了。」朋友聽了驚訝的說：「那個秘書就是部長！美國對於部長的正式稱呼就是秘書（Secretary），台灣所使用的部長（Minister）稱謂，其實是跟英國學的。你到美國去找英國的部長，人家當然跟你說沒有。」這當然只是個笑話，不過卻生動描繪出搞錯稱呼的尷尬後果。熟悉了美國企業常用職務的內涵，以後在職場上就不會被某些名片上的頭銜所誤導了，如果有機會自己開設公司，也不至於因為誤用而被當成笑話。

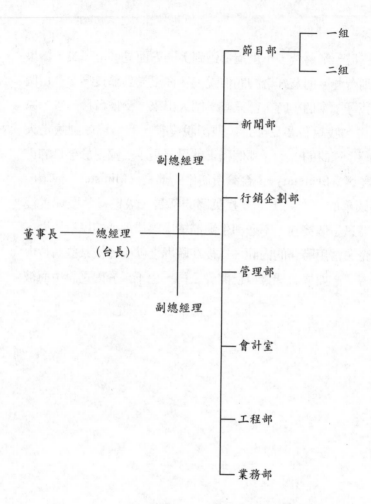

圖 4-1　飛碟電台組織圖

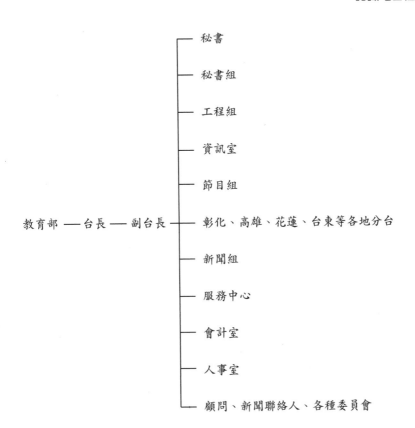

教育部 ── 台長 ── 副台長 ─┬─ 秘書
　　　　　　　　　　　　├─ 秘書組
　　　　　　　　　　　　├─ 工程組
　　　　　　　　　　　　├─ 資訊室
　　　　　　　　　　　　├─ 節目組
　　　　　　　　　　　　├─ 彰化、高雄、花蓮、台東等各地分台
　　　　　　　　　　　　├─ 新聞組
　　　　　　　　　　　　├─ 服務中心
　　　　　　　　　　　　├─ 會計室
　　　　　　　　　　　　├─ 人事室
　　　　　　　　　　　　└─ 顧問、新聞聯絡人、各種委員會

圖 4-2　國立教育電台組織圖

第五章
國內電台現狀

一、台灣的電台生態

台灣目前共有電台一七四家,其中只有二十八家屬於老電台,其他都是一九九三年政府重新開放電波頻率之後,才陸續加入市場的新電台。在二十八家老電台中,固然有一些廣為聽眾熟悉的知名電台,也有不少電台只能勉強維持,這些電台多半因為歷史悠久,經營方法相當守舊,加上擁有的是 AM 調幅頻率,收聽品質不如 FM 調頻頻率,因此無力開發新的聽眾。大致上,老電台在電台行銷與開發聽眾這方面的表現不如新電台積極,而新電台在節目製作與聲音品質這方面的表現則不如老電台精緻,這一點可以從新電台雖然收聽率不弱,其節目在金鐘獎中的得獎比例卻相對偏低看出;反之,老電台雖然笑傲金鐘獎,不少得獎的節目與主持人卻不見得廣為人知。

除了這些合法電台之外,另有許多沒有正式向政府立案的電台,一般通稱為地下電台。地下電台的經營規模通常不大,數量卻非常可觀,少數地下電台如台灣之聲等,曾經在政治抗爭中扮演重要角色,但更多的地下電台是賣藥電台。如今雖已開放電波頻率,政黨亦已輪替,地下電台的數量仍然不少。廣播業者曾經戲稱台灣的電台數量是「地上兩百家,地下兩百家」,由此不難想像地下電台的蓬勃發展。

在電台數量大幅成長的同時,台灣的電台聽眾人數則出現了一些不穩定的起伏變化。一九九三年的一項研究調查顯示,當時平常收聽廣播的聽眾人數創下新低,讓人難以樂觀。隨著新電台的陸續成立,為聽眾帶來了新的收聽誘因,平常收聽人數又有起色。根據廣電基金的調查,二〇〇〇年的平常收聽人數比例為六成。不過到了二〇〇一年,前項數字又下滑至四成五,流失的聽眾以年輕族群居多,至於此一現象是受了網際網路盛行的影響或是另有原因,有待進一步研究才

能澄清。廣電基金在二〇〇三年的調查仍然顯示,平常收聽人數的比例還是維持在四成五,年輕族群繼續流失,四十歲以上聽眾穩定成長。前述相關調查同時也顯示:上午及下午的聽眾以中壯年爲主,晚間及凌晨的聽眾則以年輕人的比例較高。在聽眾的收聽動機方面,前四項主要的收聽理由包括:聽音樂、聽新聞、習慣或無聊,以及無特別原因。

在收聽率方面,國民黨黨營的中國廣播公司由於長期以來享有寡占全國聯播網的有利地位,所屬的幾個廣播網一直都居於領導地位,新電台開始加入經營之後,整體的市場占有率雖然略有改變,但是中廣仍然有不錯的成績。

根據廣電基金二〇〇一年的調查顯示,在電波涵蓋範圍遍及全台的老電台之中,前五名依序是中廣流行網、警廣全國交通網、中廣新聞網、中廣音樂網,以及ICRT等,市場占有率大約爲百分之十上下。中廣在前五名中囊括三席,加總之後的收聽率無人能比。由於黨政軍退出媒體已經是社會共識,未來國民黨在此一大潮流下退出經營媒體之後,中國廣播公司所經營的現有頻率與成績會不會受到影響,有待持續觀察。

至於自行成立聯播網的一些新電台,儘管電波涵蓋範圍只以都會區爲主,收聽率卻能逼近、甚至超越前述老電台。第一批出爐的新電台之中,台北之音在台北都會區最先搶得亮眼成績,但很快就被新加入的飛碟電台趕上。飛碟電台不僅在大台北地區有所斬獲,更率先全國成立飛碟聯播網。飛碟聯播網的主要大本營爲台北都會區,目前呈現北強南弱的發展,儘管中南部還有待開發,市場占有率屢次突破百分之二十,稱霸天空,讓所有電台瞠乎其後;至於大本營爲高雄都會區的KISS聯播網,則是呈現南強北弱的發展,雖然北進大業遇到一點波折,市場占有率還是創下了突破百分之十的佳績。

在三大都會區的收聽率上,根據市場調查公司AC Nielsen二〇〇

三年第二季（四至六月）的廣播大調查，台北的冠軍仍爲飛碟聯播網，至於收聽率大幅上升的新秀則包括了News98電台，台北之音的音樂網Hit FM與中廣音樂網轉型的Wave Radio；台中新秀則爲Hit FM，在這一次調查中名列第一，擠下台中廣播；至於高雄的冠軍仍然是KISS聯播網的大衆電台，港都電台緊追其後。

就主持人受歡迎度來看，聯合報在二○○一年十二月八日根據AC Nielsen當年四到九月資料，排出收聽率前十名的十一位明星主持人，依序是光禹（飛碟聯播網）、李傑（KISS聯播網）、周玉蔻（飛碟聯播網）、趙少康（飛碟聯播網）、李艷秋（飛碟聯播網）、林威（Wave Radio）、Johnny（飛碟聯播網）、艾瑞克（Wave Radio）、小妤（KISS聯播網）、齊豫（Wave Radio）與陳文茜（飛碟聯播網）。第一名的收聽率爲百分之○點九七，第十名的收聽率爲百分之○點六六。能夠列名其中當然不容易，但是要長久維持下去更難。這份名單上的明星主持人每年都會有變化，觀察衆人的起起落落也是一門學問。

二、回顧電台發展史

我國最早的電台試驗是由外國人引進，維持的時間並不長久。一九二八年具有官方性質的中央廣播電台率先設立，正式開啓了我國的廣播事業。從此以後，多家公、民營電台陸續成立。一九四九年政府退守台灣，不少電台隨之而來。

當時兩岸對立，相互之間的心戰喊話不斷，政府爲了壓制對岸的電波，特別釋出一些頻率，並且安排了一些政商關係良好的特定人士負責這些電台，以便掌握電波的「制空權」。一九五九年政府改以「整理頻率」爲由，凍結民營電台的開放。

早期電台都是以調幅（AM）方式傳輸聲音，涵蓋範圍廣大，但

是聲音品質不好，後來新的調頻（FM）傳輸方式出現，涵蓋範圍雖然較小，但是聲音品質極佳，因而廣受歡迎，台灣也在一九七二年針對既有電台開放調頻電台申請。

隨著民主運動崛起，政治解嚴、報禁解除，重新開放電台的呼聲不斷，地下電台更是紛紛出現，政府終於從一九九三年開始，以地方化、民營化、專業性及區隔化等四大取向，分十個梯次開放廣播電台供民間申請。正因如此，一九九三年被稱為台灣的「廣電元年」。

這次開放的天空頻率，政府透過政策將新電台劃分為大功率、中功率、以及小功率三個不同等級，詳細內涵如下：

	最大功率	涵蓋範圍半徑	資本額
大功率	三十千瓦	全國	五千萬
中功率	三千瓦	二十公里	五千萬
小功率	七百五十瓦	十公里，東台灣與澎湖為十五公里（原本只有五公里，一九九八年調整）	一百萬

原本電波頻率開放的規劃為八個梯次、一百一十八家電台，其中有一個大功率、四十六個中功率、以及六十八個小功率調頻電台，另外三個為調幅電台，但未全部成功釋出。後來在壓力之下，又開放了兩個梯次，釋出更多電波頻率。正因如此，第九梯次獲准名單在二○○一年三月二十六日出爐，隔天聯合報就以第四版大幅報導新電台相關人士的來頭都不小，包括了總統府參議的姊夫、國策顧問、立法委員、議長、議長的妹妹、議員等。由於第九梯次中有五個未順利釋出的特定族群與偏遠地區「指定用途電台」，因此又有第十梯次。

前述唯一的一家大功率電台，政策性的分配給ICRT，不過後來該電台以無法克服同頻干擾的技術問題為由，將頻率歸還給政府，因此在實際上，目前政府沒有釋出真正可以涵蓋全台灣的新電台，這也使得企圖心旺盛的各家電台走上了聯播之路。這個全國唯一的大功率

新頻率的重新釋出，必然廣受各方注意與強力爭取。中功率電台的涵蓋範圍半徑為二十公里，大致上相當於一個縣市，享有足夠生存的經營規模，是這次電波釋出中的民營電台主力，許多中功率新電台也已成為天空新秀。至於小功率電台原意是作為非營利的社區服務之用，涵蓋範圍半徑本來只有五公里，不過後來的發展卻還是走上營利之途，但又因為涵蓋範圍不夠大，生存不容易，因此不斷要求擴大涵蓋範圍半徑，最後在一九九八年如願。

網際網路興起之後，網路電台的發展性一度受到高度關注，根據統計，二〇〇三年全世界的網路電台的收聽人口可望突破一億零六百萬人，聲勢浩大，引來許多看好這塊市場的廣播人投入，其中最多的是純屬興趣的個人影音網站，以及傳統電台寧濫勿缺的簡易網站，也有若干頗具規模與企圖心的專業機構，例如台灣很早就成立的銀河網路電台等。即使如此，網路電台的前景仍不樂觀，這是因為相對於傳統電台，當聽眾變多時播送成本不會增加，但是網路電台卻沒有這項優勢，其播送成本會隨著聽眾增加而增加，這是因為每一個上網收聽的網友都需要單獨的聲音串流（audio stream），也就是說，多一個人收聽，就多一個人占據頻寬，成本無法遞減，電台開銷也就越大。

網路電台雖不完全樂觀，數位廣播的發展則值得期待。目前政府正與十九家傳統電台合作，分工成為四類、十組實驗台，嘗試推動數位廣播（Digital Audio Broadcasting, DAB）。數位廣播被稱為繼AM、FM之後的第三代廣播技術，不但可以使聲音的傳輸品質具有CD音響水準、提供更多頻率、避免干擾，還可以同時傳輸影像及數據。四類、十組實驗台的詳細名單如下：

全區兩組：1.中廣；2.中央、警廣、漢聲、教育四台合作。
北區三組：1.飛碟、正聲兩台合作；2.台北之音、勁悅兩台合
　　　　　作；3.亞洲、台北愛樂兩台合作。

中區兩組：1.眞善美、台廣兩台合作；2.全國、大苗栗兩台合
　　　　作。

南區三組：1.南台灣、正聲、台廣三台合作；2.港都、高屏兩台
　　　　合作；3.大眾。

　　少數電台在網路時代中，已經試著將播音室中的主持實況上網，提供視覺畫面。等到數位廣播正式推出之後，以往認爲電台只能播送聲音、欠缺視覺畫面的傳統觀念，更將走入歷史。

三、電台的熱門話題

　　政府重新釋出電波之後，台灣的廣播世界呈現出一幅群雄並起、眾聲喧嘩的精采景象。大致上，由於競爭經激烈，各家電台無不試著找到最需要自己服務的聽眾群，使電台兼具大眾媒體與小眾媒體的特質，如此一來，許多品味獨特、不同一般的聽眾才能得到專屬的服務，例如喜愛古典音樂的聽眾可以收聽台北愛樂電台，想聽客家母語的聽眾可以收聽寶島客家電台。不過在這一片多元歡騰的氣氛之下，廣播世界中依然存在一些廣受關心的熱門話題：

(一)節目廣告化

　　儘管法令禁止，許多電台節目仍有節目廣告化的問題，在節目中販賣各式各樣的商品。按照廣電法的規定，節目應與廣告清楚分離。節目廣告化的行爲，無疑是利用聽眾對於節目與主持人的信賴，藉此謀取利益。少數電台節目甚至藉由誇大療效的欺騙方式，將成本低廉的藥品、食品，甚至是假藥，以高價賣出，在賺取非法暴利的同時，也危害了聽眾的身體。

(二)電台換照

按照廣電法的規定，廣播執照的有效期限爲兩年，屆期要經審核才能重新領照。換照引起了幾個問題，一個問題是兩年的執照有效時間是不是過短？頻繁的換照作業會不會造成電台困擾？另一個問題是換照審核的把關，應該嚴格到什麼程度？目前多數電台在實際經營上都偏離當初的營運計畫頗多，但是無法通過換照審核的電台卻非常有限，顯示在審核上還算寬鬆。由於電台執照有限，爲了讓其他有意經營的人士能有更多加入的機會，並且促使現存業者更加認員，或許應該考慮提高淘汰率。

(三)電台聯播

經營上，聯播帶來的好處包括：擴大市場與影響力、減低人事與製播成本、提高業務收入等；負擔則包括：違反原營運計畫、原有聽眾流失、拆帳複雜等。不過實際上，政府開放電波頻率之初，偏向對於在地服務的強調，沒有想到電台會走上聯播之路。儘管電台聯播在美國是常態，我國廣電法也未曾禁止，政府的基本態度仍然是不支持。結果因爲法無明文，偏愛地方特色的政府只能透過一紙行政命令，要求中功率電台聯播比例不得超過百分之五十、小功率電台聯播比例不得超過百分之七十；至於主張經濟效益與聽眾有權選擇的電台業者雖然實際上已經聯播，仍然年年擔心政府會利用電台換照的機會否決其聯播。

(四)涵蓋範圍

小功率電台釋出不久，許多業者就已反映涵蓋範圍太小，吸引不到足夠的聽眾與廣告，難以維持生存，許多申請者甚至乾脆放棄已經到手的電波頻率，以免賠本經營。小功率電台原本立意是社區服務，

而非商業經營，可惜落實不易。在業者的一再陳情下，涵蓋範圍雖已擴大，但是仍不足夠。飛碟聯播網的出現與成功，帶給一些小功率電台待價而沽的想像空間，也使得前幾梯次釋出時乏人問津的一些頻率，在最後幾個梯次中忽然變得相當熱門。這些電波頻率常常未能獲得充分利用，相當可惜。目前政府有意收回一些小功率頻率，希望予以整併擴大之後重新釋出。既有業者對於此一政策的反彈之大可想而知，如能透過執照審核的方式，逐步收回經營績效不佳的廣播執照，應可有效化解反彈。

(五)地下電台

台灣地下電台充斥，加上政府並未強力取締，因此始終嚴重干擾空中秩序。即使加強取締也未必能徹底解決這個問題，原因在於有利可圖。交通部估算之後指出，地下電台每月成本大概只要一、二十萬，但是每月販賣低劣藥品與商品的收入少則五十萬元，多則五百萬元，由於利潤高，即使遭到取締，復播率仍非常高。何況政府在取締抄台時，未必都能沒入發射器主機，即使順利沒入，地下電台也會再花個幾百萬來添購便宜的機器，反正回收極快。

(六)主管機關

我國的廣播事業主管機關一向採取雙頭馬車，行政院新聞局主管電台經營，交通部主管播音工程。由於立場不同，過去在釋出電波頻率時還曾發生交通部從工程技術面大表贊成，但行政院新聞局則從經營規模面提出反對的對立場面。詳細的經過在第三篇中會深入談到。總之，現行體制不僅令出雙門，也有層級太低的問題。相較之下，美國的聯邦通訊委員會（Federal Communication Committee, FCC）不僅可以主管傳播媒體的所有業務，其成員更是由總統直接任命，比較不容易受到政治力的不當介入。除此之外，行政院新聞局具有政府化妝

師的角色，絕對不適合兼任傳播媒體的主管機關。仿照美國現行制度成立國家通訊委員會（NCC）已經是各界共識，值得注意的是，除了更改名稱，更重要的改革還是在於職權統一與層級提高，否則改革只是虛有其表。

四、所有電台一覽表

　　根據行政院新聞局資料，目前共有合法電台一百七十四家，不過到二〇〇三年七月為止，正式領到廣播執照者只有一百五十一家，其他二十三家還在繼續進行申設手續。所有電台一覽表請參考所附之**表5-1**，由於第十梯次電台尚無完成申設手續者，因此表上從缺。

表5-1　全國各廣播電台一覽表

老電台：公營廣播電台7家，民營廣播電台22家，小計29家		
新電台：民營廣播電台122家		合計151家
一、開放廣播頻率前之電台		
公營電台：7家		
台北廣播電台	內政部警政署警察廣播電台	漢聲廣播電台
行政院農業委員會漁業署台灣區漁業廣播電台	教育廣播電台	復興廣播電台
高雄廣播電台		
民營電台：22家		
財團法人中央廣播電台	天聲廣播公司	鳳鳴廣播公司
中聲廣播公司	民本廣播公司	燕聲廣播公司
建國廣播公司	中國廣播公司	民立廣播公司
先聲廣播公司	華聲廣播公司	中華廣播公司
益世廣播電台	成功廣播公司	國聲廣播公司
正聲廣播公司	天南廣播公司	台灣廣播公司
電聲廣播電台	勝利之聲廣播公司	基隆廣播股份有限公司
台北國際社區廣播電台		
二、新成立之電台		
第一梯次調頻中功率電台：13家		
台北之音廣播股份有限公司	勁悅廣播股份有限公司	大眾廣播股份有限公司
台灣全民廣播電台股份有限公司	古都廣播股份有限公司	台中廣播股份有限公司台中調頻電台
東台灣廣播股份有限公司	全國廣播股份有限公司	新聲廣播股份有限公司
神農廣播股份有限公司	每日廣播事業股份有限公司	正聲廣播股份有限公司台北調頻台
桃園廣播電台股份有限公司		
第二梯次調頻中功率電台：11家		
快樂廣播事業股份有限公司	港都廣播電台股份有限公司	蘭陽廣播股份有限公司
綠色和平廣播股份有限公司	台北愛樂廣播股份有限公司	大千廣播電台股份有限公司
南台灣之聲廣播股份有限公司	寶島廣播股份有限公司	大苗栗廣播股份有限公司
南投廣播事業股份有限公司	環宇廣播事業股份有限公司	

（續）表5-1　全國各廣播電台一覽表

第三梯次調幅電台：1家		
金禧廣播事業股份有限公司		
第四梯次調頻中功率電台：11家		
雲嘉廣播股份有限公司	金聲廣播電台股份有限公司	亞洲廣播股份有限公司
飛碟廣播股份有限公司	北台之聲廣播股份有限公司	宜蘭之聲中山廣播股份有限公司
台南知音廣播股份有限公司	好家庭廣播股份有限公司	省都廣播股份有限公司
新客家廣播事業股份有限公司	財團法人蘭嶼廣播電台	
第四梯次調頻小功率電台：46家		
新營之聲廣播電台股份有限公司	南都廣播電台股份有限公司	人生廣播電台股份有限公司
台南之聲廣播電台股份有限公司	關懷廣播股份有限公司	美聲廣播股份有限公司
嘉雲工商廣播股份有限公司	財團法人佳音廣播電台	蘭潭之聲廣播股份有限公司
女性生活廣播股份有限公司	鄉音廣播電台股份有限公司	西瀛之聲廣播電台股份有限公司
淡水河廣播事業股份有限公司	民生之聲廣播電台股份有限公司	新竹勞工之聲廣播股份有限公司
下港之聲放送頭廣播股份有限公司	台東之聲廣播電台股份有限公司	府城之聲廣播電台股份有限公司
愛鄉之聲廣播電台股份有限公司	鄉親廣播電台股份有限公司	中台灣廣播電台股份有限公司
山海屯青少年之聲廣播股份有限公司	宜蘭鄉親熱線廣播電台股份有限公司	金台灣廣播電台股份有限公司
大新竹廣播股份有限公司	山城廣播電台股份有限公司	高屏廣播股份有限公司
中部調頻廣播電台股份有限公司	新雲林之聲廣播電台股份有限公司	竹塹廣播股份有限公司
財團法人台北勞工教育電台基金會	新農廣播股份有限公司	草嶺之聲廣播電台股份有限公司

(續) 表5-1　全國各廣播電台一覽表

(續)　第四梯次調頻小功率電台：46家		
濁水溪廣播電台股份有限公司	自由之聲廣播電台股份有限公司	望春風廣播電台股份有限公司
日日春廣播股份有限公司	亞太廣播股份有限公司	北回廣播電台股份有限公司
大溪廣播電台股份有限公司	大武山廣播電台股份有限公司	屏東之聲廣播電台股份有限公司
潮州之聲廣播電台股份有限公司	宜蘭之聲廣播電台股份有限公司	全景社區廣播電台股份有限公司
南屏廣播股份有限公司		
第五梯次調頻小功率電台：19家		
財團法人台北健康廣播電台	花蓮希望之聲廣播電台股份有限公司	澎湖風聲廣播電台股份有限公司
嘉南廣播電台股份有限公司	財團法人台東知本廣播事業基金會	財團法人民生展望廣播事業基金會
財團法人真善美廣播事業基金會	後山廣播電台股份有限公司	財團法人北宜產業廣播事業基金會
財團法人太魯閣之音廣播事業基金會	曾文溪廣播電台股份有限公司	財團法人澎湖社區廣播事業基金會
中原廣播股份有限公司	嘉義之音廣播電台股份有限公司	財團法人中港溪廣播事業基金會
苗栗正義廣播電台股份有限公司	太平洋之聲廣播股份有限公司	財團法人苗栗客家文化廣播電台
鄉土之聲廣播股份有限公司		
第六梯次金馬地區調頻電台：1家		
金馬之聲廣播電台股份有限公司		
第七梯次調頻中功率電台：9家		
嘉樂廣播事業股份有限公司	靉友之聲調頻廣播股份有限公司	天天廣播電台股份有限公司

（續）表5-1　全國各廣播電台一覽表

（續）第七梯次調頻中功率電台：9家		
澎湖事業廣播股份有限公司	凱旋廣播事業股份有限公司	冬山河廣播電台股份有限公司
歡樂廣播事業股份有限公司	主人廣播電台股份有限公司	城市廣播股份有限公司
第八梯次客語調頻電台：1家		
財團法人寶島客家廣播電台		
第九梯次指定用途調頻電台：3家		
地球村廣播股份有限公司	大漢之音調頻廣播電台股份有限公司	高屏溪客家與原住民母語廣播股份有限公司
第九梯次一般性用途調頻電台：8家		
歡喜之聲廣播電台股份有限公司	指南廣播電台股份有限公司	青春廣播電台股份有限公司
竹科廣播股份有限公司	小太陽廣播電台股份有限公司	陽光廣播電台股份有限公司
天鳴廣播電台股份有限公司	鴻聲廣播電台股份有限公司	

（資料來源：行政院新聞局廣播電視事業處，二〇〇三年七月）

第貳篇　節目進階企劃

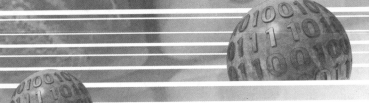

第六章

掌握聽眾特質

一、製作與聽眾導向

在幾所大學傳播相關科系開授廣播課程的多年經驗中，筆者曾經遇到一個相當有趣的現象。有鑑於美國已有多家兒童聯播網，台灣卻連兒童節目都不多，因此特別要求學生們試著以兒童為對象，分組企劃出一個全新的節目。結果許多組都不約而同的以兒童英文教學為主題，雖然呈現的方式包括了生活英文、兒歌英文與故事英文等等，但是萬變不離其宗，就是要教英文。即使後來他們自己針對一些兒童團體所作的調查已經發現，英文節目恰恰是兒童們最不喜歡的節目類型，還是有好幾個組的學生堅持要設計英文節目。更有趣的是，這種現象不是只發生在一所大學，而是不約而同的出現在幾所大學。看來現在的大學生自己雖然不一定用功，卻都期望兒童多用功。其實兒童的身心發展還沒有成熟，並不適合基於成人標準而設計的節目。一些專家們把十八歲以下都劃歸為兒童，而且還分成五個不同階段。對於兒童聽眾有興趣的廣播人，不妨先參考 Acuff 與 Reiher 兩位美國專家合寫的《兒童行銷》等書籍。

事實上，遭到誤解的聽眾不只兒童，常常還包括成人。這正是一般初入門者常犯的通病：製作導向。製作導向的思考模式是只想到節目製作者想要提供什麼題材，卻忽略了聽眾真正想要的是什麼內容。

如果運氣好，這種製作導向的節目有可能剛好迎合聽眾的胃口，因此流行一時，但是除非好運不斷，不然很快就會因為跟不上聽眾的變化而走下坡。其實不只入門者會出現前述忽略聽眾需求的盲點，有的時候整個電台也可能陷入這樣的陷阱。一個值得參考的例子發生在不久前的台北天空，故事主角是一個標榜「連音樂都說 Yes」的電台──「Yes989」。

　　這個電台原本收聽率不高，在當時的收聽率調查中根本就做不出來，可是到了一九九八年卻忽然竄起，在收聽率調查中一下子就拿下了好幾個百分點，搶走了許多聽眾。這位異軍突起的新秀小老弟讓當時的幾家領先電台都感到無比驚訝，因為這幾家電台幾年來無不卯足全力競爭，如果能在收聽率調查中有點微小的輸贏就緊張得要命，現在卻有新電台因大幅成長而一舉成名，而且其成就顯然是從每家電台各搶一些。

　　當時的分析顯示，Yes989之所以能迅速竄起，主因在於這家新電台以播放流行音樂為主，節目主持人幾乎不太說話，因此受到以年輕人為主的流行音樂喜愛者的青睞。相較之下，幾個領先電台都有所不足，年輕聽眾們覺得飛碟電台與台北之音的DJ們太愛說話，甚至有點吵；中廣音樂網的音樂太雜，有些音樂似乎過老；ICRT音樂雖好，卻是中文與英文一起怪叫；至於台北愛樂，不愛古典樂的實在進不了這座廟。

　　不過後來的發展顯示，Yes989似乎是無心插柳柳成蔭，其本身並不十分明白自己為什麼成功。當它因標榜「連音樂都說Yes」而成名之後，本來安安靜靜的電台DJ們大概是發現了聽眾越來越多，難耐想要跟大家說說話的誘惑，於是開始在節目中談起心情、說起閒話。新發展正好犯了聽眾的大忌，逼得他們再度尋找新頻率。這反映出電台沒有能真正掌握好聽眾特質，於是好不容易才創下的奇蹟，很快的就成了過往的遺跡。一度讓幾家領先電台擔心的勁敵，最後敗在自己的手裏。Yes989很快從市場中黯然退場，取而代之的是Power989，沒過多久之後又換成了勁悅989、好事聯播網。

　　製作導向的節目就好像情場上有些男士想要追求女性，腦中只知道自己想給些什麼，卻不管對方要些什麼。儘管起先可能運氣好，自己給的正是對方要的，因此打動芳心，但是長久下來，對方終究會大嘆：「其實你不懂我的心！」新聞常報導有人因分手而傷害甚至殺害

對方，強迫他人接受自己感情。這種感情表達方式的產生原因無他，就是不管對方的想法，這是人際關係的大忌，當然也是廣播人的大忌。

好節目要像好情人，不能只從自己的角度出發，而是要採取聽眾導向，站在對方的立場多想想，才能真正體貼聽眾的心。

二、行銷研究與聽眾

回顧美國產品市場，在十九世紀早期由於產品不多，只要能生產就不怕賣不掉，因此都是採取生產者導向；到了一九五〇年代，產品種類爆炸，消費者選擇極多，很多產品賣不出去，生產不得不走向消費者導向。前述走向，正如台灣廣播市場目前的發展，在競爭下從製作導向轉為聽眾導向。想要製作出真正聽眾導向的節目，最主要的功課在於瞭解聽眾特質。

從行銷學來看，規劃行銷策略的七大基本步驟依序如下：消費者分析、市場分析、競爭分析、檢討分銷管道、發展行銷組合、評估經濟效益，最後是檢討前述步驟等。

其中，消費者分析是最首要也是最基本的功課，藉此才能決定目標市場與定位策略。在目標市場的區隔與電台定位上，必須顧及三個前提條件：可測量、規模夠大以及可觸及。市場分析著重於市場結構，從完全競爭、寡頭壟斷、寡占、到獨占各有不同；產品的生命週期如推廣、成長、成熟與衰退等也要加以考慮。在競爭分析中，SWOT分析是基本概念，用以分析內部的優勢劣勢與外部的機會威脅。電台主管與節目製作者必須從電台的使命出發，思考聽眾需要什麼樣的服務、有無其他電台提供這種服務、自己在其中享有什麼機會、可以訂下什麼目標，行銷目標應該具有具體、有挑戰、可調整等

特性。分銷管道是一般商品的必爭之地，很多人以為電台接觸聽眾不需經由任何管道，其實不然。行銷組合通常以四P稱呼，包括產品（product）、通路（place）、價格（price）與推廣（promotion）；有些學者倡導四C，其實內涵皆同，只是切入點不一樣。經濟效益著重成本與成效的比例，以免砸了大錢卻不見什麼效果，達不到理想的投資報酬率。至於檢討，則是基於反饋（feedback）去修正前述步驟。

消費者的購買過程可以分成五個步驟：認知、蒐集情報、衡量各種選擇、購買以及使用評估。因此一般商品在行銷時，為了瞭解消費者，常會參考廣告公司的年度消費行為大調查，視需要進一步量身訂製自己的市場調查，以便瞭解產品的機會點何在？該怎麼切入？例如常常被列為成功案例的康師傅方便麵，生產者頂新公司的前身原本只是彰化的一家小油廠，前往大陸發展後，經由行銷研究發現當地消費者常常苦於水溫不夠高，方便麵泡不熟，因此把握這個機會，推出更容易泡的方便麵，結果立刻風行一時。同樣的，電台在構思節目與行銷時，也可以參考廣播大調查，看看應該推出什麼節目來迎合聽眾需求，怎麼讓聽眾知道節目訊息，再進一步針對自己關心的問題進行市場調查。當然，想要瞭解聽眾並不是只能藉由要價數十萬、既昂貴又費時的市場調查，有時候不妨利用探索性研究，包括：現有研究資料、專家訪問、類似案例分析，以及焦點團體法等等。

多數廣播調查都指出，聽眾收聽的主要原因依序是吸收新聞資訊、收聽喜愛音樂、無特定原因的習慣性收聽、汲取生活資訊、獲得路況消息、喜歡節目主持人、以及學習語言等等。藉由深入分析可以獲得更詳細的資料，例如光是音樂就可以細分出五花八門的種類，有古典樂、老歌、搖滾，還有流行的抒情樂與另類的嘻哈（Hip-Hop）等；再經過交叉分析，就可以得知聽眾們的年齡、學歷、收入、性別、作息時間、休閒活動、居住地區等背景，與其喜愛的節目類型之間有無關係。以流行歌曲為例，根據廣電基金二〇〇〇年的調查顯

示，這雖然是十三至三十歲聽眾最喜愛的音樂類型，但是對三十一至五十歲聽眾而言，排名迅速跌至第五名，對於五十一歲以上聽眾的吸引力更低；隨著年齡的提升，經典老歌越來越受歡迎。唯有眞正掌握了聽眾特質，才能在節目製作上落實聽眾導向，長久獲得聽眾的喜愛與忠誠收聽。

在分析聽眾特質並因而成功定位的知名案例中，最值得一提的首推台北愛樂電台。相較於一般人可能認爲古典音樂聽眾稀少，台北愛樂電台在規劃之初就透過市場調查發現，大台北地區有百分之五的聽眾想聽古典樂卻聽不到。很多人乍看之下可能會認爲百分之五太少，但事實上這個比例的聽眾要養活一個電台絕對綽綽有餘。果然台北愛樂一推出就開發了這些潛在聽眾，有效區隔市場，獨享這群聽眾。相對於台北愛樂電台任憑弱水三千卻只取一瓢飲的小眾作風，另一個大眾訴求的對比案例是飛碟電台。飛碟電台在節目規劃之初就已透過比較各家電台的節目表，發現多數需求都已經有了相應的節目，但是同時也發現聽眾的滿意度並不高，而且年輕族群正逐漸流失，因此決定從這個部分切入，利用電台高層的豐富人脈，藉由大規模的名人牌來搶攻市場上最大的一塊餅。

相較於前述兩個市場區隔與定位成功的案例，另有不完全成功的案例，例如台北女性生活廣播電台推出之時，試圖以女性作爲市場區隔，立意雖好，規模也夠大，但是應該怎麼觸及女性聽眾卻是一個大問題。畢竟女性的內涵非常多元而豐富，這種太模糊的區隔等於沒有區隔，難以眞正掌握目標聽眾的特質。結果一九九七年該電台只好告別女性，轉型成爲台北之音的音樂台。

三、台灣地區的聽眾

　　根據廣電基金的市場調查，台灣地區的聽眾結構演變如下：一九
九九年時常態聽眾占36.2%，非常態聽眾占26.4%，非聽眾占37.4；
二〇〇〇年時常態聽眾占34.3%，非常態聽眾占32.7%，非聽眾占
33.0%。

　　在節目內容上，二〇〇〇年的調查結果也顯示：就音樂類型來
看，台灣地區的男性最喜歡「流行歌曲」，女性偏好「演奏曲與輕音
樂」；三十歲以下者最喜歡「流行歌曲」；四十一歲以上最偏好「經
典老歌」；各年齡層普遍喜愛「演奏曲與輕音樂」。在資訊類型方
面，台灣地區聽眾都偏好「實用生活知識」、「休閒旅遊」及「人際
關係」三種類型；「影劇娛樂」是二十四歲以下年輕人較感興趣的類
型，特別是十三至十九歲的青少年；「養生保健」是二十五歲以上感
興趣的內容；四十一歲以上對「公共政策」及「公共服務資訊」等議
題較關注。

　　在節目時段上，二〇〇一年的調查顯示各個時段的聽眾特質大致
如下：凌晨時段：十三至二十四歲與六十一歲以上，大學程度，多為
學生或退休與失業人員；上午聽眾：三十一至五十歲，專科學歷，勞
工與專業人員；下午聽眾：男性偏多，二十五至五十歲，高中學歷，
勞工與農林漁牧；晚間聽眾：十三至二十四歲，大學以上學歷，學生
為主。除了收聽時段，該次調查也針對音樂、資訊及新聞等各種節目
內容的聽眾特質加以分析。

　　在開機率上，二〇〇〇年的數據顯示：全天的收聽率大致呈現雙
峰格局，平日第一個高峰從早上七點開始，到了八點達到最高，大約
百分之九，十一點開始下滑；中午以後開機率又逐漸上升，到了下午

五點出現第二個高峰，大約百分之六；全天最低點出現在凌晨四點。相較平日，假日的收聽率頗有下滑，但是仍然呈現較為和緩的雙峰格局。

廣電基金曾經在二○○○年的調查報告中，參照廣告公司進行消費行為大調查的慣例，將受訪者分成以下六個不同類型：

1. **活躍自在型**：占17.7%，基本特性是十三至二十九歲為主，女性稍多，中學教育程度，多數為主婦與學生，月收入在三萬元以下，居住中部較多；生活型態為重視休閒娛樂，社交相當活躍，滿意現況，消費意願高；在收聽行為上，聽眾比例高達七成，重度聽眾多，喜愛聽音樂與影劇娛樂。

2. **力爭上游型**：占15.7%，基本特性是二十至二十九歲，兩性平均，高中與專科程度，職業為職員、專業人員與勞工，居住中南部較多；生活型態是工作勤奮，不喜歡旅遊，不追趕流行，不甚滿意現狀；在收聽行為上，聽眾比例高達七成六，中度聽眾為主，喜歡收聽音樂以及語言教學等實用知識。

3. **發展新貴型**：占18.9%，基本特性是十三至二十九歲，男性較多，大學程度，職業為專業人員與學生，收入三至五萬或無收入；生活型態是工作占去較多時間，但認為休閒娛樂重要，重實用，不喜歡名牌；收聽行為上，聽眾比例近七成，無特別偏好之音樂或資訊類型。

4. **沉默退縮型**：占12.0%，基本特性是十三至十九或五十歲以上，教育程度低，從事農漁牧或失業中，無收入，多住桃竹苗或雲嘉；生活型態是少工作，不常外出，重視家庭，社會參與低；收聽行為上，聽眾比例六成六，重度聽眾多，無偏愛之音樂或資訊類型。

5. **事業有成型**：占18.1%，基本特性是二十至二十九歲，專科學

歷，老闆、職員、軍公教比例高，月收入三萬以上，多住北
部；生活型態上，重視工作，常是意見領袖，喜愛流行與名
牌；收聽行為上，聽眾比例近八成，喜愛音樂與新聞，收聽範
圍相當廣泛。

6.保守穩健型：占17.7%，基本特性是四十歲以上，大學學歷，
軍公教或待業中，收入五萬以上或無收入，住中南部較多；生
活型態是生活單調，重視家庭，不喜歡名牌；收聽行為上，聽
眾比例為七成八，喜歡古典樂，不喜歡流行歌曲，資訊選擇上
除影劇娛樂與實用知識之外都能接受。

四、聽眾特質與行銷

　　如果不能真正掌握聽眾特質，那麼在節目製作與行銷策略等工作
上都可能事倍功半，甚至徒勞無功。

　　以節目單元的適合長度為例，如果上班族是節目的目標聽眾，單
元就不宜太長，因為許多上班族不能一直安坐室內專心聽節目，而是
常常要忙於業務或受召開會，單元時間短有利於他們隨時從新的單元
開始聽起，不會跟不上節目進行的步調。反之，如果老人是節目的目
標聽眾，則節目單元就不宜太短，以免他們無法適應隨時都在變化的
談論主題。前面提過的因多播音樂少說話的Yes989也是一個在節目內
容上偏離聽眾特質的明顯案例。

　　除了節目製作，在電台行銷上也是如此。就廣告而論，由於電台
推出的電視廣告很少，以下姑且以知名網站的電視廣告來代替，以便
說明。

　　最近一家知名入口網站與另一家拍賣網站都曾經在電視廣告的設
計上，出現美中不足之處。入口網站Yahoo! 先前大舉進軍台灣市場

時，曾經在一隻曝光頻繁的電視廣告中以一位老人為主角，故事是原本孤單的老人在上了Yahoo! 並且輸入「社團」進行搜尋之後，從此有了精采豐富的社交生活。問題是，老人並不是上網的主力，青少年才是。除非Yahoo! 本意就是要開發老人族群，否則這支廣告似乎不容易吸引年輕族群的注意。據瞭解，Yahoo! 實際上並沒有特別要開發老人族群的目的。此外，如果真有老人在看了電視廣告之後，滿懷期望的打開電腦並且登上Yahoo! 想要找到老人社團，那麼他可能要失望了，因為在這支廣告推出之時，Yahoo! 上的老人社團資訊實在很少，輸入社團搜尋之後，多數網站都是學生社團。

　　另一個案例是拍賣網站eBay（電子海灣），這家全球最大的拍賣網站為了搶攻台灣市場，也是一來就推出一系列電視廣告，尤其「唐先生的故事」篇還引起一陣熱潮，讓很多人跟著去買廣告片中出現的「蟠龍花瓶」。問題是，如果觀眾真的因此上了eBay的台灣網站，想去找一些別處找不到的物品，可能會發現網站上的拍賣品明顯沒有它的競爭對手多，結果反而造福了競爭對手。這種情況其實不難想像，因為網站越久拍賣物越多，eBay台灣版作為新網站，剛開始在這方面不免吃虧。因此與其宣傳拍賣品多，造成網友來了之後反而失望，還不如先宣傳在這裏什麼都容易賣，先吸引賣方上來，然後再對買方進行宣傳，這樣的效果應該會更好。這兩個廣告案例都是因為沒有徹底掌握對象特質，因此不能真正從對象的角度來思考，才會在電視廣告上出現小小瑕疵。

　　關於電台行銷，特別是如何根據不同的聽眾特質來廣開行銷通路，在本篇的第十一章中將會有更多探討。

第七章

分析競爭對手

　　很多廣播人在分析競爭對手時，常常只想到其他同性質的電台節目。在他們眼中，似乎只有其他電台才會是自家電台的競爭對手。

　　其實這種簡單的思維欠缺了對於聽眾的體貼性，因為從聽眾而言，只要能滿足其需求即可，根本不必去理會是不是電台提供這項服務，不論此一需求是對資訊的渴求、對音樂的喜愛，或是對孤獨的排解。真正的廣播好手必須先從聽眾的需求出發，知道聽眾真正想要的是什麼，才能知道在各式各樣的競爭對手中，應該怎麼透過電台節目去滿足聽眾需求、贏得聽眾芳心。

一、電台的競爭對手

　　聽眾想要什麼服務？電台能提供什麼服務？這兩者形成一個巨大的交集，從新聞、音樂、路況、天氣、到陪伴，幾乎包羅萬象。

　　如果聽眾想要的這些服務都只能由電台提供，當然不必考慮來自其他媒體的競爭。可惜不是。以新聞為例，電視新聞能夠提供畫面，如臨現場，遠比電台精采；報紙新聞可以深入報導、詳細剖析，遠比電台豐富。不過電台也不是沒有半點優勢，在目前的科技之下，報紙在更新速度上不如電視與電台，其中電視機又不如收音機迷你精巧，可以隨身攜帶。

　　如果聽眾想要的服務是娛樂或陪伴，那麼線上電玩的刺激可能更符合年輕人的需求，書籍的廣度與深度對有嗜讀症者可能更引人入勝，甚至連唱歌與聊天等室內娛樂，或是爬山與潛水等戶外活動，也都是電台的潛在競爭對手。這些活動所能夠帶來的樂趣，大概都比電台多。當然，電台自有優勢，作為不具獨占性的媒體，電台容許漫不經心的收聽，聽眾可以等到有了重要內容才認真注意；相較之下，電視是具獨占性的媒體，至於其他活動也都必須專心投入。此外，收聽

電台應該是最不耗費時間與金錢成本的休閒活動，隨時隨地想聽就聽，幾乎不必花錢；反觀其他活動，不是要花不少錢，就是要花許多時間。

　　試看兒童節目，雖然兒童喜歡聽故事乃眾所週知，但是目前電台裏真正屬於兒童的節目卻非常稀少，應該頗有開發空間。如果有意投入兒童節目製作，首先應該思考兒童想要什麼、需要什麼，在本篇第六章中曾經提到，許多傳播科系學生都想要製作兒童英語節目。透過成人的角度來看，英語學習或許是兒童需要的，但是如果從兒童自己為出發點，學習可能從來就不是優先選擇。兒童天性喜愛遊戲，因此「聯合國兒童人權宣言」明白將「遊戲權」列為兒童的基本人權之一。因此如果想開發兒童聽眾，首先應該考量的是趣味性。就算想要偷渡一些有益的知識，仍然應該不失其趣味，才能真正吸引兒童聽眾，正所謂「寓教於樂」。

　　不過就算電台節目具有趣味性，也未必能順利吸引兒童。畢竟多數兒童都天生好動，因此可能比較喜歡與其他成人或兒童玩耍，即使沒有機會玩耍，五光十色的電視畫面也比只有聲音的電台更能贏得其喜愛，舉凡卡通影集、大型的動物與人型玩偶，或是大哥哥大姊姊們蹦蹦跳跳的邊教邊唱，都是電台的厲害競爭對手。電台該怎麼看待這些競爭，透過SWOT分析可以呈現清楚對比，以便決定要正面迎擊或是採取反向操作。如果正面迎擊，必須確定誘因足夠獲勝，這並不容易。如果是反向操作，則是在聽眾需求與電台服務的廣大交集中，排除了其他非電台競爭者的地盤。交集中的剩下領域雖然不大，其實要維持節目生存已經綽綽有餘。

二、節目的競爭對手

　　排除了其他非電台的競爭者之後，還要面對來自電台同業的競爭，最直接的競爭對手當然是同時段的同性質節目。除非市場中沒有其他同性質節目，不然當類似節目型態在市場中早已存在，那麼在企劃之前就必須想一想聽眾有什麼理由轉換頻率？行銷研究早已發現，市場中已有的領導品牌通常占有優勢，因此除非新進者擁有更豐沛的競爭資源，否則不易挑戰成功。如果節目只想安享電台的既有聽眾，無意向外擴展並且成為市場中的翹楚，自然不必費心比較。由於電台聽眾的忠誠度比電視等其他媒體高，比較不會輕易變換頻率，因此除非節目真的很糟糕，總還會有一些忠於電台的聽眾繼續乖乖收聽。問題是，如果整個電台都是這種搭人便車、坐享其成的節目，長久下來，聽眾一定會越來越少。

　　飛碟電台籌辦之初，為求瞭解其他的競爭對手，先由廣泛收集其他電台的節目表，並且由高層主管照表仔細收聽各家電台的類似節目，這樣才能在規劃的時候知己知彼，藉由擷取長處、補其不足，有利於日後的競爭。結果飛碟電台的節目推出之後，果然受到聽眾歡迎。有些廣播人在規劃節目時，往往只是一廂情願地想要呈現自己的想法，卻忽略了應該先對競爭對手加以分析。

　　除了靜態分析，動態分析也很重要。每一樣產品都會經歷生命週期的四個階段，從推廣、成長、成熟到衰退，電台節目也不例外。新型態的節目位於推廣期，前例少、風險大、競爭有限，一旦成功就可開發出龐大聽眾。如果此一新型態的節目可以存活，將會順利進入成長期，其他有意分一杯羹的電台會試著推出同性質的節目來搶市場。到了成熟期之後，人人知道這種節目可以生存，因此同性質的競爭節

目眾多，瓜分了原有聽眾，這時候如果想要獲得好的成績，就必須想出更能吸引聽眾的好點子。進入衰退期之後，原有聽眾逐漸流失，又無法開發出新聽眾，除非轉變節目型態，否則勢必難以繼續維持。

許多廣播新人在剛開始企劃節目時，不免會模仿或抄襲既有的成功節目。其實模仿也是一種基本的學習，可以從中咀嚼前輩高手的成功之道，不無好處。不過如果從前述的產品生命週期來看，這其實是選擇了加入成長階段或成熟階段中競爭，不易大幅開拓聽眾。有些廣播新人甚至可能因為生性念舊而模仿自己許久以前喜愛的節目，這麼做除非剛好遇上了懷舊成為一種時尚流行，否則便是選擇產品的衰退期進入，或許勉強也能生存，但是前景實在難以大放光明。

黎明柔當年在台北之音的紅牌節目「台北非常DJ」，以話題大膽聳動而轟動台北，讓此一型態的節目不但得以成功度過推廣期，還稱霸深夜時段相當長的時間。不過後來與高雄地區的電台進行節目聯播時，在當地的收聽率卻不如預期的理想，呈現出北熱南冷的差異現象。為什麼會這樣？原來當黎明柔以大膽著稱的主持風格在台北天空走紅之後，高雄也隨即出現了許多的模仿節目，而且節目尺度更加誇張，還常常受到行政院新聞局的警告。如此一來，儘管黎明柔的節目型態在台北已經進入成長期，但是因為擁有市場領導品牌的優勢，其他電台模仿推出的同性質節目難以輕易挑戰成功，但是當戰場轉移到了高雄，黎明柔的正牌節目反而因為遲來，淪為成熟階段中的新進挑戰者，更何況當地喜愛刺激話題的聽眾已經習慣了現有的「重鹹」口味，黎明柔的節目內容便顯得無足為奇。

三、因應競爭的策略

當面對競爭，必須要有策略。常被提及的幾種電台競爭策略如

下：

1. **對抗式策略**：又稱針鋒相對策略或正面策略，因為想吸引的聽眾與競爭對手類似，因此以相同性質的節目正面迎戰競爭對手。

2. **替代式策略**：又稱反向策略，因為想吸引的聽眾與競爭對手不同，因此以不同性質的節目搶攻其他未被鎖定的聽眾。

3. **吊橋式策略**：藉由在前、後都安插強勢節目來拉抬介於中間的弱勢節目。

4. **帳蓬式策略**：以一個強打的節目來帶起前後時段節目的收聽率。

5. **連環式策略**：又稱水平策略或帶狀策略，一連五天都在同樣時段安排同一節目，藉以養成聽眾的固定收聽習慣。目前已廣為採用。

6. **封鎖式策略**：又稱垂直策略或區段策略，在某個較長的時段中都安排同樣性質的節目以吸引聽眾，避免聽眾轉台。

7. **棋盤式策略**：每一天的各個時段都有不同節目，藉以鎖定多元聽眾，不過不容易宣傳。一些非營利目的的電台如以服務多元聽眾為目的，通常不得不採取此一策略。

除此之外，學者祝鳳崗從行銷策略的角度指出，對於包括電台在內的大眾傳播媒體而論，最為重要的行銷策略是三C：這三個C指的是競爭（competition）、合作（cooperation）、與溝通（communication）。其中的競爭策略中，又可以分出幾個不同的策略項目：首先是焦點策略：集中力量，單點突破，爭取某些特定聽眾。其次是差異化策略，相關變化繁多：例如製造有特色的電台節目，這是節目差異化；聘請特別的人，這是人員差異化；如果提供不同的服

務，這是服務差異化；也可以建立特定形象，這是形象差異化。關於與其他媒體攜手的合作策略，以及將聽眾組織化，使之產生忠誠度的溝通策略，將在本篇第十一章與第十三章中深入探討。

　　一個關於對抗式策略的案例是台北之音，該電台曾經試圖競逐大台北地區的領導品牌，想要以名人牌直接挑戰飛碟電台的冠軍寶座，因此推出資深報人高惠宇來對抗飛碟早餐的周玉蔻，另以民進黨立委郭正亮對抗飛碟晚餐的趙少康。這種行銷策略是否符合SWOT的優劣勢分析，讀者可以自行判斷。

　　眾所皆知的名人牌則是採取人員差異化策略。很多人以為飛碟聯播網最早採取此一策略，其實中國廣播公司等老電台也曾零星邀請名人主持節目，政府重新釋出電波資源之後，台北之音大舉邀請多位名人，算是正式開啟台灣電台的名人牌風氣。然而，名人牌是否真的一定奏效呢？回顧台北之音開台之初，打出的名人牌包括李文媛與葉樹珊等人，但是成績不如預期，李文媛更只維持不到一年就走人；至於另一位名人苦苓算是多朝元老，多年以後才因個人因素離開；反而是原本知名度不那麼高的黎明柔，在進入台北之音之後因為節目內容而引起不少話題，由此闖出一片天空。比台北之音後起的飛碟聯播網，在名人牌的使用上更加勇猛，幾乎所有主持人都是名人，算是把名人牌發揮到了巔峰，因而創下耀眼成績，成為人員差異化策略的典範。

　　廣電學者關尚仁指出，採取名人牌策略也有其缺點，一來是容易模仿，替代風險高；二來是電台如果太倚靠名人，萬一遇到挖角，不只電台必須重新花錢找人或行銷，而且原時段的聽眾也可能跟著名人跳槽而大幅流失。

第八章

探索廣告潛力

對於所有廣播人來講，特別是想要成爲經營管理階層人員的廣播人，除非在非商業電台服務，否則都必須對於節目可以招攬到什麼廣告有點概念。有些廣播人可能會自命清高，認爲廣告只是業務部的事，自己只要做好節目就好，與此無關。其實這種想法並不正確，節目走向如果受到廣告的牽制與引導固然不好，但是只知道節目而不瞭解業務疾苦，同樣不可取。節目與廣告爲電台生存的兩大支柱，應該在各自的專業之下分工合作，而非互不往來各行其事。

一、打開廣告的面紗

從作爲廣告主的企業角度出發，這些公司之所以願意購買廣告，主要是因爲想幫自己提供的產品或服務找到行銷對象。爲了這個目的，這些企業會先訂下一些目標，例如提高多少百分比的品牌知名度與銷售額等等，然後提出一筆相應的傳播預算，其中包括了廣告、公關、促銷、刊物、與樣品提供等相關開銷。在廣告預算之中，企業主會依照行銷目標的特質不同，決定其媒體策略，也就是在電視、報紙、雜誌、電台、以及網際網路等各種媒體上的廣告比例與時段。有些企業主會將這個媒體策略委由專業的廣告公司或媒體購買公司來決定。廣告的媒體策略決定之後，就是預算執行的部分，包括媒體購買與監看，有些時候還會有廣告效果的後測。

廣告代理商在決定廣告預算的分配上具有重要影響力，早期台灣的廣告代理商以本土的聯廣公司居首，不過在政策開放外商入境競爭之後，智威湯遜、華威葛瑞、麥肯、上奇、電通揚雅、與李奧貝納等紛紛迎頭趕上，讓許多本土廣告大感生存不易。

就存在的價值而言，廣告所引發的到底是消費者的需要（need）還是想要（want），一直都是熱門話題。一部分產品或服務的廣告是

針對消費者原本就有的需要而發，包括了食衣住行等必要用品，這些廣告對於聽眾而言如同購物指南，大有助益；不過另一部分的廣告會讓消費者去購買他們未必真的需要，但是心裏卻會想要的產品或服務，例如鑽石、豪宅與名牌貨品等。這種廣告能有效開拓市場，但是在滿足某些人的心理需求之際，不免也會引來另一些人的後悔與抱怨。有些人對廣告敬而遠之，原因在此。如果是誇大不實的廣告，自然更不可取。

根據一些關於電台廣告效果的初步研究顯示：最常被聽眾記得的產品類型是出版、唱片、醫藥與食品。其中出版與唱片比較受歡迎，醫藥則不受歡迎。這些廣告能夠引起聽眾購買的原因包括：播放頻率高、表現手法吸引人、產品介紹詳盡；相反的，廣播廣告的缺點是聽眾無法直接看到產品。比較有趣的是廣告相信度，一項研究的數據顯示：二成六的人相信廣播廣告內容，二成四的人不相信，另外五成的人則回答不一定。前述數據只能作為參考，時空環境等條件都可能造成改變。

關於媒體廣告有幾個重要的基本概念，簡述如下：

1.收聽（視）率（rating）：接觸到媒體內容的人占所有人口的百分比。

2.占有率（share）：接觸到媒體內容的人占所有開機人口的百分比。

3.到達率（reach）：一定時期之內特定人口中至少有一次看到廣告內容的百分比。

4.有效到達率：有多少人因為看到足夠的廣告次數（通常的設定為一個月內三次）而知道並瞭解廣告內容。

5.千人成本（CPM）：讓一千個目標對象看到廣告內容的媒體購買成本。

二、台灣的電台廣告

　　根據《廣告雜誌》所刊載的潤利公司調查資料顯示，台灣的無線電視、有線電視、報紙、雜誌、與電台五大媒體廣告金額，在一九九六年時約為新台幣四百多億，此後上升快速，在一九九八年時突破六百億，其後略為下降，到了二○○○年時仍有近六百億，二○○一年又下降至五百多億。

　　在這五、六百億的廣告大餅中，電台雖為小老弟，只占了大約百分之四，但是廣告金額仍然多達二十多億，不容小覷。在新電台開放以前，在所有的電台廣告預算中，中國廣播公司就瓜分了一半左右。新電台開放之後，根據潤利公司依據播出秒數換算而來的估計，二○○一年電台有效廣告量超越一億的依序是中廣流行網（7.8億）、飛碟聯播網（6.2億）、中廣音樂網（2.7億）、News98（2億）、台北之音音樂台（1.4億）、台北之音都會台（1.1億）。

　　值得注意的是，台灣的前一百大廣告主排行，比較起電台的前一百大廣告主排行，兩者小有不同，顯示出電台因其特性，自有獨特的廣告主。二○○一年台灣電台的前十大廣告主包括了統一企業、維京音樂、新力音樂、環球音樂、豐華唱片、滾石、華納飛碟唱片、BMG唱片、中華三菱汽車，以及華碩電腦。

　　如以產業類別來看，根據《廣告與市場營銷月刊》中潤利公司在二○○二年二月份的統計，電台廣告的前幾名依序是：文康類、服務類、電腦資訊類、電話事務類、其他類、交通類、化妝保養品類、調品食品類、藥品類、鐘錶眼鏡類、飲料類、電器類、建築類、零食類、奶麥乳品類、家具類、服飾類、日用品類、沐浴用品類、廚具類、清潔劑類、兒童百貨類、洗髮美髮類以及菸酒類。

　　進一步根據產品來細分，根據潤利公司二〇〇二年二月份的統計，電台廣告的前幾名依序是唱片錄音帶、汽車、身體美容、筆記型電腦、金融機構、國內旅遊、電信業服務、美容減肥、超市、行動電話電信服務、保險、百貨、其他、行動電話、證券、才藝學校、演唱會、升學補習班、資訊系統整合、醫療服務、信用卡、展覽講座、電腦、火鍋料理、藥妝店等。

　　前述資料揭露了當前台灣電台廣告的生態，值得所有對於電台經營有興趣的人士仔細參考。不過必須謹記，已經在前述名單上的產品與服務廣告固然可以爭取，不在前述名單上的產品與服務廣告仍然大有開發空間。

　　一個好的製作人在進行電台節目企劃時，首先當然要思考市場區隔與聽眾需求，如果是為了商業電台企劃節目，同時也應該從業務面切入，瞭解所吸引的聽眾可以開發出什麼廣告、爭取到多少金額。符合主流的節目企劃通常不必擔心廣告，但是如果所企劃的是全新型態的節目，這時候只要能夠確保廣告無虞，不論節目的企劃創意多麼大膽，都能獲得電台高層的認可，不必擔心曲高和寡。

　　從廣告主的角度來看，聽眾的收入（特別是可支配收入）越多，消費的意願越強、對於廣告的接受度越佳，那麼廣告主願意付出的廣告費也越高。

　　任何電台都希望廣告越多越好，不過為了保障聽眾的收聽權益，確保節目品質，因此廣播電視法第三十一條規定：「電台播送廣告，不得超過播送總時間百分之十五。」同條第三款並且規定：「廣告應於節目前後播出，不得於節目中間插播；但節目時間達半小時者，得插播一次或二次。」

　　廣播電視法除了對電台播送廣告的時間設有上限，對於內容也有所規範，該法第三十三條規定：「電台所播送之廣告，應與節目明顯分開；內容應依規定送請新聞局審查。經許可之廣告內容與聲音、畫

面，不得變更。」第三十四條並且特別指出：「廣告內容涉及藥品、食品、化粧品、醫療器材、醫療技術及醫療業務者，應先送經衛生主管機關核准，取得證明文件。」（相關規定可參考附錄）。

三、電台的廣告部門

對於依賴廣告而生存的商業電台而言，負責廣告的業務部門大概最常受到老闆的關注。許多電台業務部都把廣告分成兩大塊，一是廣告代理商，包括一般代理商與廣播專業代理商；一是直接客戶，也就是廣告主，唱片公司尤其是大宗。

業務部除了經理等管理人員之外，還有站在第一線爭取業績的業務人員，以及助理人員。經理人員必須構思怎麼規劃廣告時段以便提高業績，還要找到適合人才並加以訓練來擔任電台的業務人員。

在廣告時段的規劃與出售上，可以分成幾種不同的常見方式，例如指定特定時段的定時，以及二十四小時平均播出的輪播（R.O.S.），更進一步的輪播還可以為廣告客戶鎖定某些目標消費群，只在一天當中的幾個時段輪播。搭配不同時段的組合式廣告套餐也是目前常見的作法。

好的廣告業務人員必須具備兩項要件，首先是勤快，主動拜訪客戶，服務客戶要求，維繫客戶關係；更重要的是專業，要了解廣告產品，具備廣告分析技能，瞭解節目收聽群、收聽率、廣告客戶需求、其他電台節目之優劣。舉例來說，廣告要能產生效果，必須持續出現，通常一兩次不會有效果，起碼要在一個月內出現三次以上。有些廣告客戶可能會誤會廣告沒有效果，這時業務人員就要用自己的專業知識及敏銳度，為顧客分析解惑，這樣才能幫客戶與電台都創造最大效益。

　　一檔電台廣告從接手到播出，大致經過前製階段（創意發想、文案撰寫、以及前製會議）、製作階段、以及後製階段（剪輯、配樂、客戶接受、複製廣告帶）。以下以實例說明之：

　　電台業務人員經過一段時間的積極聯絡之後，針對客戶產品而精心設計的廣告提案與價格折扣方案，終於獲得廣告主的點頭同意。業務人員約好時間前往廣告主的辦公室，拿到了對方代表簽名的合約之後，立即趕回電台，將合約送交給業務經理過目並簽可。經理簽可之餘還忙著提醒：簽約只是開始，後續的服務還要多費心哪。在業務人員赴外奔波時，助理人員會幫忙處理電話應答、緊急事項聯絡、制式資料傳送等庶務。

　　經理簽可之後，業務人員將合約送給廣告檔次的協調人員，幫客戶先將要求的檔次敲定，然後著手處理要上檔的廣告素材。業務人員把廣告客戶的文案拿給電台文案人員，開始進行討論，以便忠實轉達客戶喜歡的表現手法，例如節奏活潑、旁白輕柔等等。原本廣告主有些關於廣告表現的想法，不過業務人員認為這種表現手法適合有畫面的電視，卻不一定適合只有聲音的電台，經過其專業分析與建議，廣告主欣然同意，而且對這些分析與建議感到非常滿意。

　　有些廣告主本身已經製作好了廣告播出帶，可以省去這道手續，否則電台也可以代為設計並製作廣告，當然，這樣一來免不了要多加一點製作費用。有些時候，電台也提供錄音室出租的服務，讓客戶可以自己錄製。

　　廣告文案確定之後，雙方排好錄音時間，並找到專門提供聲音供廣告錄音的人員。業務人員填好廣告製作單，以便廣告帶錄好之後直接送到工程部，請工程部人員輸入電腦中，並確定內容與音質沒有問題。業務人員從工程部人員手中拿回寫好電腦編號的廣告製作單，交給廣告檔次的協調人員，廣告上檔的流程至此才告完成。

　　一個負責的業務人員除了確定廣告按照客戶的要求正常播出之

外，還必須在事後對於客戶的廣告效果進行追蹤，這樣才能建立長期
而穩定的合作關係。

四、電台廣告節目化

　　廣告節目化？乍聽之下很多人可能會想：節目怎麼可以廣告化？
沒錯，節目的確不應該廣告化，因此這裏說的是廣告節目化——將廣
告看成節目一樣用心企劃製作。

　　關於節目，很多廣播人已經知道不能從自身的角度出發，必須從
聽眾的角度出發，企劃出聽眾喜愛的內容，這樣才能製作出好節目。
不只節目如此，廣告也可以這樣。很多聽眾都曾經表示出對於廣告的
討厭，這是因為目前多數電台對待廣告都不如對待節目來得用心，結
果往往在精采的節目時段之間，填塞了一些與節目內容格格不入的廣
告，讓聽眾覺得原本的聽覺享受被打斷，這樣的感受當然不會好。其
實在某種程度上，廣告也可以算是一種特殊型態的節目，一樣在空中
播出，一樣必須有聽眾收聽。因此電台如果可以看待廣告如同節目，
一定可以企劃並製作出更受聽眾歡迎的廣告。

　　舉例來說，如果一家電台鎖定年輕的女性學生族群為其主要聽眾
群，那麼除了節目部應該針對年輕女學生的喜好來企劃節目內容之
外，業務部也應該找到這些聽眾可能會喜愛的產品或服務來貢獻廣告
預算，這麼一來不只能幫廣告主找到他們想要的消費對象，也能提供
電台聽眾真正感到興趣的廣告內容。對某些喜愛消費的聽眾而言，這
樣製作出來的廣告或許還比節目好聽。如此一來，聽眾每逢廣告進檔
就不高興的情況一定能得到改善。

　　有些業務人員看到這裏可能忍不住要說：「拜託，時機歹歹，能
拉到廣告就已經很不錯了，誰還敢挑三撿四？」這其實是一個程度的

問題，如果能夠對於廣告節目化的作用與幫助有所認識，業務部自然就可以朝著這個方向進行規劃並且逐步落實，如此一來，不只電台節目，連廣告也可以越來越受到聽眾歡迎。

　　反之，如果把應該服務聽眾的節目當成廣告一樣來經營，等於背叛聽眾，因此不只廣電法嚴格禁止，實務上也不利於電台長久經營。但是如果反過來把廣告當成節目一樣用心企劃，一定可以締造出電台、廣告主與聽眾三贏的局面。

第九章

瞭解電台理念

　　現在才談電台理念，有些學者看了可能不以爲然，對他們而言，電台理念應該最優先談到。其實如果站在電台的立場來看，理念當然要先談；但是如果從獨立廣播人的角度出發，則先分析了聽眾特質、競爭對手，以及潛在廣告之後，初步有了自己喜歡的節目輪廓，再根據各電台的理念，來決定應該向誰投遞節目企劃案以爭取時段，或許更爲恰當。任何有意進入電台服務的廣播人，都應該事先瞭解各家電台的理念，如此才能夠在根據聽眾需求設計節目的同時，企劃並且製作出眞正受到電台喜愛與接受的節目。

一、什麼是電台理念

　　提到電台理念，很多人腦中首先想到的可能是：「唉呀，怎麼又搞這些華而不實、欺騙大眾的八股文章！」也難怪有人這麼想，因爲過去很多老電台總愛把一些崇高理想寫進電台理念，但是實際播出節目卻跟這些理念一點都不相干。

　　其實不管是營利的私人企業，還是非營利的公益團體，任何機構都一定會有理念，理念可以很崇高，令人望而生敬，但是也可以很務實平庸，絕非都要崇高，因此理念可以崇高得像是：促進人類和平、提升文化水準、推廣藝術品味，也可以務實平庸得例如：幫助股東賺錢、擴大市場占有、提供更多娛樂。有時候理念被稱爲使命、宗旨、或是經營目的，不管使用什麼名詞，關鍵在於：必須是機構眞正想做的事！

　　在電台理念方面，由於電波資源有限，加上所傳送的訊息可以輕易進入家家戶戶，因此電波的授與被視爲一種公共信託（public trust）。值此之故，世界各國政府通常會希望廣電媒體多負擔一些社會責任。不過所謂的社會責任不一定要是道德感化、正經說教，舉凡

音樂介紹、藝術推廣、人文教育等公眾服務節目的製播，只要有益社會發展，其實都是對於社會責任的履行。由於廣電媒體的此一特性，媒體管理遂與純粹管理有所不同，因為從純粹管理來說，虧本生意大可不做；但是如果是媒體管理，若干有益社會的虧本生意還是必須要做。

既然電波頻率有限，有意經營的爭取者往往必須經過申請，其間不免還有激烈競爭。在這種情況下，所提出之經營理念越能符合政府期望的申請者，自然越可能獲得電波的授與。不過也因為如此，若干申請人或者因為不瞭解理念的真實意義，或者一心一意為了要提高申請電波資源的勝算，乾脆信口開河，在電台理念部分寫一些自己都不太相信的華麗文字，只求先騙到電波資源，然後再按著自己的真正想法而非當初的理念去經營。匡正這種弊端的最佳方法，就是在換發執照時從嚴要求落實申請時提出的電台理念。

由於申請電波頻率所需，所有電台一定都有書面化的理念，不過許多廣播人看到可能會好奇的問：「是嗎？我怎麼從來不知道我們電台有什麼理念？」如果有這種情形，十之八、九就是電台當初所撰寫的理念，根本與目前的實際經營現實不符，因此電台高層乾脆把電台理念隱而藏之，祕而不宣，以免引來員工不必要的質疑或嘲笑。本來應該公告周知讓所有員工得以遵循的電台理念，如今卻淪入躲躲藏藏、見不得人的境地。更糟糕的是，這竟不是少數特例，而是普遍存在的現象。當然，有些電台是按照當初所寫的理念來進行實際的經營管理，自然樂於廣為宣傳，例如台北愛樂電台就直接把電台理念貼到官方網站上，以供內部學習與外界參考。

二、電台理念與經營

　　電台理念將會決定電台的方向與定位、經營策略，以及具體經營原則，關係十分重大。既然如此，電台理念的產生當然不是經營者憑空想像就能出現，而是必須經過一整套的專業分析。

　　廣電學者關尚仁指出，決定電台經營理念的因素共有兩類八項，其中，外在因素包括五項，一為市場因素，又分為聽眾市場、廣告市場與競爭市場，二為政策法規，三為涵蓋區域，四為科技因素，五為社會期許；至於內在因素則有三項，一為高層理想，二為財務能力，三為專業能力。

　　經營理念成形之後，才能進一步決定電台宗旨、定位與策略，以及具體的經營原則。完成這些步驟，才能導出節目規劃。有了節目規劃，才能具體決定業務推展計劃、電台人事，以及需要使用的技術與設備。就此而論，電台理念其實也是決定電台組織的重要原則。

　　一般來說，新聞電台最耗費人力，對各種採訪設備的需求也高；至於音樂電台最節省人力，但是對於播音品質的要求最高。不同的電台理念自然會影響後續的電台經營策略，電台高層必須根據自身的主觀與客觀條件，來決定理念以及後續的經營策略。

　　關於策略，廣電學者關尚仁曾經整理出知名企業管理學者對策略的定義，以供新電台經營時參考，例如 Koontz 與 Weiheich 兩位學者曾以三種不同定義來闡釋策略的豐富意涵，一是「行動的總方案和資源的配置，以達成整體目標」；二是「達成組織目標的方案，以及達成這些目標的資源，和可支配資源之取得、使用、布署的政策」；三是「企業基本長期目標的決定，和應該採取的行動，以及達成這些目標所需的資源分配」。另一位學者 Shireley 更具體界定出策略的範圍包

括：基本目的與任務、顧客組合、產品組合、服務區域、具體目標、
競爭性利益與外界關係。國內企管學者司徒達賢則指出：策略可以說
是企業組織長期發展與運作的最高指導原則，界定其在整體環境中的
關係與相對定位。

　　相較於老電台在早期往往都採取全方位的綜合性節目經營策略，
美國在這十幾年來則流行採用以類型電台（format station）爲主的經
營策略。類型電台通常是因爲電台從自己的利基（niche）出發，也就
是找到最有利於自己生存發展的定位，因而全力鎖定聽衆市場中的某
個小衆，而非廣泛的大衆。由於類型電台的出現，電台節目更能體貼
聽衆的需求，因此成功開發了許多潛在聽衆，成功擴展了整體的聽衆
規模。

　　所謂類型電台，顧名思義，就是整個電台的節目，幾乎都是採用
同樣的節目類型（format）或節目模式，每個節目應該都根據電台所
採用的特定類型，擁有相同的節目元素，例如相同性質的音樂等等，
甚至進一步連這些元素在節目中的組合方式與時間長短，都一一加以
固定下來。例如主持人開場一分鐘之後，進三分鐘的流行音樂，然後
是第一個小單元的十分鐘，接著再進一段三分鐘的流行音樂等等。比
較嚴格的類型電台，即使對於節目內容與音樂來源等，都訂有明確的
規定，供所有節目遵循。

　　Pringle教授曾經指出，美國的類型電台大致上可以分成三大類，
包括：音樂、資訊、以及特殊議題等。詳述如下：

1.音樂類型電台：又可以再細分成十二個不同的次類別，包括：
　　成人當代（adult contemporary, AC），其中又分成了軟性
　　（soft）、新穎（new）與搖滾（rock）等三種；專輯導向搖滾
　　（album-oriented rock, AOR）；美麗音樂；古典搖滾；古典樂；
　　當代熱門廣播（contemporary hit radio, CHR）；鄉村

（country）；爵士（jazz）；中道音樂（middle-of-the-road, MOR）；懷舊音樂（nostalgia）；老歌（oldies），以及都會當代（urban contemporary），此一類型也包含了非音樂節目。

2.**資訊類型電台**：可以分成三個次類別：完全新聞、完全談話，以及新聞談話或談話新聞等。

3.**特殊議題類型電台**：包括種族、宗教，以及綜合各議題的電台。相較台灣大多都是綜合性電台，美國通常一地最多只有一家綜合性電台。

　　廣播人如果有意提出企劃書爭取電台時段，最好先瞭解該電台的理念與經營策略，如果能夠進一步認識其組織架構與節目審核流程更佳。一個完整的節目生產程序包括了：徵求節目、研擬企劃、企劃審查、製作會議、節目製作、節目試聽、正式播出以及節目檢討等。其中的企劃審查階段，也就是電台決定節目的關鍵，現在各電台往往要求送交企劃案的同時一併繳交試聽帶。各家電台的節目決策權層級不一，有的電台由節目部主管就能決定，有的電台在跨部門會議中討論定案，有的電台則是台長大權獨攬。當然，節目時段屬於冷門或熱門、改變的幅度大小，這些因素也會影響決策層級。不管由什麼層級決定，電台理念都應該是最高的審核原則。

三、電台理念的撰寫

　　既然任何機構都是因為想做某些事才會成立，當然就都會有理念。有些機構知道應該把理念清楚的寫成文字，但大多數機構卻沒有這麼做。所有機構都應該試著把理念寫成書面，把理念寫下來的好處在於：有助精確界定理念、確保世代正確傳承、有利內部形成共識、

而且方便對外進行溝通。

多年前，飛碟電台的節目部主管曾經提出一個關懷弱勢的企劃構想，希望藉由發掘需要關心的對象，透過電台連線呈現其困苦，呼喚大眾伸出援手，以此為節目增加一點溫暖。此一構想在電台的跨部門主管會議提出之後，獲得不少的共鳴。不過電台董事彭國華卻提出不同看法，他認為，飛碟電台應該積極投入各種公益活動，回饋社會，但是卻不宜直接表現在節目上，因為飛碟電台希望提供聽眾的是天天的陪伴與歡樂，讓大家因此而開心，如果每集都令人心有戚戚焉，甚至因此感動落淚，只怕聽眾反而不敢多聽。彭國華的一席話，清楚表明了飛碟電台應該是一個積極投入各種公益活動，在節目中則應該為聽眾提供歡樂的電台。這些想法如果能透過文字形式融入電台理念之中，一定有助於所有成員更加瞭解電台。否則難保未來不會有沒聽過這席話的新任主管，又提出其他打算賺人熱淚的節目企劃。

在理念的撰寫上，字數多寡並沒有特別規定，只要能夠精確而具體的表現即可，太短可能過於抽象，太長又嫌難以推廣。通常主文部分，大約在一百字到兩百字左右，此外還可以有一些補充的說明或詮釋。

理念可以同時涵蓋幾種不同面向，例如可以兼提公益理想與現實獲利，也可以將股東權益與員工福利並舉。畢竟一個機構要面對的不只是創辦者的理想，還有股東、員工與社會大眾。

最理想的理念應該是「操作型」的理念，也就是讓機構成員一看就知道機構應該怎麼去經營，有哪一些具體目標與衡量標準。以報紙為例，聯合報系創辦人王惕吾先生所倡導的「正派辦報」理念固然廣受肯定，但是究竟如何才算得上是正派辦報？又該如何去衡量正派辦報的成績？對於前述的這些命題，王惕吾先生一定都有其精闢的看法，如果能整理出來，作為辦報理念的補充或詮釋，以供整個報系以及接班的第二代、第三代等經營階層參考，一定有助於報系的經營與

成長。比較起聯合報系，《自由時報》的「台灣優先，自由第一」理念與《中國時報》的「開明、理性、求進步，民主、自由、愛國家」理念，雖然字數略多，仍然不夠符合操作型理念的要求，不過這幾家報系都已經算是相當可貴，畢竟有些傳播媒體連公開的書面理念都沒有。

　　國內的電台理念普遍不符現實，少數能夠做到文實如一的電台卻未必能寫出理想的理念。在《企業傳家寶》一書中，編者收集了許多美國模範企業的經營理念與使命，其中業務與電台經營有直接相關的企業只列出一家，是為「派克蘭集團」（The Park Lane Group），其使命如下：「派克蘭集團是設立、發展及管理廣播電台的領導者，特別是在中小型廣播市場。派克蘭集團和所屬的電台為社區提供超凡服務，也為同仁提供卓越的成長和發展機會，當然更為投資人帶來豐厚的報酬。凡是屬於派克蘭集團的電台，都是大家仿效的對象，它為中小型電台設立了傑出的標準，同時也是集團型電台發展和管理的模範。」

　　除了派克蘭集團的經營理念值得參考，相關企業中，廣告業中的知名企業李奧貝納（Leo Burnett）廣告公司也頗可取，李奧貝納的企業使命是：「李奧貝納的使命是創造卓越的廣告。以李奧的話來說：『公司生存的主要目的，在於創造世界上最棒的廣告，絕不輸給任何一家公司。』『我們製作的廣告，必須具備震撼、大膽、新鮮、有吸引力、人性化、具說服力、主題概念明確等特色。長期而言，要能建立優良品質的聲譽；短期內，則要創造銷售佳績。』」

　　《企業傳家寶》一書總結出撰寫企業理念或使命的六個秘訣：原則一、文字簡單但不一定簡短；原則二、接受公司全體的建議；原則三、局外人士可以帶來清晰與嶄新的觀點；原則四、遣詞用字要反映公司特色或希望展現的面貌；原則五、用各種充滿創意的方法，並使用各種語言和員工分享此一使命，讓它盡量在員工面前出現；原則

六、要仰賴企業使命領導。

　　參考過前述模範企業的理念，並且學習了撰寫理念的六個原則之後，再回過頭去看看國內企業或電台的理念，應該更能明白理念的重要性以及各家理念的優劣好壞。

四、電台理念與法規

　　對於電台經營關係重大的理念，在原有的廣播電視法與廣播電視法施行細則中並未明定，而是在施行細則關於營運計畫的相關附件中，才被略為提到。對於此一不合理的怪狀，目前各界均主張在立法院修法時予以導正，以便在廣播電視法的正文中就寫入相關規定。

　　關於營運計畫及其中的電台理念等相關規定，主要涉及廣播執照的初期申請以及後續的定期審核換照，因此屬於電台高層管理人員的業務範圍，一般廣播人少有機會處理，本章先不論述，真有需要瞭解或迫不及待想先模擬電台高層人員者可以參看下一篇的進階章節。

第十章

擴大製作陣容

一、基本的製作陣容

在本書的一開始就已經說過，一個廣播節目最基本的製作陣容，應該要包括製作人、主持人、節目企劃、節目行銷、節目製作，以及節目助理等六種不同的職務。不論實際上的製作陣容到底有多少人，前述職務都要有人承擔。因此如果是一人節目，這個人就必須同時扮演六種角色。

從節目的企劃與製作來看，必須思考的幾個基本面向包括：節目構想、內容規劃、單元長度、表現的豐富性（除了談話與音樂的基本元素之外，還要加入適量的音效以及其他的聲音表現）、來賓安排（考量其專業性、口才流利、語調清晰悅耳，如果有兩位以上來賓時應有不同立場）、聽眾互動（call in、call out、傳真、電子郵件、上網留言、小眾座談等）、行銷管道、廣告潛力以及預期成效等。有些標榜完全即時直播的節目，甚至必須提出代班規劃。這些都是製作陣容必須分攤的功課。

對於還沒進入電台的廣播人而言，在其所提出的節目企劃書上，除了節目內容的相關規劃之外，對於製作陣容的說明也是不可或缺的。因為電台在審核節目時，除了試聽節目帶，檢視其節目構想、規劃、與流程，也會參考到底怎麼樣的一群人要來製作這個節目，以便判斷這群人是不是真有能力接下節目。

因此在節目企劃書的製作陣容上，除了必須列出各個不同職務並填上人員名稱之外，還要說明與此一節目有具體關係的重要學經歷背景。舉例來說，如果節目製作人早有實務經驗，甚至還得過獎項，就應該把製作過的節目名稱與獲獎內容條列於後。萬一製作人或主持人是百分百新手也沒有關係，畢竟沒有人一出生就有電台經歷，這時候

可以找一些儘量相關的學經歷來寫，例如廣電或傳播相關科系畢業、擔任過社團幹部的經歷、校園歌唱比賽優勝、團康活動主持人等，甚至愛講話、愛說笑等個人特質也可以寫進去，只要自認可以為企劃案加分。不過切記，這些學經歷背景只要挑重要的寫、挑相關的寫，絕不是寫得越多就越有幫助，如果亂寫一通反而會讓電台覺得這個人的頭腦可能有問題。

對於已經置身電台內部的廣播人來講，應該避免以為大家都是同事，早就已經認識自己，因此在爭取新節目時段時對於製作陣容不必費神多寫，反正主管一定知道，就是自己等少數幾個人在製作而已。這種想法相當普遍，可惜並不正確。

美國國家廣播公司（NBC）廣播網的製作人大衛吉甫森（David Gibson）曾經提到，廣播節目製作人最重要的是必須知道：「公司其他部門都在做什麼？他們可以提供你什麼資源？以及你應如何和這些不同部門的負責人相處？」大衛吉甫森一針見血的指出：「你的節目成功與否和別人願意幫助你到什麼程度密切相關。」

大衛吉甫森的這一席話不僅適用於任何單一節目，也適用於整個節目部。事實上，如果一個廣播人想要找一些真正專業的幫手，來讓節目更加豐富好聽，天底下實在沒有任何地方比起自己所身處的電台更加方便。

在目前的電台編制之下，一個節目除了主持人之外只有一個助理，不但不是不可想像，反而還算正常。但這絕不意味製作陣容就是這兩個人，不能自行設法擴大。舉例來說，如果有個節目屬於新聞談話性質，主持人與助理雖然熟悉新聞議題，卻對於音樂不擅長，那麼在節目製作時，難道只能一邊在談話空檔隨便塞首歌充數，一邊又害怕被聽眾看破手腳，甚至因此嘲笑自己黔驢技窮？當然不是，這時除了可以向電台的音樂資料室求助，還可以商請音樂總監幫忙指點一番。萬一電台的音樂資料室只是聊備一格，苦於只有音樂卻無專業人

員因而愛莫能助，不妨試著洽問電台內的音樂節目主持人，多半會有人樂於協助，畢竟這是貢獻自己的專長。不要忘了孟夫子曾經說過：「人之患，在好為人師。」可見每個人都樂於教導，端看請益者是不是有誠意。

一個正面案例是袁永興在News98電台主持音樂性節目的時候，曾經慷慨擔任電台內其他談話性節目的義務音樂顧問。袁永興會針對當天節目設定的談話主題，找出歌名、歌詞或歌曲製作典故與該主題相關的音樂，使得音樂在節目中發揮畫龍點睛的效果。另一個負面案例剛好也發生在News98電台，早期有一個新聞談話節目，邀請了一位知名的大學教授擔任主持人，這位教授見解犀利，往往發人深省。當天早上他針對海峽兩岸的軍事危機愷切陳詞，讓聽眾不由得感到一股緊張氣氛，結果中間空檔時所播放的音樂竟然是「白牡丹」。除非主持人是有意藉此來緩和一下氣氛，不然節目談話內容與串場音樂之間產生這樣嚴重的落差，聽起來實在非常刺耳，讓人不敢領教。

二、從電台外找陣容

真的有心想要製作出好節目，除了可以在電台內部尋找資源，更可以從電台外部去挖掘寶藏。有人說過，最高明的企劃，就是光憑自己的一顆聰明頭腦，就可以網羅各種資源，成就出一番偉大的事業。相較於孫中山、毛澤東可以透過動腦來贏得天下，廣播人藉由良好的企劃來爭取更多社會資源，以求製作出優質節目，似乎也就無足為奇了。

就此而論，既然社會上到處都是資源，一個好的廣播人自然可以製作任何專業議題的節目，而不需要自己先成為這方面的專家。其中的關鍵要訣，在於借力使力。舉例來說，當一位廣播人有意製作醫療

節目，難道要先熟讀醫藥專書或報考醫學相關科系嗎？沒這麼麻煩，只要能夠找到醫師願意擔任主持人，就可以安然擔任節目製作人；如果醫師扮演的是固定來賓的角色，那麼廣播人還可以同時出任代替聽眾發問的主持人。如果廣播人找到一整個醫院充當後盾，這種龐大顧問團的力量絕對更可觀。

當廣播人向醫師或醫院提出節目企劃，邀請其擔任節目顧問或來賓時，並不需要手頭已經先有節目。因為即使只是還未定案的企劃，也能獲得一些承諾。對醫師或醫院來說，答應一個企劃並不需要什麼成本，等到節目正式推出，立刻可以在宣導醫學常識之餘，順便打打知名度，有利無弊，好處多多。從電台審核節目企劃案的立場出發，如果某個節目企劃在其製作陣容上，有幾位醫師、甚至一整個醫院列名節目顧問，看起來自然更具有贏家面貌。

不管是什麼議題，社會上都一定有許多專業團體或個人，願意伸出友誼的援手，出任節目顧問。這些團體或個人可能具有專業性質，例如教授、律師、醫師或會計師等，其中尤以在學校念書時認識的教授最願意相助；也可能具有公益性質，例如各種關懷弱勢的基金會或協會等。以兒童節目為例，目前許多國小都有「故事媽媽」的組織，如果找來這些故事媽媽團體合力扮演顧問或固定來賓的角色，一定可以成為兒童節目企劃的有力後盾。如果是婦女節目，各地的婦女基金會或協會、各大報紙的婦女版面編輯、甚至各黨的婦女部等，都可以成為節目的有力後援。如果只是找出一大堆團體的名字列在企劃上，使陣容更加美觀，但是實際上卻不能實際派上用場，這麼一來就意義全失。

製作節目應該懂得廣結善緣，切忌閉門造車，這麼做其實也是提供各種團體一個接近使用媒體的機會，可說是對於電波頻率的有效利用。在此必須再次強調的是，並不是只有已經獲得播出權或是正在播出的節目，才有資格透過邀請來賓等方式善用社會上的豐富資源。即

使只是廣播新手，只要能夠提出優質的節目企劃案，一樣可以跨出電台，廣泛結合豐富的社會資源，為廣播人自身、擬結合的社會資源以及電台，創造出三贏的局面。當然，這種合作方式主要是節目內容的合作，不宜過度涉入廣告因素，否則不免淪入節目廣告化的偏門。

除了單一節目可以從電台外部去找資源來擴大製作陣容，電台也是如此。時下盛行的名人牌，其實就是一種尋找外力來強化本身競爭力的做法。要怎麼樣才能以適合的條件，為電台找到適合的人選，也是一門值得學習的學問。

一個正面案例發生在台北之音。台北之音邀請知名作家苦苓主持節目，但是家住台中的苦苓無意為了一個節目而跑到台北，結果透過ISDN連線，在台中發音，把聲音送到台北，再發射出去，這才有了「苦苓笑台北」的節目。苦苓自己笑稱他在家裏是「穿著內褲作節目」，透過其一貫的詼諧口吻，堅持「語不驚人死不休」，絕不落入俗套，在選題上不僅「大題小作」，也「小題大作」，如此才能使得節目大受歡迎。苦苓指出，前者例如在探討兩岸三通的問題時，由於三通談不成，乾脆主張第四通——通姦，理由是如果因此變成姻親，就可以因為中國人不打中國人而保持和平；後者例如探討男士上廁所應該先洗手還是後洗手，苦苓反諷的指出：因為手摸過很多東西，細菌比較多，自然比較髒，至於「小弟弟」反而因為「深居簡出」而不會那麼髒，所以應該是在上廁所前就先洗手，而非事後才洗手。如果不是台北之音透過科技克服遠距主持節目的問題，台北的聽眾就無福聆聽苦苓節目中的另類主張了。至於另一個負面案例則發生在飛碟電台，飛碟電台邀請因為主演「人間四月天」電視劇而走紅一時的黃磊加盟主持。黃磊在電視劇中因為演活了徐志摩的角色而廣受歡迎，因此主持電台節目大受矚目，但是不久之後，這個電台節目就因為黃磊常常都在大陸拍戲，被迫淪為一個常態性的代班節目。

三、擴大陣容的功課

擴大製作陣容固然好處多多，但是也有許多必須事先學習的功課，不然恐怕甜頭還沒嚐到，就會先惹上一身腥。

首先必須知道，做事難，做人也難。做人難，常常都是因為在溝通上出了問題。一個人埋頭苦幹，最不會有這方面的問題，但是做不了多少事，尤其做不了難事。只有擴大製作陣容，在分工合作之下，才有辦法完成更多與更難的豐功偉業。只是當成員越來越多，溝通也會越來越麻煩。溝通做不好，結果不但會事倍功半，還可能發生「三個和尚沒水喝」的窘況。除了溝通，適當的權力釋出與分享也是維持長久合作關係的關鍵，過與不及都不好。釋權太過，可能造成反客為主、大權旁落；分權不及，又會讓人覺得欠缺參與感。

其次，權利義務關係最好先講清楚，特別當製作陣容擴及電台以外的合作單位，更要仔細。除非可以確定合作時遇上的都是「有所不得，反求諸己」的謙謙君子，否則最好先小人後君子，一開始就講明彼此權利義務關係，以免屆時為了合作期限、費用支出、甚至節目內容產權而鬧得不愉快。

最後，涉及電台外部的合作應該事先向電台報備，如果是簽下正式備忘錄的合作，更必須事先取得電台的同意。除非節目時段是藉由花錢承租等地下管道獲得，在這種情況下，電台自甘捨棄頻率經營者的地位，淪為靠著租金生活的二房東，通常也就不太過問節目到底是在做什麼了。

優秀的廣播人能在擴大製作陣容的過程中，從各行各業交到許多好朋友；反之，如果一路得罪人，這種廣播人大概也做不長久。

第十一章

廣開行銷通路

關於行銷，美國行銷協會（American Marketing Association, AMA）所下的定義是：「對於觀念、商品及服務進行規劃與執行，以便滿足顧客的需要，並達成組織目標。」簡單的說，行銷就是根據顧客需要提供商品與服務，這涉及兩個過程，一個是瞭解顧客需要，一個是提供商品與服務。想要讓商品與服務獲得顧客接受並喜愛，首先要讓他們知道有這些服務與商品存在。怎麼做到？關鍵就是本章的主題：廣開行銷通路。

一、行銷至上的時代

這是一個最好賣的時代，也是一個最難賣的時代，因為傳統的生產導向已經撤退，改由新興的消費導向成為主流，於是這是一個行銷至上的時代。過去那種只要生產出來就會有人購買的美好回憶已經不再，現在必須讓消費者打從心底深處覺得你生產的恰恰就是他想買的。更有人說，只要行銷搞好，什麼都能賣，而且還能大賣；如果行銷失敗，再好的商品也不容易賣。

高明的行銷手法能夠有效開發潛在市場，例如原本只是彰化一家小油廠的頂新企業，就是因為瞭解並迎合了消費者對於好泡易熟的需求，推出了康師傅方便麵並強調此一特性，因而得以迅速在大陸竄起，稱霸十多億人口的廣大市場，成為傳頌一時的成功典範。康師傅方便麵的真實故事清楚告訴我們，成功的秘訣在於提供能夠迎合消費者需求的產品或服務，這一點至為簡單卻至關重要。

有的時候，甚至不必改變產品的實質內涵，只要熟悉消費者習性，靠著現有通路也能大幅提高業績，一樣可以展現行銷的神奇攻效：一位行銷高手毛遂自薦對一家販賣牙膏的公司老闆說：「我有個很棒的方法，能夠在很短的時間內，幫貴公司提高百分之二十的銷售

額。」牙膏公司老闆聽了心想：「這怎麼可能？我們公司這麼多的專家，用盡了各種方法，幾年下來也提高不了多少銷售額，你怎麼可能一下子就提高百分之二十？」於是答應事成之後付給這位行銷高手一大筆獎金。這位高手的妙方就是把牙膏的開口直徑，悄悄擴大了一點一倍，例如從一公分變成一點一公分。這麼一來，開口的面積就會變成原本的一點二一倍，恰恰就是多了百分之二十還多一點。由於一般人擠牙膏時都是以長度來衡量用量，根本不會注意到開口直徑出現了〇點一公分的差別，結果他們在不知不覺間就用了比平常多兩成的牙膏。這麼一來，牙膏銷售額自然可以很快就增加兩成了。

最近有一家化妝品公司推出一系列全新電視廣告，一再強調只有白天進行肌膚的美白還不夠，連晚上也要繼續進行，呼籲大家夜以繼日來美白。這個策略如果順利奏效，就能使化妝品銷售額增長一倍，賺進愛美人士的白花花鈔票，堪稱既高明又更狠，跟前述牙膏案例頗有異曲同工之妙。

關於行銷，前面的篇章裏已經談了不少，這裏不再贅述。本章主要針對行銷通路加以說明。在一般產業裏，行銷通路常是兵家必爭之地，掌握通路幾乎等於掌握市場。不過媒體產業具有許多與一般產業所沒有的特質，這些特質在傳統經濟學中一貫被看成例外，甚至因此得到了媒體經濟學的專門稱謂。在媒體產業之中，尤其是廣播電視產業，更尤其是廣播電視中的電台產業，行銷通路經常都被忽略。被忽略的原因很簡單：誤以為電台的產品是節目內容，而既然節目內容是透過電波與聽眾直接接觸，因此自然沒有通路。有些廣播人甚至認為電台可以不必行銷，因為自己就是媒體。

電台不必行銷？電台所生產的產品不需要通路？這種想法真是嚴重錯誤。

二、電台行銷與促銷

　　回顧台灣早期的電台行銷史，可觀之處實在屈指可數。原因何在？主要在於政府政策影響下的寡占市場結構。針對電台的行銷表現，廣電學者關尚仁曾經指出：老電台因為長期受到政治管控與市場寡占的影響，因而衍生出一種消極經營的性格。

　　台灣早期的電台對於行銷不重視，明顯表現在相關支出的長期受到壓縮。因為既然處於寡占，商業的民營電台便沒有因競爭激烈而必須努力行銷的壓力，至於非商業的公營電台連行銷部門都沒有，遑論行銷預算。在這種傳統之下，直到現在，許多電台還是捨不得編列足額的行銷預算。

　　台灣的這種情況可說是特例，絕非普世皆然。事實上，美國的廣電媒體就特別注重行銷。一九九○到一九九四年的資料顯示：美國廣電媒體在開銷上，行銷成本約占三成六，人事成本約占三成五，然後才是生產成本的兩成四。儘管美國的廣電媒體產業具有商業化、民營化掛帥的特徵，因此前列比例不宜被看成絕對標準，但是仍可說明行銷在廣電媒體中有其不容忽視的重要性。

　　提到行銷，很多人常把行銷與促銷混為一談。行銷與促銷不同，因為後者偏重銷售面，而行銷則不只是單純銷售而已，還包括了先前的產品設計及更先前的調查分析，因此是前後一貫的完整過程。

　　針對促銷，學者Roberts曾經指出，電台的促銷要素共有四個主要項目：在節目中促銷（on-air promotion）、促銷組合（promotion mix）、以宣傳和舉辦特別活動來促銷，以及透過公共關係做促銷。其中，在節目中促銷包括了促銷節目主持人、促銷電台類型、促銷節目特點等；促銷組合則包括廣告（包含其他大眾傳播媒體、交通工具牆

面與戶外大型看板）、新聞稿、記者會、節目中或節目外的觀眾促銷、廣告主銷售促銷、名流露面（celebrity appearances）以及呼號促銷；宣傳和舉辦特別活動則是藉由主辦或參與大眾有興趣的活動，獲得免費刊載的機會；至於公共關係包括演說活動、公開露面、開放參觀、提供贊助與員工參與等。由此不難看出，Roberts 提到的項目，基本上侷限於銷售面。

　　飛碟電台開播之前，每兩星期宣布一批主持人名單，藉此炒作新聞。台北之音剛推出時，促銷活動不斷，使得電台知名度一下就高達百分之七十五，不過確切知道其頻率的只有百分之四十，可見怎麼促銷、促銷什麼，也是很重要的學習課題。目前電台常見的促銷活動包括：舉辦週年慶、聽友聚會、新節目、新主持人、慶生會、特別來賓首次在電台節目發聲等等，促銷的切入重點在於顧及偉大性、故事性、應景性、趣味性。原則上，只要目標聽眾關心什麼話題，電台就辦什麼相關活動，而且還要多與其他媒體合作，多找一些通路。

　　就行銷而論，必須更廣泛的從顧客分析、需求分析、競爭分析、產品概念發展、產品實體生產、顧客意見溝通與推廣、產品實體送達、款項收取、顧客使用反映，然後再回到顧客分析，這才是一個完整的行銷過程。前述促銷要素主要存在於行銷過程中的顧客意見溝通與推廣階段。

　　比行銷更進一步的是整合行銷傳播，這也是近幾年來相當流行的詞彙。所謂的整合行銷傳播（integrated marketing communication, IMC），說穿了，其實只是一個概念（concept），根據一加一大於二的綜效理論，主張應該運用所有的傳播資源與通道，包括行銷、促銷、廣告、刊物、顧客關係、公共關係，以及企業識別系統（CIS）等，使得整合之後的訊息能夠發揮極大化的效果。由於以往的行銷大部分都是各個傳播通道各行其事，沒有整合在一起，以致效果打了折扣。整合行銷傳播之提出，為的就是補強傳統行銷之不足。

　　雖然整合行銷傳播只是一個概念，卻是一個相當重要的概念，可以作為探討如何廣開電台行銷通路時的方針。

三、電台行銷與通路

　　對於一般產業來講，通路是將產品送到顧客手中的關鍵。電台的產品是節目內容，這種特殊產品固然可以直接到達顧客，但是也可以透過許多的通路來接觸客戶。事實上，一家電台如果只知倚賴可以直接傳送給聽眾的電波特性，因而昧於或惰於努力開拓其他通路，結果一定是聽眾日益減少，逐步走向衰敗。道理很簡單，不能開拓行銷通路，就只能固守電台的原有聽眾，無法去接觸更多其他的潛在聽眾，更談不上藉此招攬新聽眾。新的聽眾無法增加，舊有聽眾卻免不了會逐步流失，結果就是聽眾越來越老、聽眾越來越少。

　　電台可以有什麼通路呢？舉凡可以讓人聽到節目的場所，無一不是通路。最經典的例子是滿街流竄的計程車。計程車每天搭載許許多多的乘客，在乘載的過程中，駕駛收聽的節目，乘客多半也會跟著聽。只要乘客聽得對味，就有可能成為未來的聽眾。早期許多經費拮据的地下電台，都是靠著計程車來開發聽眾，有些駕駛不但在車內大聲放來聽，還會說服乘客也要常常聽，成效自然更可觀。當然，如果是政治色彩鮮明的地下電台，可要小心雙方的政治立場不同，以免一言不合，後果難料。

　　計程車作為電台通路的缺點，在於搭乘時間通常比較短，乘客可能沒聽到多少節目就已經抵達目的地，因此效果有限。相較之下，公車、火車、遊覽車的搭乘時間就比較長。只要政府或公司政策許可，這也是可以開發的電台通路。

　　除了交通運輸工具，台北之音曾經與7-11便利商店合作，要求所

有台北市的店面必須一整天都播放台北之音的節目，堪稱高明。可惜後來因爲電台節目與公共場合合作播放音樂的版權費用問題無解，難以爲繼。便利商店作爲電台通路的好處在於顧客極多，缺點也是顧客停留時間通常不長。另一家電台 ICRT 過去就曾與高級飯店合作，進行現場連線，後來又與速食店漢堡王合作，在店內播放節目，由於用餐時間通常比較長，此一通路乃能克服便利商店中顧客收聽節目時間不夠長的缺點，不過 ICRT 的合作案並非全天播放，而該速食店的店面數目也不比 7-11，這是其不足的地方。

　　電台不但有行銷通路，而且還有爲數極多的行銷通路，只要有助於電台接觸更多聽眾，通通可以成爲通路。整體來看，這些行銷通路包括電台內部通路與外部通路。

　　光是透過跨業整合的方式來開闢通路，就可以分成以下幾個層級：

(一)電台跨媒體整合

　　電台透過與其他媒體進行合作，爭取更多聽眾。早期電台因爲自認就是媒體，所以很少宣傳，頂多就是開幕酒會而已。新電台爲了打入市場，加上許多籌辦者過去都有行銷經驗，因此在行銷事務上的著力較深。例如飛碟聯播網開台之初就透過董事張小燕的關係，與 TVBS 進行大量的廣告交換，此外也與其他電視與報紙交換廣告，省了很多行銷支出。過去的 Power989 與現在的東森廣播網 ET FM，由於本身就是龐大廣電集團中的一員，因此跨媒體合作也更加方便。不過這種資源整合並非全無缺點，例如東森集團曾經採取綑綁式行銷（bond marketing），把旗下各個電視頻道、ET Today 網站及 ET FM 東森廣播網通通結合在一起，這種方法雖然可以集中力量，但往往優先考量電視等大媒體的利益與需求，因此可能對電台等小媒體不利。

(二)節目跨媒體整合

　　藉由主持人趙少康的媒合，News98電台與衛視中文台合作了「新聞駭客News98」節目。中廣流行網的「美麗蹺家人」節目與好消息電視台（Good TV）合作，從電視到電台，推出廣播版的「新民歌時間——音樂拍檔」單元，希望把電視觀眾轉變為電台聽眾。

(三)電台跨產業整合

　　前述的計程車與便利商店，只是電台跨產業合作的一種；台北之音與台北市政府在跨年晚會上合作也是一種。飛碟電台在一九九七年四月一日開始發行「碟報」，刊登節目表並且報導電台最新動態，免費在各大唱片行等定點贈閱，則是結合了內、外通路。不過後來為了節省成本，在一九九九年停刊。基於同樣考量，中廣公司也把發行已久的《廣播月刊》縮小成《聲活月刊》。各種產業中，最常受到電台青睞的產業其實是音樂產業，案例頗多。飛碟聯播網與唱片公司一連合作了許多場「張惠妹『妹力四射』演唱會」，場面尤其盛大。由於張惠妹是飛碟電台的台歌主唱人，這種演唱會自然相當有助於擴展聽眾。就台歌與台呼而論，中國廣播公司曾經選用名作曲家馬水龍的「梆笛協奏曲」，其他老電台則多半只有台呼，沒有台歌。飛碟電台在一九九五年十月正式開播時，張惠妹尚未出專輯，還只是個前途未定的新人，不像後來有些電台請來已經當紅的動力火車、王力宏、蕭亞軒等當紅歌星。台北之音更是在第一年就推出七、八個版本，後來陸續淘汰。

(四)主持人跨產業整合

　　最常見的方式是主持人出書，例如光禹、秦夢眾、袁永興以及王介安等人都曾因主持節目而出過書，至於踏入電台前就已經出過書，

屬於知名作家之林的吳淡如、周玉蔻、苦苓等人當然也繼續出書。中
國人向來崇信「萬般皆下品，唯有讀書高」。如果讀書高，出書當然
更高，因此最近藝人出書成為一種時尚流行，光是在電台領域就已經
說得上一句「族繁不及備載」。透過出書，主持人不僅可以加強原有
聽眾的情感交流，還能開發喜歡看書的聽眾。當然，出書的助益有多
大，取決於主持人的知名度與文筆。有些書會為辛苦的作者提升知名
度與收入，有些書則會讓作者因為庫存管理而更辛苦。在書寫的來源
上，有的主持人是為了出書而特地去寫書，有的主持人則是把自己的
節目內容精華萃取出來，進行資源再利用，後者的精神正合乎孫中山
先生所倡導的「物盡其用」，這也是當前美國好萊塢賴以大賺特賺的
主流生產公式，在下一章還會再深入探討。除了出書，有些主持人也
樂於爭取擔任演藝圈演唱會、記者會、各種晚會的司儀或主持人，以
增加曝光機會，接觸更多潛在聽眾。

(五)單元跨媒體整合

　　有些節目在其單元中，邀請其他媒體的記者擔任特別來賓，藉此
攏絡感情，長期下來還可以發揮相互拉抬的效果。

　　行銷學大師Philip Kotler指出，廠商對於市場行銷有三種不同方
式：大量行銷（mass marketing）、產品差異化行銷（product-
differentiated marketing），以及目標行銷（target marketing）。這種分
類雖然主要是針對產品的設計，但是也可以適用於行銷通路。如為電
台的產品設計，對照的是綜合性電台、類型電台，以及鎖定特定目標
的電台。如為電台的行銷通路，對照的是電台擴展行銷通路的三種不
同層級。

　　首先是透過其他大眾傳播媒體，符合大量行銷原則，最為常見，
效果也最宏大。運用大眾傳播媒體作為電台的行銷通路，本書舉例已
多，不再贅述。

其次是結合特定的社會族群與組織，符合產品差異化行銷原則，可以有效分眾。結合特定的社會族群與組織，最明顯的例子是訴諸宗教與族群，美國有許多節目就完全針對黑人或拉丁族裔而設計。台灣許多新近成立的客語電台可以歸屬此類，甚至二○○三年還出現了第一家客家電視台；除了族群，宗教電視台在台灣也非常普遍，反而是宗教電台不多。為了擴展行銷通路，除了節目內容要有針對性，量身訂製，更重要的是善用這些特定族群與組織的力量來推廣。

第三則是尋找適當的定點來增加曝光，符合目標行銷原則，可以針對特定的目標，特別是某些聽眾很少有機會接觸前述的媒體等一般行銷通路，因此不如直接找到這些聽眾。以兒童為例，如果要針對兒童節目尋找通路，可以找出兒童常聚集的場所。許多人最常想到的兒童聚集場所首推學校，除此之外，還有許多可能的場所，例如遊樂區、動物園等。《國語日報》位於台北市的大樓因為針對兒童辦理許多課程，每逢星期六、日都有上萬人次的兒童進進出出，不失為接觸兒童的有效通路。在尋找定點增加曝光方面，日本知名的Tokyo FM就常在東京澀谷年輕人常去之地，直播音樂聚集人潮，藉由這種方法來行銷造勢，偶而也會發送樣品與問卷，成效非常理想；該電台一九九二年更成立出版事業，業務包括節目主持人與來賓出版的書或音樂、藝人寫真集與作品集等等。台灣也有電台曾經嘗試半開放式播音室，讓主持人在大馬路邊的透明播音室內主持現場節目，以此吸引過往的逛街人潮，例如台北之音就曾經選定某些時段，在繁華的台北市東區推出半開放式播音室，不過為時並不算久。亞洲電台更率先進行大手筆投資，引進電視新聞台常用的利器——衛星新聞採訪（SNG）車，把SNG車開到新聞或活動現場就地製作節目，順便在路上與聽眾進行互動。

電台怎麼廣開行銷通路、怎麼從利基出發，為電台開發並選擇最適合的行銷通路，不論在理論或實務上，這門學問都還有非常多的發

展空間，值得有心人給予更多關注。

四、新聞公關與造勢

　　對於多數的閱聽眾來講，在報紙、雜誌、與電視等媒體上，總是看到固定的一、兩家電台的各類五花八門的訊息，大概沒有什麼好感到奇怪的，但是看在其他電台的經理人或行銷人眼中，可能就不免愛、恨、忌、怨一起交加成萬般滋味了，他們心中一定深深納悶：為什麼能在媒體曝光的永遠是別人而不是我？

　　在媒體曝光上居於劣勢的廣播人面對這個情況，光是納悶或抱怨並不能發揮改善的作用，唯有找出問題癥結，加以補強，才能扭轉劣勢。

　　首先必須知道，絕對不是媒體記者「本來」就偏心，獨厚少數電台。有些廣播人曾經跟筆者抱怨，指責媒體記者「本來」就偏愛知名度高的電台，完全忘了其他電台的存在。這是事實的真相嗎？當然不是。這種充滿怨懟的說法不僅全然否定了媒體記者的專業素養，也抹煞了具有高曝光率電台的細心與努力，實在只反映出難得曝光的電台的不瞭解媒體與不夠努力。身為電台的經理人或行銷人卻不能真正瞭解媒體，何等弔詭而有趣？

　　當然，媒體記者絕對不是神仙或聖賢，很難像傳播理論所要求的，讓所有電台都充分享有平等的「接近媒體使用權」，進而做到百分之百的「大公無私」，但是如果他們在採訪或報導時，產生了偏心的情況，這可萬萬不是他們「本來」就會這樣。事實上，很多時候廣播人自己正是促成本身被媒體遺忘的幫兇。

　　怎麼說呢？在進入主題以前，必須先指出：一九九三年政府釋出電波頻率之後，電台的數目大幅增加，呈現倍數成長，廣電市場彷彿

進入了戰國時代：一方面，原有的電台通通遭遇強大的挑戰；另一方面，新設的電台無不力爭上游。不消多說，競爭的結果一定只有少數幾家電台能夠在聽眾市場中嶄露頭角。

對於主跑電台消息的記者而言，有這麼繁多、而且遍布全國的新舊電台要採訪，也實在是力有難迨。尤其令採訪記者困擾的是：大多數的電台究竟有些什麼內容、特色何在，真是不甚瞭解。再加上每個電台都有一、二十個節目單元與主持人，而且三不五時就有一些變動，也讓跑線記者無暇花時間去詳加探究，更別說採訪報導了。

很多局外人不知道：只有少數規模比較大的媒體，能夠安排出專門跑電台新聞的記者，其他多數媒體的記者，往往在負責電台之外，還同時要負責唱片、電影、藝文等新聞線路，於是能分配給電台的採訪時間就更少了。

明白了電台競爭的激烈與記者工作的辛勤後，應該不難發現，任何電台想要吸引記者的注意，進而在媒體上曝光，首先必須要明白一個媒體公關最高指導原則：「別問記者能為你做什麼，要問你能給記者什麼。」

試想，希望獲得採訪並在媒體上曝光的電台多，負責採訪的記者少，而且這些記者的採訪時間還被瓜分過，按照經濟學上的供需法則來看，當供給過於需求時，負責供給的一方自然居於劣勢。既然是居於劣勢，怎麼還能妄想要求記者配合？當然只好「孤不離眾」，轉而去配合記者，並且轉而多問問自己：「我能給記者什麼？」

換個角度看，如果廣播人能透過幾個不算困難的配合動作，就讓電台的各類繽紛新聞在其他的大眾媒體上曝光，則不僅可以省下刊登廣告的鉅額花費，最少數萬，動輒數十萬，而且還比自己登的廣告更能讓閱聽眾相信，實在是絕佳的宣傳妙方。既然如此，電台為求增加曝光，進而提高知名度與收聽率，當然應該多問自己能給記者什麼，而不是只會埋怨記者沒為你做什麼。明白了這一點，還有三項重點應

該知道：

(一)建立良好的媒體公共關係

　　要讓媒體記者多多報導，爲電台進行免費宣傳，電台經理人與行銷人當然必須先去認識這群掌握大眾傳播媒體的記者們，與他們成爲好朋友。要想做到這一點，有一些功課必須先做：

1.建立媒體聯絡檔案

　　蒐集所有與娛樂新聞，特別是電台新聞有關的大小媒體，通通整理建成媒體聯絡檔案，包括四家無線電視、有線電視、報紙、雜誌、最好還有最近新興的電腦網路「電子報」。通常來講，廣播電台不會報導其他電台的新聞，但是如果不怕「洩漏軍機」，不妨把其他電台也列入媒體檔案。

　　媒體檔案中，應該包括記者的大名、辦公室電話與傳眞號碼、住宅電話與傳眞號碼、行動電話、電子郵件地址與呼叫器等等。電台經理人與相關的行銷或公關部門人員，務必熟背記者大名、認住記者長相，這是廣播人對於對跑線記者所應有的基本尊重與敬意。如果能進一步對記者們各自的專長、喜好有進一步的認識，相信一定能讓記者們更有受到重視的感覺。

2.瞭解媒體內部的運作程序，尤其是截稿時間

　　在新聞發布的形式上，主要有記者會與新聞稿兩大類。舉行記者會是排定了議題、出席人員、時間與地點，在前一兩天就先邀請所有記者與會，再面對面發布詳細的訊息內容；新聞稿則是把希望媒體報導的消息，以文字稿的方式傳眞給記者。重要訊息應該以記者會方式宣布，以顯現出重要性，也方便記者能進一步探詢。

　　在截稿時間上，媒體各有安排，不太一樣。就電台新聞來講，一般比政治新聞早。有些媒體截稿時間早的厲害，下午四點多就截稿了，有些媒體的截稿時間晚一些，可以撐到八、九點。爲了配合報

紙、電視、與雜誌等媒體記者的作業時間，記者會最好安排在下午，儘量四點以前結束；新聞稿則最好在下午五點以前傳送到報社。

如果有特殊考量，想要搶攻晚報版面，記者會的時間就必須安排在早上九點半至十點半左右，務必在十一點以前結束；同理，新聞稿也必須在十一點以前傳真到報社。

除了發稿要記得趕上截稿時間，以免白做工外，還要知道：有的報紙會要求記者先回報稿單，讓編輯人員知道採訪內容以便安排版面。有的報社在記者報完稿單後，還可以加進去其他稿；有的報社不喜歡稿子在報完稿單後才進來。因為報稿單的時間一定比截稿時間早，所以決定要發新聞稿後，最好把主題、摘要先告訴記者，方便他們報稿單，千萬不要讓記者為難。

至於記者會的地點，最好挑選一些可以讓記者舒適安坐、專心聽寫的室內會議室。由於電台會主動發布的多半都是愉悅的訊息，因此如果預算許可，不妨準備一些茶點，讓記者更能有歡樂的感覺，利於下筆。如果電台自己沒有適合的會議室，只好外求，以台北市而言，幾家著名的飯店都有適合的場地可供租借，常常受到電台青睞。如果想要節省開支，也可以在電台內部的會議室，或是所在大樓的中庭廣場。前者應注意地方大小的問題，後者應先取得大樓管理委員會的同意並且注意發稿的方便性。

3.找到合適的人當新聞聯絡專員

電台的新聞聯絡專員要負責在第一線與記者打交道，因此最好具備相關的學經歷背景，才能更瞭解記者的思維邏輯與心態。唯有「像記者一樣思考」，才能真正與記者產生良好的溝通；他同時必須擅長交際，才能廣結善緣，避免得罪記者；尤其擔任新聞聯絡專員的人員，在學經歷與年齡上，可能比起記者也不遑多讓，因此一定要謹守謙虛客氣的原則，不能以驕待人，才能像長江大海一樣善處低下而廣納百川，把記者的好感與報導通通納到電台裏來。個性適合的人員擔

任這項工作，才能夠樂於多多認識記者朋友，整天盡情哈拉，否則可能覺得自己是在伺候大爺小姐們，苦不堪言。

正常情況下，提供給記者的資料應該都以電腦打字並排版好，方便閱讀，但是難免偶有突發狀況，遇到無法打字的時候，因此新聞聯絡專員最好也能字跡端整，以便必要時手寫發稿。

找到理想的新聞聯絡專員人選後，必須於職前訓練中先告訴他電台的定位與特色，否則自己人對於定位都不清楚，怎麼能落實到各式各樣的新聞議題中，進而透過媒體呈現給聽眾？如果見報的訊息與電台的定位不符，反而會在強化電台形象時造成反效果。完成訓練、正式赴任後，要及早公告讓記者都能認識，並且配予必須的聯絡設備，如呼叫器、行動電話等，讓記者方便找到。新聞聯絡專員不宜任意調動或更動頻繁，以免增加記者認人的困擾。

(二)創造新聞

切記，永遠不要坐等記者來幫你發掘新聞。一個想在其他媒體上大量曝光的電台，應該隨時找一堆「有趣的題目」，去經營或創造出想要的新聞，並且乖乖送到記者手上。在思考有趣的題目時，必須從記者與媒體閱聽眾的角度出發，因為所謂的「有趣」，當然是媒體閱聽眾會覺得有興趣的才算，這也是記者會想撰寫的題材。廣播人常犯的毛病是常常瞎弄了一些自以為很有趣，但是在外人眼中實在無聊的新聞題目，等到開了記者會或發了新聞稿後「槓龜」上不了媒體，卻反而責怪記者報導不公。筆者在此特別呼籲所有電台的經理人與新聞聯絡人，少責怪他人，多反求諸己。只要自己的能耐夠，能經營創造出真正的好新聞，則各媒體搶著報導都唯恐不及，深怕獨漏，何來「報導不公」的情事？

有趣的新聞題目來源很多，在此簡單列出幾個類別供大家參考：

1. **節目或主持人異動**：基本功課，一定要做。推出了哪些新節目？新節目有些什麼特別的內容或單元？主持人是誰？基本經歷介紹？電台與主持人對於新節目的期望與感言等等。異動的規模如果大，可以舉行記者會；如果只發新聞稿，前述要件務必講清楚。

2. **重要人事異動**：包括電台董事長、總經理、台長、各部門主管、及其他重要人士，如有更動，也可以發新聞稿，並應著重介紹新朋友。

3. **重要節慶與配合活動**：包括台慶、過年、聖誕節等重要節日，許多電台在這些重要日子常常推出特別節目或甚至舉辦慶祝活動，可以事先、事後都發布新聞稿，對記者詳加說明。像飛碟電台在台北市的大安森林公園舉辦過的周年台慶、台北之音與台北市政府在市府前廣場合辦的跨年晚會，都成功的吸引了上萬人潮，不僅當天就有媒體先預告，隔日還有詳細報導，對於提升知名度大有幫助。

4. **各種主辦、協辦、與贊助活動**：電台亦屬主要媒體之一，許多公益或招商活動都會來尋求合作，這些訊息也可以構成新聞稿的內容。公益活動如果設計精彩，曝光率相當高。

5. **電台內發生的趣聞軼事**：包括主持人生日、結婚紀念日、各式五花八門的趣味或八卦新聞，只要有趣，都可以發新聞稿。有些重量級來賓，例如國內外巨星、各界聞人等，他們上節目的過程與談話，多半是一般大眾關心的焦點，也可以整理成新聞稿。

6. **電台的卓越表現**：例如收聽率上升、節目最受喜愛、國內外聯播的合作對象增加、廣告量激增等正面消息，也是構成新聞稿的好材料。

(三)新聞稿

　　萬事俱全後，一定要寫成生動、通順的新聞稿並送交記者手上。

1.新聞稿寫作

　　必須滿足「內容豐富」與「文字通順」兩個要件。媒體在報導時，固然往往區區三、五百字或短短數十句話，但是電台仍應儘可能提供豐富的內容，讓各有所好的記者都可以自行取捨，從中找到自己想要的材料。儘管內容要豐富，但是最好能集中於一張A4大小的紙張，以12級字來算，大約是一千字以內。

　　新聞稿的寫作跟一般作文最大的不同之處，在於寫作方式。記者一天之中就可能收到一大堆他根本不想看的新聞稿，因此電台發出的新聞稿應該在最前端就明白寫出電台名稱及新聞稿標題，讓收件者一目瞭然。標題與文稿內容應該力求簡潔扼要、別出心裁，切忌陳腔濫調及廢話連篇，還自以為內容豐富，讓記者從此對貴電台新聞稿退避三舍。

　　新聞稿的第一段就應該簡單而清楚的寫出此一新聞的有趣之處，並略述人、事、時、地，讓記者知其梗概。原則上第一段雖是精華所在，但以不超過一百五十字為宜。第二段以後再去詳述內容。越後面的段落越有錦上添花的性質，見報更見生動，缺了也不影響新聞。這種越重要的內容越先提的結構，通稱「倒寶塔體」，是新聞稿的入門格式。新聞稿的編排如果美觀易看，讓記者賞心悅目，效果尤佳。新聞稿的末尾記得附上新聞聯絡專員的大名及聯絡方式，以便記者進一步查詢。

2.相片

　　發布新聞稿時，如果能附上相關的相片，效果當能相乘相加。平面媒體為求版面美觀，常需放些照片。很多時候新聞相片所占的篇幅比起報導還大，效果也更搶眼。要提供當天相片，透過電子郵件傳送

數位檔案最方便，如爲傳統相機則必須快洗快送。快遞是送出相片的一個好方法，少數快遞公司專做電台、唱片等線的快遞，在時效上掌握的比較精準。

3.新聞稿的發放

新聞稿寫好了，可以用「傳眞存轉」（HiFax）同步傳眞給所有的媒體記者。中華電信公司的這套傳眞存轉系統，可以在一分鐘內將新聞稿同時發給上百個收受者，並列出詳細清單，告訴你誰收到、誰沒收到等等的傳眞結果，非常方便。許多電台現在還依靠純手工傳送，或只知道利用傳眞機的內建傳送名單功能，既沒效率，又造成傳眞機塞車，早該改進了。電子郵件更加方便，省去記者重新打字的麻煩，不過要想小心少數記者上網收取郵件的頻率不高，因此不妨再以電話或手機簡訊細心提醒。

原則上所有新聞應該普遍提供給各家媒體，以免有所偏頗，得罪記者。但是有的時候如果要發布的新聞題目沒那麼有趣、偉大，自己覺得似乎未達到媒體曝光標準，不妨私下探詢個別記者的意願，提供小獨家，換取在該媒體曝光的保證。由於這類新聞的重要性較低，其他媒體比較不至於因爲漏了一則小新聞而不悅。

要知道，大眾傳媒的普及率之高及成本之便宜，遠非電台自購或自製的文宣廣告能比。能巧用媒體聯繫與造勢，在主要的媒體曝光一次，就有數萬，乃至數十萬的閱聽眾能看到，電台行銷的致勝之道，盡在其中，廣播人不可不識！

第十二章
整合現成資源

一、好萊塢經營模式

相信很多人都知道「哈利波特」這一系列的電影。為什麼電影製片人要拍攝「哈利波特」呢？因為電影的投資金額是天文數目，一旦票房失利，就會產生嚴重損失，因此不如撿個現成便宜，挑選已經非常暢銷的小說來改編成電影，減少一點風險。這種善用既有資源的方式，不只有利於成功經驗的轉移，還可以壓低成本、增加收入，發揮綜效。

除了成本高昂的電影可以如此，電視也行。從前些年賺得不少熱淚的美國電影「麥迪遜之橋」，到先前捧紅偶像團體 F4 的台灣電視劇「流星花園」等，都是相關案例，前者是改編自美國的熱門愛情小說，後者則是改編自日本的當紅少女漫畫。這些電影與電視已經走過的大道，當然也是適合電台的坦途。

有效結合現有資源，可以減少風險，提高成功機會。這種妥善利用其他產業的既有資源，可以視為對於上游資源的整合。同理，如果是把自己已有的資源提供到其他產業進行再利用，則可以視為對於下游資源的整合，由此增加更多的商機與收入。

以美國迪士尼公司（或譯為迪斯奈公司）一九九四年推出的動畫電影「獅子王」為例，這部電影如果單單在美國上演，只能賺取大約三億美金的票房收入，但是電影公司藉由進一步推廣到全球上映，並且開發相關的商機，例如電視重播、錄影帶、主題曲、其他授權收入，以及推出服飾與玩具等相關商品，創下了高達十億美金的利潤。

「獅子王」當然不是唯一的特例，事實上，這反而是好萊塢的經營常態，諸如「侏儸紀公園」與「星際大戰首部曲」等，無不如此。在好萊塢電影的總營收中，電影本業大致只有一半，另一半就是來自

於對下游資源的整合。少了對於下游資源的整合，甚至可能出現入不敷出的虧損。

　　相較之下，電視製作成本便宜一點，在這方面的發展略為有限，不只實際案例較少，實際的整合幅度一般也不大，但是對此稍加運用還是已經足夠換得大把的鈔票。例如台灣的三立電視台推出「海豚灣戀人」電視劇，除了在無線與有線電視台先後播出，收視成績不凡，賺得了大筆廣告費，光是靠著電視劇照所編成的寫真書與光碟等有限明星商品，又得以額外多賺了三千多萬新台幣。

　　在製作成本最為低廉的電台方面，由於製作節目的財務壓力相當輕微，整合資源的動力因而不大，於是相關案例也少，甚至很多廣播人從來沒有動過這方面的頭腦，非常可惜。其實這種整合上、下游資源的概念，應該適用於所有的傳播媒體。以下先從企業管理的角度切入，提供全盤觀念，再以各電台的實例引介電台在資源整合上可以發揮之處。

二、經營策略六構面

　　管理學者司徒達賢曾經指出：企業的事業策略有六大構面，包括：產品線廣度與特色、目標市場之區隔方式與選擇、垂直整合程度之決定、相對規模與規模經濟、地理涵蓋範圍，以及競爭武器等。廣電學者關尚仁認為，前述的經營策略六大構面，正是國內電台最應該學習的功課。電台營運計畫所列的種種項目，其實主要也在這六大構面裏面。

　　在這六大構面之中，地理涵蓋範圍涉及人文差異，即使是在幅員不算廣大的台灣地區，不論是南部與北部之間，或是東部與西部之間，其實都有相當可觀的人文差異。即使在同一地區，也可能有不同

人文差異，影響電台對於各自目標市場的選擇與區隔，例如台北之音成立時，希望掌握的是都會區的流行文化，而台北愛樂則進一步著眼於都會區的精緻文化。各家電台在競爭時，都應把握並開創自己的競爭武器，例如 ICRT 善用其前身為美軍電台的傳承與優勢，獨占英語廣播市場；飛碟電台利用高層人脈，大打名人牌等。相對規模與規模經濟涉及了電台編制以及涵蓋範圍的大小，電台編制越完整，理論上可以發揮的戰力越大，可以做的事也就越多；而許多電台積極尋求跨區聯播，為的就是讓既有節目可以被更多人聽到，以獲得規模經濟所帶來的效益。

至於另兩個構面：產品線廣度與特色，以及垂直整合程度，則與本章主題直接相關，以下分別深入討論。

首先是產品線廣度與特色，電台可以提供的最基本服務，無疑是可供收聽的節目內容，這些內容隨著各電台的定位而自有特色。除了節目之外，電台也可以提供其他服務，從錄音室出租、開辦廣播新秀研習營，到代客錄音服務等，這些無一不可；更可以結合本身特色，例如財經電台可以提供金融投資諮詢或股市解盤服務，音樂電台可以舉辦音樂會與音樂講座或販售各種音樂光碟，以及英文電台可以開辦英語會話補習班、出版英語學習書籍，或是發行英語學習雜誌等。提供的服務與商品越多，電台的產品線就越廣。當然，在思考產品線廣度時，一方面應該顧及所有產品都應該合於電台本身的定位與特色，以求發揮綜效並且避免失之龐雜，另一方面也應該知道產品線越廣，行政成本與管理難度都會隨之快速增加。在企業管理的實例上，固然有許多企業因為開展產品線廣度有方而增加不少收入，但是也有不少企業因為擴張不當而連本業都賠上。電台在思考產品廣度時既不能太保守，也不宜太躁進。

至於垂直整合程度，則是涉及了各種服務與商品的提供方式，有些最好直接經營，有些則適合委外經營。從單純的經濟學角度來看，

直接經營與委外經營之間並無一定的優劣不同，選擇的標準必須取決於成本高低。這涉及了諾貝爾經濟學獎得主寇斯（Coase）所提出的「交易成本理論」。不過如果從媒體管理的角度來看，必須考量的因素除了成本與獲利之外還包括哪一種方式最能服務公共利益。目前有些電台將節目與廣告都委外經營，亦即所謂的「外製外包」；反之，如果節目與廣告都是自己張羅，則垂直整合的程度自然比較高。一般認為，外製外包比較不利於節目內容的貫徹電台理念。除了節目與廣告可以外包之外，舉凡產品線上的所有產品無一不能外包。

　　產品線的廣度固然可以擴充，新增加的工作卻未必都要由電台直接從事。電台可以負責規劃，視情況來決定垂直整合的程度，最高度的垂直整合是從最上游包辦到最下游，最低度的垂直整合則是儘可能委外經營。如以節目作為單一產品為例，整合程度就有許多不同，有些電台由電台聘請專職主持人與企製人員，自製所有節目；有些電台主持人是合約制，企製人員則屬專職；還有些電台根本捨棄主持人與企製人員，節目直接委外製作。談到擴充產品線的廣度時，以書本改編成的廣播劇為例，如果電台選擇高度垂直整合，那麼不僅製作廣播劇，連先前的原著也要一手包辦，而且在節目播出之後，還要自行剪輯成有聲書出售，電台的產品線廣度自然更廣，涵蓋了書本、節目內容，以及有聲書。如果選擇低度整合，則出書可以委託書商或出版社負責，有聲書也可以委託唱片公司包辦。

　　對於上、下游的資源整合，其實就是要從電台角度出發，立足於節目本位，參考前述的產品線廣度與垂直整合程度等相關論述，思考怎麼樣才能讓節目價值邁向極大化。

三、上游資源的整合

　　整合上游資源，關鍵在於開發所有可供節目之用的資源，不管這些資源屬不屬於電台，甚至是不是來自廣播。就此而論，資源整合的範圍比起產品線廣度還來得大。

　　舉例來說，如果電台要推出說故事節目，與其自己辛苦編故事，還不如與出版社合作，直接改編現成的暢銷故事書。如果這些暢銷出版品是有聲書，甚至連改編與錄音都不必，只要根據節目企劃與聽眾需求稍加剪輯即可使用。

　　當上游資源來自電視，在整合上也方便。例如中天電視曾經邀請李敖開闢節目，並且將電視節目中的內容直接在同一傳媒集團中的Power989電台播出。如此一來，在幾乎不多花什麼成本的情況之下，電台就能推出李敖的廣播節目，藉此吸引對於李敖有興趣的聽眾。事實上，這也是李敖的第一個廣播節目，儘管這個節目並不是在李敖本人有意願的情況下推出。過去包括飛碟聯播網在內的許多電台，都曾經試圖邀請李敖主持固定節目，不過由於李敖開出的價碼遠高於市場的合理行情，最後都沒有成功。Power989藉由善用上游資源，意外開創了一個其他電台求都求不到的新節目。

　　其實對於擁有電視新聞頻道的傳媒集團而言，如能善用現有資源，將電視新聞的內容稍加編輯之後提供給旗下電台使用，成為新聞類型電台，應該是相當理想的經營策略，不僅合乎投資報酬率，也最能發揮資源整合的好處。東森集團在推出東森聯播網ET FM之後，一開始並沒有這麼經營，而是另行規劃並製作許多談話性節目，輔以從電視新聞剪輯而來的整點新聞，這麼一來必須投資的金額就會比較龐大，不利早日收支平衡。後來幾經波折，東森聯播網終於決定要改為

採取前述的新聞類型電台的策略。如能妥爲經營，只要一段時間下來，應該不難從市場中搶得一塊屬於自己的大餅或小餅。可惜沒過多久，東森聯播網又決定模仿東森購物頻道，嘗試首開先例，推出第一個購物電台。從法律的角度來看，廣播電台要模仿有線電視推出購物頻道，其實並不容易。

在上游資源的使用上，電台並非只能靠著碰運氣發現既有的資源，也不是一定要在借用資源時看人臉色。如果電台目光夠遠，大可透過企劃，預先將期盼得到的資源列入自己的產品線，然後以合作方式「委託」其他機構負責。試著反向想想前述的李敖案例，如果有個電台因爲價碼問題請不到李敖開講，於是透過大膽企劃，設計了一個電視與電台同步播出的合作案，並且先找到願意合作的電視台，如此一來，不僅可以如願「拗」到昂貴的主持人，還可以使得談話內容更符合電台特性與需求。

四、下游資源的整合

除了嘗試怎麼結合上游的現有資源來做節目，眞正的廣播好手也要思考怎麼將節目內容進一步加以利用，以免糟蹋了精心設計的內容以及辛苦蒐集來的珍貴資料。最常見的作法是將節目的聲音內容轉換成文字，包括出版專書、在報紙或雜誌上開闢專欄，或者是將文字送上電台與個人的網站等等，除此之外，也可以將聲音內容善加剪輯之後，出版成 CD 光碟。這麼一來，節目內容才可以超越電台頻率與播出時間的限制，服務想要這些資料的原有聽眾、開發因此而來的潛在聽眾，並且創造出更多的附加價值。

以節目內容的改寫專欄或出版書籍來看，前環保署長郝龍斌本來是食品營養專家，曾任台大教授，擔任立法委員時，在 New98 電台主

持過「健康好生活」節目，介紹健康飲食的觀念，這些內容後來先以專欄形式在《聯合報》健康版登載，然後又進一步集結成書，書名就叫《健康飲食Go！Go！Go！》。

相較於有些節目是靠著主持人本身專長而出書，有些節目則仰仗小單元的客座主持人或來賓而出書。例如于美人在飛碟聯播網「生活大師」節目中曾經安排一位專家介紹生機飲食，後來她與專家一起掛名，將單元內容編寫成《水果食療大全》，彩色精裝，價格不斐，還一口氣出了兩集。在這種情況下出書，版稅怎麼分配，有賴雙方靠著誠意與智慧來溝通決定，因為節目主持人固然在宣傳上居功厥偉，但是依法著作權仍屬於主講的專家所有。因此如果兩情相願，自然皆大歡喜；萬一其中一方感到不滿意，可能在書籍出版之後，原本合作建立的交情也順便宣告完蛋，這就不妙了。解決的方法之一是在邀請專家上節目之前，就先談妥相關權利義務關係，白紙黑字寫下來，雖然多一道功夫，卻是最不會有爭議的方式。

有些節目內容出書，主持人本身也可能沒有掛名，例如楊玲玲教授接受「飛碟早餐」邀請，在飛碟聯播網主講每星期一次的「中藥魔法箱」單元，主講內容也是先在報紙登載，經過一段時間之後，在節目主持人周玉蔻的企劃下，編輯成同名書籍《中藥魔法箱》。這種出書的方式跟聯名出書一樣，可能也會涉及版稅分配的問題。另一個例子是賴祥蔚教授過去在經營網路媒體時，曾經接受「飛碟早餐」專訪談論網路發展，後來進一步接受「周玉蔻七點檔」邀請，在New98電台規劃了「網路風雲人物」的單元，這個單元推出不久就與《e週刊》合作，由賴祥蔚掛名開闢「網路風雲」專欄，將單元內容寫成文章。

更經典的範例其實是靠著聽眾的call-in內容出書，節目製作群坐享其成。例如黎明柔過去在台北之音所主持的「台北非常DJ」節目，由於常常探討許多刺激聳動的情色話題，曾經造成一陣收聽的風潮，電台當然因此賺了不少廣告費，而這些精采的單元內容也陸續被

整合現成資源

編輯成書，包括：《非常話題 I：情色男女》、《非常話題 II：做愛做
的事》、《非常話題 III：我媽尖叫》，以及《非常話題 IV：我爸跳起
來》。前後一連四本，而且還有套書，由此可以看出這些書籍在市場
上受到歡迎的程度。可想而知，這些純粹將聽眾 call-in 內容編輯而成
的書籍，也讓黎明柔輕輕鬆鬆就賺進了一筆可觀的外快。

　　相對於將電台節目內容改寫專欄或集結出書，將電台節目內容改
編成 CD 的作法比較少見，這是因為這種方法所適用的節目型態有
限，主要是音樂性節目或故事性節目，而且前者涉及音樂的版權問
題，後者涉及故事的版權問題，因此更顯得困難，讓人裹足不前。台
北愛樂電台在這方面非常努力，經過版權洽談與修改剪輯等努力，二
○○二年夏天的特別節目「兒童空中音樂夏令營」，終於在二○○三
年四月推出，成為第一套由台北愛樂電台自行規劃的有聲書《音樂精
靈圖書館一○一》。

　　整合下游資源雖然聽起來好處多多，但是實際上卻不是每個節目
都能夠這麼做。首先，節目內容的價值很重要，至於怎麼樣算是有價
值，必須從聽眾的角度來理解。有些節目聽起來很悅耳，但可能主要
是聲音的功勞，與內容無關，這種內容的價值就不高。必須思考當這
些節目內容整合為下游的其他形式之後，聽眾是不是還會有興趣。其
次，節目內容的「保存期限」很重要，這通常涉及了時效性的問題。
時效性太強的節目不適合，例如股市分析等財經節目雖然當天聽起來
引人入勝，一旦隔了幾天再回頭去聽就已完全失味，更別說過了幾個
月才改推的書籍或出 CD。大多數的新聞談話節目也都有時效性的問
題，同樣不適合。第三，節目內容的一致性很重要，有些節目雖然有
固定單元，實際上卻是昨天談星座，今天聊心情，明天又縱論天下
事，這樣的節目雖然可能有點收聽率，但是只能收效於當時，很難整
理成有系統的出版品。第四，節目的企劃很重要，固然有些節目在沒
有事先企劃的情況下，也能整合下游資源，但這畢竟要靠點實力與運

氣；反之，一份良好的企劃將有助於電台製作出更為精緻的節目，因此加強內容的一致性、拉長節目內容的生命週期，這樣才更有機會進入下游。第五，節目內容的智慧財產權很重要，要先清楚智慧財產權歸屬，才能進行下游的資源整合。

　　目前電台產業中能夠完整結合上、下游資源的案例屈指可數，中國廣播公司在這方面展現出了老字號電台的精打細算。二○○一年中廣電台先將作家潘寧東述說張學良傳奇一生的《夢迴西安關外情》傳記小說，改編成為廣播劇「精選劇場——夢迴西安關外情」節目，造成一股收聽熱潮，節目播出之後，中廣不只趁勢推出了同名的廣播劇 CD，更進一步與旅遊業合作招攬聽眾參加「張學良懷舊之旅」。在這個案例中，中廣公司不只有效整合上、下游資源，而且透過適度的垂直整合，連旅遊服務也被用以擴充產品線的廣度。如何藉由有計畫、有系統的整合現成資源來減少成本、增加收入，是全方位廣播人必須思考的課題。

第十三章
凝聚聽友社群

　　沒有廣播人會否認：聽眾是電台最重要的資源。然而，多數電台都沒有好好把握這最重要的資源。試想，一家電台如果針對聽眾需求製作出好節目，吸引充足的聽眾，並且爭取到廣告業務，這樣可以算是好好把握聽眾嗎？只怕不算。因為就聽眾而言，這家電台還停留在隔空喊話的階段，沒有能真正走入群眾，把聽眾組織成一個社群。

一、聽眾不只是散沙

　　為什麼應該組織社群？道理很簡單。既然大家都知道一團土塊可以發揮出來的威力，遠大於一盤散沙；那麼同樣的，一個具有高度認同感與內聚力的社群，比起一群沒有組織的聽眾，當然也能發揮出更大的威力。

　　讓聽眾成為社群，不僅有利於電台經營，其實也是一種服務，符合聽眾的福利。早在幾千年前，希臘哲學家亞里斯多德（Aristotle）就已經指出：人類天生就是具有社群性的動物，離群索居者，不是神靈就是野獸。當代心理學也已經證實了這一點，馬斯洛（Abraham H. Maslow）認為，人有五個不同層次的需求，包括了生理、安全、被接納、自尊，以及自我實現等。許多心理學家都一再強調：人類除了生理與安全等基本的需求之外，還會追尋歸屬感與認同感。由此可知，人類都希望能夠獲得其他人的接納與陪伴，並讓自己成為社群的一員。

　　更何況，中國人可能是世界上最重視社群的民族之一，傳統社會的「五同」之誼，即使到了今天依然威力不減。所謂五同指的是同宗、同姓、同鄉、同窗，以及同事等社會關係。相較於五同之誼都不由個人意願決定，生活於現代社會中的人們，大有機會獲得更多符合自己意願的關係。許多由興趣相同者一起組成的同好組織，都可以統

歸這一類社群。就此而論，喜歡收聽同一家電台、同一個節目、甚至同一段單元的聽眾，當然也具有發展成社群的可能性。

這一類社群常以俱樂部（club）為名，種類繁多。放眼世界，各國體壇都有許多的球迷俱樂部，即使台灣也不例外。這些球迷俱樂部吸引喜愛運動而且支持特定隊伍的球迷參加，球迷們在其中不僅感受到歸屬與認同，也能在志同道合者之中擴展社會交際圈，更可以因為自身對俱樂部事務的參與及貢獻，而獲得成就感。這些俱樂部成立之後一旦上了軌道，多半就能良好運作，形成一股強而有力的堅強後盾。在傳播媒體中，比較常見的類似社群包括歌迷俱樂部與影迷俱樂部等。

電台作為一種陪伴性較強、聽眾忠誠度較高的大眾媒體，其實更有機會發展聽友社群。可惜台灣的電台因為諸多原因，在經營上長期處於保守氣氛中，往往甘於基本的做節目、拉廣告，但求生存就好，許多電台連行銷都不重視，遑論經營聽友社群。少數電台雖然曾經有過看起來類似的嘗試，但是主要只是為了與聽眾互動，並非在觀念上已經認識了聽友社群的意義，因此在推動時多半偏於單向主導，成效有限，少見可以永續生存的聽友社群。

台北之音曾經大力推動會員俱樂部，透過電台推出的歡樂護照來吸引聽眾加入會員，希望藉此凝聚聽眾的向心力。除了台北之音，其他電台或節目也多多少少都招攬過會員或舉辦過類似的活動。必須指出的是，一般會員招攬與社群經營最大的不同，在於成員之間有無互動與情感。純粹只是湊集的冰冷名單，自然不能與一群有感情的朋友相比。如果聽友社群經營成功，不只可以為電台強化聽眾收聽的忠誠度，社群的成員資料也會吸引廣告客戶的興趣，此外還可以打開不同於廣告的另類經營商機。以下先介紹一些經營社群的必備知識，下一章再探討聽友社群可以帶來的另類商機。

二、聽友社群的經營

　　經營聽友社群跟經營電台一樣，有其專業課題，絕不是電台隨便派個人去召集聽友、聚集大家聯歡一下就可以奏效。由於專門針對電台聽友社群的研究還相當欠缺，在此先參考其他領域的研究成果。

　　從管理架構來看，聽友社群的管理可以分為兩大層級，一為策略管理，另一則為功能管理。在策略管理上，包含發起理念釐清、經營策略擬定、組織架構設立、市場區隔定位等。至於功能管理，包括會員關係、會務行銷、人力資源，以及會務銷售等。在正式經營聽友社群之前，上述議題必須先想清楚。

　　一些針對俱樂部管理的研究發現，各種社群或俱樂部普遍都存在著會員流失率偏高的問題，維繫會員良好關係已成為聽友社群的重要工作，因此，在功能管理之中，會員關係管理應該列為聽友社群的營運重心。事實上，這種將顧客關係視為組織關鍵資產的管理方法，這幾年興起之後引起許多營利與非營利組織經營的注目，並且把這種觀念稱為「關係行銷」。

　　良好的社群經營應該捨棄由電台主導的單向式經營，改採開放聽友共事的參與式經營。因為針對關係管理的一些研究發現，在各種社群都存在著許多不同的中介效果，其中以認同該社群而且心理上具有歸屬感之情感承諾，產生的影響效果最大。由此可知，忠誠的聽友們最能在社群的聯繫、維持與擴展上發揮重要功能。

　　來自網路虛擬社群的研究則指出，網路虛擬社群的會員經營關鍵包括：虛擬社群的經營者必須建立一個以會員為中心的虛擬社群，提供會員溝通的工具，確實掌握持續參與社群的會員；塑造會員與眾不同的感受，提供會員交友的環境並運用科技瞭解會員，提供給會員不

同其他網友的服務。這些從網路社群發展而來的原則，其實也適用於
電台社群。

　　電台在聽友社群的經營上，主要是針對原有聽眾，因此在經營策
略是以焦點策略為主，必須按照內部所能投入的資源來妥善規劃。如
果電台經營者無意於此，單一節目也可以自行投入。單一節目經營聽
友社群的可行性，依照不同的節目型態而有程度上的差異。聽友社群
一旦成形，不只可以有效維繫與促進聽眾情感，甚至可以透過聽友們
的人際傳播力量來為電台或節目拓展更多聽眾。

第十四章
留意潛在商品

在起伏不定的市場經濟中，每逢不景氣，許多企業爲了開源節流，往往選擇優先刪減廣告支出。對各種傳播媒體而言，廣告費銳減大概都不是好事，特別對電台更是如此。這是因爲其他傳播媒體多少有一點非廣告收入，例如報社可以收到訂報費、電視台可以收到訂戶月費與節目的販售費等，這些收入比較不像廣告那麼容易受到不景氣影響，但是電台在這部分收入的比例卻低得可憐。

廣播好手除了會製作好節目，也應該思考怎麼幫助電台開闢多元收入，以免受到市場起伏的嚴重衝擊。在本篇的第十二章中已經談過，電台應該積極整合下游資源，才能廣開收益。就商品開發而論，由於若干商品是民生必需品，不管多麼不景氣仍有一定需求，電台如果能針對聽友需求來開發這類商品，使得廣大聽友在購買這些商品時，因爲情感認同而樂於優先向電台購買，必定能開創出有別於廣告的穩定的收入。

一、商品消費與認同

在商品開發上，來自於政治領域的一個案例值得參考，這個案例就是大名鼎鼎的「扁帽工廠」。眾所週知，「扁帽工廠」是民進黨籍政治明星陳水扁競選台北市長時的附加產物，而且一直持續到總統大選時，然後在陳水扁正式進入總統府就職之後，爲了避免政治人物涉入商業經營的爭議，才宣告暫時停業。

「扁帽工廠」原本的商品首推扁帽，後來轉型爲製作一般個性商品，而且有規模、制度化大量開發新的產品。在此一發展之下，相關商品的開發逐漸走向了趣味化、多元化及年輕化，熱門產品除了綠色的扁帽之外，還包括T恤、旗子、抱枕、帽子及隔熱墊等，後來針對五月二十日總統就職典禮當天，又特別推出了男女棒球裝、遮陽帽、

鑰匙圈、阿扁娃娃造型的存錢筒，以及廣受年輕人喜愛的手機吊飾等，而且才推出就迅速銷售一空。限量紀念商品首賣當天，還有人排了四小時的隊伍，並且在排隊的過程中，興高采烈地討論著選選舉前後的各種話題。這個本來只想賣一點選舉小紀念品的商店，前前後後包括五二○在內的系列產品，總共推出了九十九樣商品。在銷售量上，從「扁帽工廠」誕生至結束，光是扁帽就賣出了二十幾萬頂，創下驚人業績，如果再加上坊間到處可見的仿冒品，總販售數目更是驚人。

「扁帽工廠」最值得觀察的意義在於，這一個個的商品，其實已經不只是平凡的商品，而是一個情感寄託的所在，甚至可以說是一個信仰的所在。藉由販售這些商品，「扁帽工廠」不只為陳水扁匯聚了可觀的收入，更重要的是凝聚了許多扁迷的支持，使得抽象的認同有了具體的呈現。在這個意義向度之下，「扁帽工廠」所販賣的每一件商品，都成為了扁迷們的共同標誌，使得所有扁迷們可以不需要任何語言，單單靠著一頂扁帽、一個阿扁娃娃，就足以溝通彼此的政治情感。這些商品因此簡單有效地拉近了扁迷與扁迷之間的距離，建立起一種彷彿是革命同志一般的情感。消費似乎不再只是消費，而是一種儀式。馬克思（K. Marx）曾經指出，消費者其實也是生產，因為在消費的同時也產生了自我認同。這個精闢的觀察在此得到鮮明的佐證。

除了「扁帽工廠」之外，國民黨籍政治明星馬英九在參選台北市長時所成立的「驫工坊」，在泛藍陣營也掀起了一陣風潮，不論從銷售數量與銷售金額來比較，後者的聲勢都頗不下於政治商品的先行者「扁帽工廠」。

當然，如果從公民文化的角度進行思考，這種將政治事務變成商品消費的作風，不免引來許多爭議，尤其當業務蒸蒸日上，更會引來政商不分的批評。即使跳出政治範疇來看，凡事商品化的資本主義行

事風格，一直以來就是傳播領域中批判理論的撻伐對象，因為在過度的商品化之下，人已經失去其所以為人的本質，不幸淪為商品的附庸，只能靠著消費來找到自我認同。

不過若從商品開發的面向來看，不管是「扁帽工廠」還是「蟲工坊」，無疑地都在結合情感認同與商品消費這件任務上，為電台等各行各業都提供了值得學習的典範。

二、電台商品面面觀

放眼台灣廣播界，其實有些廣播好手曾經提出一些結合聽眾認同與電台商品的計畫，可惜因為許多主客觀因素而沒有成功。例如飛碟電台在創台之初就曾經推出「UFO Kid」，這本來是一個非常有野心的計畫，但是後來因故夭折。飛碟電台原本希望「UFO Kid」就算不能像美國的好萊塢產業一樣紅遍世界、賣遍世界，最少也可以比照日本卡通劇「櫻桃小丸子」一般，成為走紅本土的偶像，因此「UFO Kid」不只發展了視覺上的設計，背後更潛藏了文化商品的企圖，希望屆時可以從玩偶、玩具、衣服、帽子、筆記本、鉛筆盒等，一直推廣到面紙、餐具，乃至於零食小吃等民生必需的日常生活用品。

一言以蔽之，只要捧紅了電台設計出來的偶像，使之在聽眾之中具有彷彿如同陳水扁與馬英九在支持者心目中的地位，那麼幾乎任何商品都可以賣得掉，因為只要沾上了偶像色彩，在整體識別系統的造型、圖案與文字烘托之下，聽眾情感與電台商機就能結合，結果就能在加強內聚力與忠誠度的同時，帶來可觀的商機。在各種商品之中，時髦商品最能迎合流行，最獲年輕人歡迎；至於合乎民生用途的必需品則經濟實惠，可以無懼於經濟的不景氣。

儘管飛碟電台的龐大計畫沒有成功，執行此一任務的「獨立事業

部」也遭到廢除，仍有許多廣播人在有意與無心之間，默默實踐了這
個原則，把聽眾對於他們節目的支持，成功轉換成對自己推出商品的
熱愛。在廣播人的個人商品中，最爲常見的首推書籍。除了廣播人，
不少電台的小型商品也賣得不錯，就電台推出的商品而言，目前在開
發潛在商品上，台北愛樂電台堪稱最爲積極，這是受惠於其作爲古典
音樂電台的定位，有利於跨入音樂產業進行發展，不過僅止於此，還
沒有能眞正進入藉由塑造電台偶像而能販賣一般化商品的境界。

　　由於電台畢竟不是專業的製造商，其推出的商品很難比一般市面
上的商品來得物美價廉，因此電台能夠成功開發並且推廣潛在商品的
關鍵，在於聽眾因爲對電台有情感，願意因此多花一點時間或金錢去
購買電台商品。反過來說，如果電台商品的價格或購買手續高於聽眾
對電台的情感，這些商品保證賣不好。

第十五章
心存成本概念

　　廣播人不一定要學過經濟學或會計學，但是一定要有基本常識，最起碼應該知道想為聽眾製作出好節目時，存在什麼成本。當然，如果是在財務會計部門服務或是擔任電台主管，最好還是念一點經濟學與會計學，才能瞭解市場、看懂財務報表。

一、沒有白吃的午餐

　　俗話說：「天下沒有白吃的午餐。」有人可能聽了會想，怎麼沒有，我從小在家三餐都是白吃白喝，前幾天午餐是人家請客，自己也沒花錢，這不都是白吃的午餐嗎？其實這些餐飲當然不是白吃的，有人可能沒花錢，但是一定有人要付出這筆錢，不管是家長、朋友，或是餐廳老闆。

　　除了餐費等金錢開銷，吃午餐總要花上一點時間，既然時間就是金錢，消耗這些時間也就等於花了金錢。總而言之，做什麼事都不可能白吃，都要成本。

　　就成本而論，會計學談的成本是「會計成本」，經濟學談的成本是「機會成本」，又稱經濟成本，兩者不同，以下簡單舉例說明。

　　「會計成本」的定義是指為了從事一項行為而必須付出的成本；至於「機會成本」的定義是指，為了從事一項行為而必須放棄的其他眾多活動選項之中價值最高的一項。

　　舉例來說，如果有人決定中午花上一個小時，應邀前去吃一頓飯。為了趕時間，必須自付計程車的車資七十元。這個中午他原本可以去文具店打工，時薪一百元，也可以去擔任家教，時薪五百元。因此為了吃這一頓飯而付出的成本是七十元，這稱為會計成本。為了吃飯而放棄活動選項中的最大價值是五百元，這是隱藏未被計算的成本，稱為隱藏成本。由於機會成本＝會計成本＋隱藏成本，因此吃這

一頓飯的機會成本是五百七十元。

關於成本，還有「固定成本」與「變動成本」的分別。固定成本是指不會因為產出數量變動而變動的成本，而且短期內固定成本是固定不變的，不管生不生產，固定成本都必須付出。生產越多，每個產品平攤的固定成本越少。例如，辦公室的購屋支出、廠房的租金支出、以及機器設備等等。至於變動成本是指會因產出數量變動而變動的成本，在一般產業之中，變動成本與生產數量成正比，也就是說生產的數量越多，變動成本也跟著變多。例如，人事費用、生產的原料費用、以及水電等雜項支出等等。總成本則是固定成本加上變動成本。

有些人根本不談成本，以為一談成本就落入俗套，卻不知忘卻成本就等於不知人間疾苦。有的人雖然識相一些，知道萬事萬物都有成本，但是當其談到成本時，指的往往只是自己經手花掉的成本，也就是只談了變動成本，卻不知道還有固定成本。兼顧了變動成本與固定成本，就能得出會計成本。如果還要進一步從會計學到經濟學，那麼還必須計算被放棄的活動所涵蓋的隱藏成本，會計成本加上隱藏成本才是經濟成本，也就是機會成本。

掌握會計成本的概念，有利於釐清經營上所必須承擔的所有支出；至於機會成本的概念，則是更深一層的探討為什麼要選擇從事這個活動，而不是從事另外的活動。

天下絕對沒有白吃的午餐，至於吃這一餐的成本是什麼，答案依情況而異，要看是從會計學還是經濟學的角度來問。

二、電台營運的成本

傳播媒體產業，特別是廣電媒體，具有一些與一般產業非常不同

的特點，尤其是「再製成本驅近於零」與「可以重複消費」。所謂再製成本就是複製第二個產品的成本。生產第一個麵包的變動成本跟生產第二個麵包的變動成本大概差不多，反觀一部新電影的製作費可能高達幾十億或幾百億美金，這也可以看成生產第一片CD的成本，但是當要生產第二片相同內容的CD時，甚至不需要一塊錢美金。同樣的，製作一個電台節目可能需要幾千元，但是針對同一節目再複製一次，幾乎不必再花什麼錢。

至於可以重複消費則是指電影、電視或是電台內容，在被閱聽（消費）之後，並不妨礙下一個人閱聽，不像食物或飲料一樣被享用過之後就會消失，無法提供給下一個人。以電台節目為例，播出過的內容可以在同一電台重播，也可以提供給不同涵蓋範圍內的其他電台當成首播。

廣電媒體的這些特性，從成本角度來看，表現出來的就是固定成本較高，而變動成本相對較低。

在固定成本方面，電台用在這方面的成本可能占去資本額的七至八成。例如台北愛樂電台在申請成立台中愛樂電台時估計，開辦時的硬體投資等固定成本大約是新台幣三千五百萬元左右，占去資本額的七成，剩下的其餘三成資金才是用來應付營運周轉等變動成本。

在變動成本方面，傳播媒體產業的最大支出為人事費用，電台也不例外。一般而言，人事費用大約占了營運成本的五成至六成左右，因此對於人事成本的有效控制，是電台的獲利關鍵。

由於在剛開始經營時，電台的各項業務都還有待推展，因此通常最少要賠本經營一至兩年，等到營運穩健之後，才能收支平衡並且產生盈餘。電台在傳播媒體中的經營成本相對低廉，最容易達到損益平衡點，也就是收入正好可以負擔成本的時間點。過了損益平衡點，收入的增加速度遠大於成本增加的速度，因此一旦經營上了軌道，通常都可以存活。

電台成本視其經營型態而有不同，一般來說，新聞性電台最花錢，音樂性電台最省錢。不管再怎麼省錢，每個月總要幾十萬甚至幾百萬，即使擁有許多免費義工的地下電台「新黨之音」，每個月的開支也都還在二十萬元左右。

廣播人在向電台提出節目企劃時，絕對不能避開成本的問題，可惜不少企劃常常忽略這個部分。在節目企劃書中的成本部分，只需編列出直接相關的變動成本，也就是為了製作這個節目所開銷的支出，包括主持費（含主持人費用與來賓車馬費）、工作人員費用、企劃費用（有時列入工作人員費用）、錄音室租用費用（如使用電台錄音室則無此費用）、資料費、撰稿費、雜支，以及行政費用等。通常每一個小時的節目費用大概從數千元至上萬元不等。其中最大變數在節目型態與主持人費用。就節目型態而言，工作人員多、必須到戶外採訪、甚至會租用其他活動場地的節目，製作費當然也會比較貴；反之，如果只有一個主持人在錄音室內播放流行歌曲，開銷必定有限。就主持費用而言，從免費的內部員工兼職，到付費的外部簽約合作主持；從大多數新進人員的時薪兩百，到極少數當紅名人的時薪五千，其間的差距甚大。整體而言，雖然電台主持人時薪大概只有電視主持人市場行情的一成而已，但是許多藝人仍然樂此不疲，而且一下海就是好幾年，可見電台工作自有難以取代的獨特魅力。

除了直接相關變動成本之外，廣播人心中必須知道電台還負擔了固定成本與部分變動成本，前者例如電台租金與機器設備費用，後者例如行銷與管理成本等等。更重要的是必須存有機會成本的觀念，不能以為某個時段資源如不撥出來也是空置浪費。畢竟對電台來講，與其隨便播出一個吸引不了聽眾的節目，落得破壞名聲與行情，不如乾脆不播，因為就算不播節目，光是錄音室出租，每個小時也能幫電台賺得上千元的收入；有些欠缺長遠目光的經理人，甚至會直接把節目時段拿來「外賣」或出租，這種收入看似可觀，其實已因小失大。

必須謹記的是，具有成本概念不等於捨不得花錢，而是只花該用的錢，不隨便揮霍。經費編列只要有其價值、而且都投資在刀口上，再多錢都該花。

三、電台的財務報表

節目製作應有成本概念，電台經營則必須仰賴財務報表。在財務報表中，最重要的是資產負債表、損益表，以及現金流量表等三種。具有成本概念只是一個廣播好手的基本要求，如果想學習電台經營，就必須能看懂這些財務報表。財務報表可以說是以數字客觀呈現企業的經營情況。

1.資產負債表

在某一時間點上，一家企業所擁有的資產、負債，以及股東權益。在報表上，資產寫在左邊，負債與股東權益寫在右邊，一上一下。資產可以依照容不容易變現而分成流動資產與非流動資產，前者的細部項目包括現金、存貨，以及應收帳款等，後者的細部項目包括機械設備以及土地廠房等。負債的細部項目包括借貸、應付帳款、預收帳款、積欠稅金，以及應付薪資等。股東權益的細部項目包括普通股、溢價收入，以及保留盈餘等。在三者關係上，資產＝負債＋股東權益，這也就是所謂的會計恆等式。

2.損益表

在某一時段內（可以是一個月、一季，或是一年）的活動和交易情況，包括收入與支出，其差額便是所得。損益表由上而下有五個部分，首先是收入先扣除銷貨的直接成本，得出毛利潤（gross margin）。其次是計算所有的營業費用，包括薪資、房租、水電、廣告、雜項支出，以及生產設備分攤等。毛利潤減去營業費用是爲營業

收入（profit）。第三是營業收入再扣減利息費用，等於稅前所得。第四是稅前所得再扣除賦稅之後，得到淨所得（net income）。最後是以淨所得除以股數，得到每股淨利。

3.現金流量表

　　企業的現金使用情況，從會計恆等式推算，可以得出現金＝流動資產＋流動負債＋股東權益－應收帳款－存貨－非流動資產。現金流量表上呈現的即是上述算式。得出年度現金增加量之後，加計年初現金，即為年度結餘現金。坐擁現金的企業不一定是賺錢的企業，因為這些錢可能來自於借貸而非營業收入，只要有了現金流量表，立刻可以看出企業的資金是從何處來的。

　　看懂財務報表只是初窺電台經營管理的門道，但是已足以應付台灣的小本經營情況。相對來看，資本主義發達的美國廣電媒體比較注重財務管理，除了致力於傳播媒體本業的經營管理之外，往往藉由財務槓桿去「用錢滾錢」，因此對於怎麼去集資、募資、投資，以及轉投資等都相當重視，連帶地銀行融資、股票市場，以及債券市場等領域的涉入也較為深入。相較於美國企業對財務管理的重視，不僅有財務經理，還有可能有財務長（CFO），國內企業卻往往忽略財務部門，廣電媒體尤其如此。

第十六章
企劃完善節目

一、節目型態面面觀

很多廣播人一定都曾經好奇地想過：電台節目到底可以分成多少
種類？答案是：無限多。因為任何人只要提得出分類標準，就可以將
節目再多分幾類，例如從內容來看，可以劃分出政論節目或藝文節
目；從聽眾來看，可以劃分出婦女節目或兒童節目；再從時段來看，
還可以分成熱門節目或冷門節目。不管怎麼進行分類，節目最重要的
還是要符合聽眾的需求。

雖然理論上節目類別可以無窮無盡，不過法定類別卻只有四種。
根據廣播電視法第十六條，廣播節目分為四大類別：新聞及政令宣導
節目、教育文化節目、公共服務節目，以及大眾娛樂節目。該法第十
七條補充指出：廣播電台前三類節目之播放時間占每週播放總時間不
得少於百分之四十五。廣播電視法施行細則進一步又指出，前三類節
目播出時間比例各不得少於百分之十五、百分之二十與百分之十，第
四類節目不得多於百分之五十五。正因如此，電台每逢執照審議而必
須提出營運計畫時，常常忙著幫各個節目決定類別，以便整體的節目
表可以符合廣播電視法的要求。很多電台平常根本不管節目到底歸屬
那一類，只關心收聽率與廣告，到了這個時刻才隨便分類，只求能夠
混過去、交差了事，完全不問名實是否相符，甚至許多廣播人根本就
不明白各個節目類別的意義。由於難以對此詳加稽查，政府藉由限定
時間比例來規範電台內容的用意，不免大打折扣。

關於這四大節目類別的內容，廣播電視法施行細則第三章「廣播
電視節目管理」中提出了詳細說明。新聞及政令宣導節目：新聞報導
及分析、政府政策說明，以及訪問與實況轉播。教育文化節目：以發
揚中華文化、推廣社會教育、輔助學校教育、啓迪兒童智能為目的節

目。公共服務節目：與大眾生活相關、維護大眾權益、提升生活品質的節目均屬之，不限於氣象、報時或是路況報導。大眾娛樂節目：音樂、笑話、笑話、趣事，或是綜藝等節目。事實上，一個節目可能同時屬於前幾個類別。

　　廣播人固然要懂這些基本概念，但是在企劃節目時，其實不必多想自己企劃的是什麼類別的節目。因為說穿了，節目類別只是一個形式。對於廣播人來講，真正重要的是在企劃與製作節目時，除了迎合目標聽眾的需求之外，更應該謹記電波資源是一種公共信託，因此節目負有公共責任。

二、節目企劃案內容

　　閱讀過第一篇各章的入門介紹，可以概略認識廣播世界，並且知道一般人心目中的廣播人有那些技能。再循著第二篇各章的進階導引，不只可以推想出一個完整的節目企劃案，也初步具備了真正要經營一個節目、乃至於一家電台的基本知識。事實上，節目企劃與電台經營的基本道理並無不同，本篇各章提供的均為必要的思考面向。實務上，製作單一節目時不一定全部用得上這些面向，甚至有些時候電台更期望廣播人能夠全心於一項技能，而不要過分涉入其他面向，以免貪多誤事，特別當這些面向已有專人或專門的部門負責。儘管如此，全方位廣播人還是應該熟悉所有面向。至於更上層樓的經營電台則必須具備通盤的概念，因為電台比起節目不僅在規模上更加龐大、在分工上更見細密，在功能上也更為完整。以下簡單說明一份完整節目企劃案中的必備元素，以及其中內容，以供有興趣的廣播人參考。

(一)播出電台

節目企劃書上的這一項目，可能被大多數廣播人都看成最容易的部分。填寫電台名稱固然不難，但是必須思考之處頗多。不論已經身在電台內部或是還在尋求合作電台，廣播人都應該多想想什麼是電台的理念，前者必須確定節目的走向符合此一理念，後者則應該為自己的節目企劃找到最合適的電台，如此才能相輔相成，長遠合作。

(二)節目名稱

目標聽眾的接受程度，是衡量節目名稱最重要的標準。好的名稱不僅可以傳達出節目的內涵，甚至還能表達出感性的一面。有些節目名稱非常具體，例如「Wave 愛音樂」；有些節目名稱標榜播出時間，例如「九點強強滾」、「飛碟晚餐」；有些節目強調訴求特點，例如「台北什麼都有」；更有一些節目名稱比較抽象，例如「夜光家族」、「Kiss you」、「非常 DJ」。不管怎麼命名，重點是迎合目標聽眾的喜好與想像。

(三)節目類別

首先要知道廣播電視法所歸類的類別，然後進一步為節目點出自己認為的類別。由於節目內容可能同時符合兩個以上的法定類別，例如一個介紹校園創作歌曲的節目，就可能屬於教育文化類或大眾娛樂類，因此不妨先依照自己的認定來點出類別，再補充說明可以歸類為前述兩個類別中的其中一個，以便電台自行決定。

(四)播出時間

節目的播出時間必須合於聽眾的作息，還要顧及競爭對手，例如在平常的上課時間要播出學生節目就非常不恰當，其他電台在同時段

如果已有超強的同性質節目也不見得理想。只有先掌握了聽眾特質，分析過競爭對手，並且熟悉目標聽眾的生活作息模式，才能決定適合的播出時間。節目的長度也應該合於聽眾特質，例如老人家可以長時間收聽，兒童則比較沒有耐性。

(五)目標聽眾

　　要想找到理想的目標聽眾，首先必須掌握聽眾特質，聽眾可能來自電台原有聽眾、搶攻其他電台聽眾，或是開發潛在聽眾。其次要分析可能的競爭對手，藉以決定適合的策略。在節目內容的企劃上，必須根據聽眾的需求，廣納適合人才，強化製作陣容。企劃節目的同時，不妨瀏覽上、下游有那些資源可供整合，以便提高製作效益。除了節目內容之外，也要依據目標聽眾的特質，找到可以觸及他們的行銷通路，這樣才可以有效開發聽眾。

(六)企劃目的

　　結合前面提及的電台理念、聽眾特質、競爭對手、相關資源，以及行銷通路等分析之後，發揮自己製作陣容的優勢，呈現出節目企劃希望達成的目的。企劃目的不只是為了提出節目內容、吸引更多聽眾，如果企圖心夠旺盛，還可以進一步針對聽友社群與周邊商品加以發揮。

(七)節目內容

　　根據前述的企劃目的與分析，初步設計出節目內容的主要輪廓，包括節目的整體特色、各個單元的主題與長度、基本內容說明。這些內容絕不是憑空想像，必須經過前述的層層分析之後才能產生。在節目企劃中，必須附上具體的節目流程表（rundown）範例，必要的話甚至還要附上依照該流程表所製作出來的節目試聽帶。

(八)預期效果

一個節目希望達成的效果主要分成三個方面,一是開發聽眾,二是招攬廣告,三是其他效果,例如提升電台形象、爭取獎項或補助、開發周邊商品等等。許多節目企劃在這個項目上都只能填寫一些華麗卻空泛的詞藻,這是因為沒有先做好必要的功課。只有對於前述面向進行過完善分析,才能提出令人信服的具體數據。這些數據固然應具有理想性,但也不能太過天馬行空,以免屆時產生太大落差。

(九)製作陣容

有些節目企劃往往忽略應該強調製作陣容,或者只是簡單列出相關人員的名單。從電台的角度來看,節目企劃本身的良窳當然重要,但是負責這個企劃的陣容也不能忽視,因為製作陣容等於是企劃能不能順利落實的「履約保證」。在呈現製作陣容時,不能一廂情願地以為對方一定知道自己的種種優點恰恰適合這個節目,因此必須講清楚、寫明白。適當包裝是有幫助的,但是誇大則應切忌。好的企劃人才還應該懂得擴大製作陣容,靠著精妙構思來廣納各種專家,如果只知道想自己、秀自己,很難成為真正成功的全方位廣播人。

(十)成本預算

製作一個節目不需要太多財務或會計知識,但是心裏要有基本的成本概念。前述的預期效果未必會出現,但是這裏列出成本支出卻一定會存在。如果電台對於節目成本設有上限或下限,更應事先掌握。總共要花多少錢,花在什麼地方,把成本項目與相關費用一一列出,才能取信於人。項目如果模糊,一千元也太多;反之,只要說得出道理,預算編列清楚,而且可以帶來更深遠的預期效果,甚至可以爭取到超越電台規定上限的經費。

第參篇　廣播專業學分

第十七章
電台營運計畫

　　對於大多數電台主管而言，營運計畫絕對是讓他們頭痛的話題。因為不只在一開始申設電台時必須要有營運計畫，在往後的經營中更離不開營運計畫，而且每兩年就要面對一次。

一、營運計畫價百萬

　　電台想要擁有一張廣播執照以便正式在空中發聲，必須先拿到電台執照以便試播；要想拿到電台執照，必須先獲得申設許可證，以便獲得架設播音機器的准許；而要想獲得申設許可證，就必須通過「電台審議委員會」的審議。要想通過審議，條件不少，其中最關鍵的是一本計畫，一本營運計畫。

　　由於台灣的電波資源凍結了幾十年，政府剛剛釋出之時，多數有意申請者或許資金充裕，但是對電台種種卻僅僅一知半解，根本搞不懂怎麼提出申請，更遑論要撰寫營運計畫。有的申請者硬著頭皮閉門自己來，有什麼寫什麼；有的則是到處向行家求援，希望假他人之力。在出現需求的情況下，供給自然產生，有些生意頭腦動得快的專業人士於是出面服務，開始做起「代客寫書」的服務業，積極邀請各相關領域的學者專家們擔任顧問，負責指導，同時網羅一些具有廣電科系學經歷背景的社會新鮮人來負責撰寫，展開生產。按照當時的市場行情，一本營運計畫要價新台幣一至兩百萬。其實電台營運計畫書還算便宜，如果是電視營運計畫書可能要上千萬；前一陣子高鐵籌設期間，據報載一份營運計畫的成本就高達上億。

　　這樣的生意當然是很划得來的，因為大量生產，每一本的撰寫成本便壓低極多。寬裕一點計算：假如撰寫一本營運計畫書的七大部分，要七個人花兩個月的時間才能完成，以每人每月薪資五萬元計，共為七十萬元。假設聘有學者專家三人（廣電、財務、工程），顧問

費每人十五萬（一次性，非按月支領），合計四十五萬元，因此人事支出總計一百一十五萬，這是支出大宗。其他成本例如辦公室租金、水電、軟硬體設備，以及雜項開銷等，兩個月大約要花去八十五萬，則總成本恰恰是兩百萬。於是我們知道，一本營運計畫的成本是兩百萬。在此再次強調，這是極寬裕的計算。

那麼生產兩本營運計畫呢？如果直接用兩百萬乘上兩本等於四百萬，可就太沒概念了。首先，計畫書甲跟計畫書乙的內容固然不能完全相同，但也不會通通不同，尤其是工程技術部分，因此再寫一份省事不少。其次，負責撰寫的工作人員一回生二回熟，有經驗後效率也可以提高不少。第三，絕大多數硬體設備屬於固定投資，不需要再花一次，又省下一筆錢。

如果第二本半個月可完成，則所需成本僅約五十萬，因此兩本的平均成本便降低爲一百二十五萬。假設之後每一本的完成時間進一步縮短爲一周，成本不到三十萬，越大量生產，每本平均成本就越向三十萬接近。假設共生產十本，平均成本還不到五十萬。一本賣一百萬，淨賺五十萬。上面只是概估，事實上，成本可以壓到更低，定價也可以抬得更高，更何況從第二本開始，多半只是根據「範本」抄抄改改，根本不花什麼功夫。筆者就看過某一電台的營運計畫書中，在某些篇幅竟出現將自己電台的名稱誤植爲其他電台名稱，可見此一計畫書是援用其他計畫書之電腦檔案，直接加以搜尋取代、調換書內資料順序、再改一下美編而成，而且抄工相當粗糙。另據筆者所知，有不少企劃人員可以單憑一人之力，半個月就寫出一本，如果以此計算，成本更低，獲利驚人。

當時不少剛踏出廣電科系大門的社會新鮮人甚或在學學生，已經有代客撰寫電台營運計畫書的經驗，只不過當時的身分是受僱，因此經驗收穫很多，薪資收入有限。一般來說，因爲工作具臨時性，儘管可能沒經驗，底薪也有三萬五千元左右；再加上各方的委託案一定同

時湧入，常常需要加班，慘烈時甚至會到深更半夜，以辦公室為家，因此月薪最高拿個十萬也不稀奇。月薪十萬乍聽之下似乎很可觀，其實卻是辛苦掙來的血汗錢，絲毫不取巧；反倒是負責刊登廣告、接委託案的老闆，只要找好地方當「電台營運計畫書加工複製廠」，然後從兩眼發黑有如貓熊的工作人員手中接過一本本的營運計畫書，轉手交給有意申請電台的委託人，立刻可以換得每本數百萬元的收入，這才真正叫賺錢有術。電波資源開始釋出後不久，許多廣電雜誌上就紛紛冒出一些「專業撰寫電台營運計畫書」的廣告，預備招攬生意，後來果然都滿載而歸。

花錢買計畫書的申請人一開始多半還遮遮掩掩，不肯承認，怕被新聞局或競爭者知悉後不利於申請結果，等到發現多數競爭者都是照樣辦理，也就釋懷了；至於新聞局方面，只怕很難去管計畫書的來源是自撰還是外包，除非一本計畫書中常常將別家電台名稱誤植為自己所有，顯然過分打混，否則只要申請人能夠在新聞局的面試中，將計畫書的內容說個清楚、合乎邏輯，並且答出所有質疑的問題，應該就可以過關。

除了申設新電台需要提出營運計畫書，申請者會有外包營運計畫書的需求以外，由於廣電執照的有效期限均為兩年，現有的大小電台申請換發執照時也要繳交營運發展計畫書，因此也有需求。可能有人會想，新申請者或許不懂，因此需要找人捉刀代寫計畫書，但現有電台最少都成立一、兩年了，遇上換發執照，應該自己可以寫出營運計畫才是。事實上，電台員工本來就各有職司，規模大一點的中功率電台要抽出多餘人力都不容易，小一點的中功率電台或小功率電台要撥出專人就更難了，何況有空的人還不見得懂得怎麼寫。

在內容架構上，申設電台與例行換照的營運計畫大致相同。按照廣播電視法施行細則附件內容，申設時的營運計畫主要內容包括七大項：人事結構及行政組織、節目企劃、經營計畫、財務結構、業務推

展計畫、人才培訓計畫、電台工程設備及設施。每個大項中還有若干小項。至於換照時的營運計畫，最大的不同在於不必提交第七大項，亦即電台工程設備及設施。除此之外，還有一些小幅度的調整。關於詳細內容，接下來介紹怎麼撰寫營運計畫時再補充。

前述關於營運計畫的規定，其實寓有引導電台經營方向的深意，可惜目前的實際作業未能完全落實，以致許多電台在營運計畫上寫的是一套，平常做的卻是另外一套。未來應該朝著以下方向而努力：加強督察，從嚴把關，收回無法按照營運計畫經營的電台頻率重新釋出，讓電波資源獲得最有效的利用。

二、營運計畫的邏輯

俗話說：「開門七件事，柴、米、油、鹽、醬、醋、茶。」其實這七件事的張羅，還不是要開門時最先該知道的事，「開門後最少會有這七件事」這個計畫性的概念，才是要開門時該知道的第一件事。事實上，先有計畫乃能成功，做任何事莫不如此，開辦電台亦然。

開辦電台要張羅的事，比起開門可就複雜多了，要研究市場情況、要思考電台定位、要規劃節目、要找ＤＪ、要找工作人員、要尋覓電台設置地點、要買機器設備，還要籌措財源，但是在著手這些事情之前，最重要的是申請設立電台，否則電台申設不成，一切都是白忙。

要申請設立電台，就必須在電波頻率開放時提出「申請書」，因為依據廣播電視法第十條的規定：「電台之設立，應填具申請書。」在「廣播電視法施行細則」第二條並進一步補充規定：「電台之設立，應檢具電台籌設申請書及營運計畫。」因此除了申請書之外，還要準備詳細的「營運計畫」。營運計畫在英國被稱為「營運表現承

諾」，亦即電台經營者承諾在取得電台申設資格後的貢獻。有了此一計畫與承諾，行政院新聞局的「電台審議委員會」才能判斷誰是「最適合的」電台申請人，可以發給申請許可。廣播電視法施行細則的附件一、附件二分別對於申請書與營運計畫的格式都作了清楚的規定。

先談申請書。電台籌設申請書的內容除了提出申請的公文之外，還包括了：電台頻率、發射功率、名稱、台址、經營地區、資本額、設台宗旨等，同時要求提供發起人或捐助人之名冊、全戶戶籍謄本、聲明書等。這些資料的填寫與籌措或許有點煩人，卻絕不複雜，不需贅述。

再來談最關鍵的營運計畫，這牽涉到電台申設究竟能否成功。依照廣播電視法施行細則附件二的列舉，營運計畫的內容必須包括七大項：依序分別是：一、人事結構及行政組織；二、節目企劃；三、經營計畫；四、財務結構；五、業務推展計畫；六、人才培訓計畫；七、電台工程設備及設施。在前述七大項中又各有若干小項。

關於這七大項的排序內容，一般人看了可能沒什麼感覺，但是懂得電台經營的內行人，一看就知道這個排序有邏輯上的問題。

怎麼說有邏輯上的問題呢？其實做什麼事一定都有一套邏輯，不按部就班就會事倍功半，經營電台自不例外。

想要經營一家電台，經營者必然先有其「經營理念」。此一理念的產生受到「內在因素」與「外在因素」的影響。就內在因素來看，牽涉了經營者本身的理想、專業能力、財務狀況等三項；至於外在因素則包括了市場（還分成聽眾市場、廣告市場、競爭市場）、政策法規、涵蓋區域特色、科技、社會期許等五項。這八者共同孕育了經營理念。

經營理念成形了，才能據以擬定電台的「成立宗旨與定位」，清楚呈現為什麼要成立這家電台、電台在市場中的又該處於何種位置、當與其他的電台相比較時有些什麼優勢或區隔。由於此一電台定位是

根據前述程序過關斬將而來的，因此必然符合經營者的理想，合乎政策法規以及社會期許，同時也應該能在市場上生存。

電台宗旨與定位清楚了，再來就要進行「節目企劃」。節目可以說是電台的靈魂。節目的企劃除了要合於電台定位，還必須考慮兩個支持性因素，亦即「工程技術」與「人事結構」，必須滿足了這兩個因素才能做出好的節目企劃。前者包括製作工程、發射工程與維修工程，後者則涉及組織結構、人力配置、進用與升遷辦法、獎懲福利等。沒有適合的工程技術與人事結構支持，節目企劃就可能因為實際上做不到而成為空談。

節目企劃完畢，還要著手「業務推展計畫」，也就是擴展廣告的計畫，這個部分決定了電台將來在市場上能否存活下來。沒有廣告業務的收入當後援，電台只好關門大吉，於是任何美好的經營理念都要落空。很多電台在思考如何推展業務時，往往只知訂出時程與數額，也就是每個月希望能拉到多少廣告，至於招攬那些類型的廣告比較能符合節目規劃或聽眾需求，則從不思考。其實除了節目要從型態到執行都精心設計製作，廣告也應該比照辦理，這就是「廣告節目化」的概念——把廣告當節目一樣用心製作。

業務計畫之後是「財務規劃」，由於創業之初，多半難以收支平衡，因此財務規劃不僅要編列年度預算，還要有資產負債推估與損益推估。

這些都就緒後，才能根據前面提及的節目規劃、人事結構、工程技術、業務計畫與財務規劃，制訂出「內部管理措施」與「人才培育計畫」。有些電台經理人認為人才培育計畫應該列入先前的人事結構之中，這樣亦無不可，但是在思考過每一個計畫環節後才列入人才培育計畫，才能使人才培育密切配合電台的整體發展需要，透過進一步的人才培育來達成電台的經營目標。國內的廣電經營業者長久以來對於內部人才培育太不重視，甚至透過考績、調職等手段，對於有心進

修的員工橫加阻擾，犯了嚴重的短視近利毛病。

由此可知，合乎思考邏輯的電台營運計畫順序應該是：一、經營計畫；二、節目企劃；三、人事結構及行政組織；四、電台工程設備及設施；五、業務推展計畫；六、財務結構；七、人才培訓計畫。唯有按照此一順序撰寫，才能配合思考邏輯、事半功倍。

三、營運計畫的撰寫

撰寫營運計畫其實不難，無非是把未來真正的營運書寫下來。以下分別針對各大項撰寫時必須注意的事項進行說明：

(一)經營計畫

依照廣電法施行細則附件二的規定，應該包括四個部分：經營理念及電台特色、市場調查、內部管理控制制度、紛爭處理。其實正確的內容應該是先有市場調查，後談經營理念及電台特色，並大略規劃出經營藍圖。

電台的節目是做給聽眾聽的，電台經營者當然必須先「認識」聽眾，知道他們的職業類別、學歷結構與生活方式，然後還要知道他們對於現有廣播節目的意見：有沒有什麼想聽卻聽不到的節目？還是對現有節目不滿意？因此在市場調查的部分，必須深入瞭解以下幾件事：電台經營範圍所在地的人文特質、聽眾的收聽意見調查、主要競爭對手的節目型態與策略分析、廣告市場調查。這些資料齊備了，就不難根據經營者的理想擬定出新電台的經營理念與特色。

有些經營者或營運計畫撰寫人對於經營理念與特色究竟何指不甚瞭解，結果不是在這個部分寫一些陳義過高的八股文字，例如自稱「本電台是公益性、服務性與娛樂性兼顧的電台」，就是文不對題、語

焉不詳，例如宣稱「本電台以重視聽眾爲特色」。其實不必亂放高
調，只要老老實實把心裏所想的寫出來就行了，審議委員們想看到的
正是電台經營者想要成立什麼樣的電台、爲什麼想成立這樣的電台、
對電台的未來遠景與後續經營有無概念等。例如電台申請者調查發
現：許多聽眾（假定百分之五）希望能有一個播放古典音樂的電台，
目前市場上又沒有這種電台，而申請者本身也能接受古典音樂，這時
一個相當好的電台營運構想就成形了，詳細寫下來後就是電台理念與
特色。

(二)節目企劃

　　附件二要求的包括節目理念及策略、節目規劃、節目管理及流
程、內外製節目比率。

　　節目理念及策略談的是比較大的節目架構與布局。過去的電台節
目大多數都呈現多元面貌，晚近則頗流行「類型電台」（format），例
如新聞類型電台或音樂類型電台等，而且還可以進一步再細分。

　　節目規劃談的比較具體，涉及具體執行的層面，例如每一個節目
的播出時間、大概內容、主持人、製作方式等。

　　節目管理及流程這個部分主要說明電台內部對於播出的節目該如
何管理，應走的流程爲何，如果方便，不妨圖示。至於內外製比例這
個規定頗爲奇怪，因爲原則上，除非聯播或人力物力無法配合，電台
應該百分之百自製所有節目。許多電台採取節目外製、甚至外包的作
法，等於坐擁稀少而珍貴的電波頻率資源當起收租金的二房東，實有
不當，除了少數有特殊情況的案例之外，外製外色應該要逐步禁止。

(三)電台工程設備及設施

　　附件二要求的包括六個部分：電台預定地（包括使用分區或用地
類別）及預定之電波涵蓋區域、電台架設時程及預定開播時間、工程

設備購置計畫、製播器材購置計畫、工程技術及設施說明、技術推展計畫。

　　這個部分涉及比較多的工程專業知識，尤其是電波涵蓋區域的計算，要有八個方位（0度、45度、90度、135度、180度、225度、270度，以及315度）的海拔標高表與地形縱剖圖，然後據以畫出涵蓋圖。至於其他的工程計畫，則要視電台的節目企劃需要，來決定錄音間的大小、間數，與配備的器材設備。

(四)業務推展計畫

　　附件二要求的包括三個部分：廣告結構、廣告管理、二年內業務推展計畫（其實電台的業務不必自限於廣告，這一點前面篇章已經提過）。

　　這個部分的撰寫誠如前述，往往遭到忽略，很多申請者都只是寫些空泛的內容，例如在結構部分寫道：「本電台的廣告結構以音樂出版品、食品與家電用品為主。」這些話說了等於沒說；在業務推展部分也只是模糊的提到第幾年要增加多少比例的業務量等等。其實這二者的撰寫都應該配合先前電台定位與節目企劃來進行。至於廣告管理，除了說明電台內部的管理流程，例如訂檔、簽定託播單、廣告製作、播出、付費，以及業務部的行政層級與權限等，還要注意各項政策法規的規定。有些電台怕所提出的營運計畫分量不夠，還把政府的相關規定通通附上，以充頁數。

(五)人事結構及行政組織部分

　　附件二要求的包括四個部分：電台組織及員額編制（必須依據廣播電視法施行細則第十六條之規定辦理）、人員進用及升遷途徑、薪資結構及福利措施。

　　在電台組織部分，廣電法施行細則第十六條規定：電台應分設節

目、工程及管理部門，並視性質增設新聞、教學、業務、專業廣播或
其他有關部門。因此每個電台最少都要有節目、工程、管理等三個部
門，員額視實際需要編列。至於人員進用及升遷途徑、薪資結構及福
利措施，電台與一般公司的規定差異有限，可以參考一般公司之規
定，再根據電台情況酌加修改即可。很多電台在申設時寫出來的東西
無比完善，可惜電台申請到手後卻不見落實。

(六)財務結構

　　附件二要求的包括三個部分：經費來源、內部會計控制制度、財
務結構及概算。

　　公司型態的電台，必須尋求到不小於所需支出的經費，資金主要
來自於前期的董事投資與後來的廣告業務收入。內部會計控制制度部
分，要根據組織系統與帳簿系統，規定記帳程序與所需票據。財務結
構及概算則是要求預先設想電台可能遭遇的收支情況，並詳細列出各
部門擬動用的支出明細，後者可說是以金錢數字來表達的整體營運計
畫。

(七)人才培訓計畫

　　附件二要求的包括兩個部分：人員在職訓練計畫、專業進修。

　　人員在職計畫要求電台申設者提出對於員工訓練的構想，一般申
設者所提出的通常不外乎新進人員訓練、定期或不定期的內部訓練課
程、專題講座、內部座談、讀書會等，以上屬於內部訓練，另外還有
推派員工參加「廣電基金」等機構開辦的短期訓練課程、前往大專院
校選修相關學分、前往其他電台實習考察與交流等，這些是外部訓
練。

　　內部訓練可以是通識性質的訓練，也可以是涉及廣播知識技能的
訓練，至於外部訓練多半以廣播相關知識技能為主，兩者都是為了提

升電台整體工作效能，並且兼顧員工的成長與生涯發展。如果電台所安排的訓練課程有明確的目標，例如引進最新的管理型態、業務推展技巧，或音控設備等等，這時可能需要派遣專人進行專業進修。

因為電台在每個發展階段都會有不同的需求，因此所有的人才培訓計畫都應該要配合電台的經營規模與發展進程來逐步安排，而非不加分別地在每一年通通給予同一套訓練，更不該忽略人才培訓。

經過這一連串的分析、思考與落筆撰寫後，一本具有基本水平的電台營運計畫就可以出爐了。這樣寫出來的營運計畫在美術編輯上或許還有待進一步的加強，但是絕對札實合用，而且保證內容的邏輯嚴謹，不會像一些顧問公司收了幾百萬新台幣之後所拼湊出來的營運計畫，乍看之下很像個樣子，實際內容卻千篇一律、了無新意，搞不好還前後矛盾、破洞百出，雖然騙得了外行的電台申請冤大頭，卻讓內行的電台審議委員難以認同。當然，也有花大錢買營運計畫的電台申設者因為及時用心研讀手頭上的營運計畫書，加上祖上有德，結果還是能亂中取勝、僥倖過關。

四、換照的營運計畫

電台成立之後，如果遇到原本的營運計畫有所變更，必須另外提出申請；由於廣播執照的有效期間為兩年，因此電台每隔兩年還要再提出營運計畫，以便申請換發廣播執照。前者規定在廣播電視法第十條之一規定：「營運計畫於許可設立後有變更者，應向主管機關申請核准。」後者規定在該法第十二條：「廣播或電視執照，有效期間為二年，期滿應申請換發。」第十二條之一並且補充指出：申請換發廣播執照時，必須提出過去兩年的頻率運用績效，以及未來兩年的營運

計畫等資料。

　　申請換照時要提出的未來兩年營運計畫大致與申設電台時相同，除了第七大項全免以外，在節目企劃大項中要另附節目品管流程表與節目月報表；在業務推展計畫大項中免去二年內業務推展計畫小項；在人事結構及行政組織大項中要另附組織員額編制、負責人及主管名冊、管理規章，以及安全維護辦法；在財務結構大項中要另附具體之會計稽核辦法。以下簡單列出其差別：

　　1.經營計畫：

　　　(1)經營理念及電臺特色。

　　　(2)市場調查。

　　　(3)內部管理控制制度。

　　　(4)紛爭處理。

　　2.節目企劃：

　　　(1)節目理念及策略。

　　　(2)節目規畫。

　　　(3)節目管理及流程。

　　　(4)內外製節目比率。

　　　　換照加：節目品管流程表、節目月報表。

　　3.業務推展計畫：

　　　(1)廣告結構。

　　　(2)廣告管理。

　　　(3)二年內業務推展計畫（換照免）。

　　4.人事結構及行政組織：

　　　(1)電台組織及員額編制。

　　　(2)人員進用及升遷途徑。

　　　(3)薪資結構及福利措施。

(4)獎懲制度。

　　換照加：組織員額編制、負責人及主管名冊、管理規章、安全維護辦法。

5.人才培訓計畫：

(1)人員在職訓練計畫。

(2)專業進修。

6.財務結構：

(1)經費來源。

(2)內部會計控制制度。

(3)財務結構及概算。

　　換照加：具體之會計稽核辦法。

7.電台工程設備及設施（換照免）：

(1)電台預定地及電波涵蓋區域。

(2)電台架設時程及預定開播時間。

(3)工程設備購置計畫。

(4)製播器材購置計畫。

(5)工程技術及設施說明。

(6)技術推展計畫。

第十八章

節目的生死學

　　最近幾年來，「生死學」似乎越來越熱門，不僅媒體有許多報導，坊間出版了好幾本專書，連台灣大學等知名學府也特別加開這方面的課程，而且選修的學生人數爆滿，可見生死學受歡迎的程度。因為只要是人，其實都不免面臨生死，難怪生死學受到關注。對於廣播人來講，除了人的生死，電台節目的生死自然最受關心。

　　正常情況下，沒有一家電台的節目會一成不變，不同節目的上上下下、推陳出新才該是電台的常態，因此每個節目都有生死，其生死就是節目的開始播出與結束。有的時候，節目名稱可能沒有改變，但是其型態卻完全不同了，或者節目型態照舊，但是主持人換了人，於是節目風格迥然不同。在這些情況下，名稱雖然沒變，但是頗有節目「重生」的味道，因此也可以列為節目生死學的內涵，成為本章的討論範疇。

　　節目何時生？何時死？亦即節目何以發生替換更迭？原因很多，以致許多人常常搞不明白為什麼某個新節目忽然就出現了，或某個老節目莫名其妙就消失了。其實原因雖多，仍可歸納。以下簡單列出十項，並將之歸併為電台、主持人、其他等三類，分別說明敘述：

一、電台決定換節目

　　節目變動的第一類因素，首推電台經營因素，也就是電台經理人基於經營上的考量，而做出更換節目的決定，共有六項原因，包括：廣告量減少、收聽率下降、節目政策改變、節目引起爭議、新的簽約條件談不攏、節目的獨家贊助廠商停止贊助等。

　　首先是廣告量減少，這是最主要的原因。不管電台的宗旨如何偉大、電台老闆如何具有理想性格，前題都必須是先能存活下來。民營電台想要存活，就必須招攬到足夠的廣告業務，因此當節目不再能吸

引廣告客戶青睞，難免就面臨了結束的命運。

　　過去很多（現在也還不少）電台以「外製外包」的方式，將節目時段外租給別人，由承租者自行製作節目、自行包攬該時段廣告，電台僅負責收取租金。在這種情況下，一旦承租者拉不到廣告，使廣告收入少於租金等節目支出，當然只好宣告原節目結束，換個節目從新來過，甚至將時段送還給電台，停止承租。

　　外製外包的作法等於是電台藉由先行占有稀少的電波頻率，不勞而獲地當起賺人租金的二房東，坐享高額利潤；另一方面，外製外包也造成節目規劃缺乏整體性，使電台有如次殖民地，充斥各種五花八門、只想賺錢的節目，犧牲聽眾權益，因此除非有特別因素，外製外包實不足取。

　　新電台陸續成立後，儘管仍有少數業者繼續這種作法，但是多數電台已知自愛，能在維持電台自主性的原則下，經由整體考量來規劃節目，期能落實電台的理念與宗旨，同時提高整個電台的收聽率，然後廣告業務自然會進來。在廣告安排上，有些新電台採取輪播式的「套餐組合」，也就是廣告客戶每一筆預算所買到的廣告時段分布於好幾個節目，因此當廣告量下跌，可能是電台的整體表現出了問題，比較不容易歸咎給單一節目，於是也比較不會造成節目更迭。

　　其次是收聽率下降。理論上收聽率決定了廣告量，收聽率高廣告就多，收聽率低廣告就少，除非某節目有特殊聽眾群，且其消費能力偏低，不受廣告主的青睞。在理想的經營情況下，電台應藉由市場調查來瞭解聽眾閱聽習慣發展趨勢、電台整體表現，甚至是每個節目的表現，讓相關人員知曉，然後針對調查內容進行分析，特別是與其他電台的表現進行交叉比對，看看那個節目收聽率趨高，那個節目收聽率走低，並研判原因何在。新增的聽眾從何而來？流失的聽眾到哪去了？

　　例如市場調查顯示：本電台某個深夜音樂性節目甲的收聽率走

低，但同時卻發現其他電台的同時段音樂性節目聽眾增加。進一步瞭解後，發現節目甲的主持人最近的節目風格偏向以談話為主，於是找到可能原因。如果透過聽眾訪談等進一步的細部分析證實，則將研判結果告知節目主持人，請其注意並設法改善。萬一設法搶救後，收聽率走低的趨勢仍然沒有起色，那麼不得已時只好採取斷然措施，宣告節目告終，然後另外生出一個合於市場需要的節目。

不過理論只是理論，事實上未必如此。比起電視，電台畢竟不是主流媒體，所受到的關注熱度較低，廣告總金額也少很多。電視台常常為了節目收視率產生小幅的升降變化就搞得人仰馬翻，然後要嘛歡歡喜喜切蛋糕慶祝，要嘛決定毅然決然腰斬節目；但是廣播電台受到收聽率的衝擊就沒這麼大，甚至可以說是比較遲鈍。此外，許多電台根本不做市場調查，廣告量與收聽率的關連也不大，因此其節目生死受收聽率的影響其實有限。

第三是節目政策改變。電台改變節目政策的理由很多，可能是外在的環境產生變化，也可能是經理人的想法改變。例如最近許多市場調查都顯示，音樂性節目在深夜時段的收聽率大幅提高，幾家以播放音樂為主的電台紛紛在夜晚搶下一片天，由於音樂性節目的製作成本比較低廉，其他電台無不眼紅。像這類的外在環境改變，就有可能影響電台的節目政策，從而使得節目產生汰換。此外，過去曾有電台特別以「女性」為主要的訴求聽眾，節目設計也反映此特色，後來發現成績不如預期，只好重新調整定位，當然節目政策也隨之變更。像這類的經理人想法與政策改變，自然也會造成節目更迭。

第四是節目引起爭議。有的時候節目政策沒有改變，節目收聽率與廣告量也合乎要求，但是因為主持人的作為引起爭議，造成某些聽眾強烈不滿，電台擔心爭議波及其他節目，甚至影響電台形象，也可能停止該節目。例如有些主持人喜歡嘲諷 Call in 的聽眾，甚至動輒用粗話罵人，這種作法有時候很受聽眾歡迎（聽起來奇怪，事實卻如

此），但是少數聽眾或許不能接受，萬一不能接受或者被罵過的聽眾透過各種管道強烈抗議，就可能對電台造成壓力，使電台在息事寧人的考量下終止該節目。

第五是新的簽約條件談不攏。只要節目做出好成績，小牌的主持人會升格成大牌，原本已經大牌的主持人更會變成超級大牌，因此要簽新的合作契約時，不免會有提高主持費或其他福利的要求。電台如果認為要求合理且划得來，自會照辦；如果電台不願意讓步，談判後雙方又無法獲得共識，只好放棄該節目。目前除了剛出道的新人，市場行情大致上是主持費一小時六百元起跳，知名度高的主持人則可以拿到兩千元，極少數王牌主持人更傳出有每小時五千元的身價，可見其間調整的空間不小。電台主持費與電視相比，約為後者的十分之一而已，相較之下可以算「收入微薄」。有的電台會在逢年過節時另給明星級主持人一些額外津貼，以感謝他們對電台廣告業務的貢獻，不過數額多少，自然不便公開；有的電台甚至直接以廣告費抽成的方式來激勵主持人，表面上分享更多利潤，實則讓主持人身兼業務工作，可謂一舉兩得，不過這種作法同時必須避免節目內容過於「工商服務」。

除了主持費，新的簽約條件談不攏可能還有其他因素，例如有的電台希望享有主持人在該電波發射範圍內的「專屬播音權」，也就是不接受自己電台的主持人到同一播音區域內的其他電台主持節目。如果續約時某節目主持人不再接受此一條件，電台又不肯在原則上退讓，只好忍痛割愛。

第六是節目的獨家贊助廠商停止贊助。獨家贊助不是外製外包，外製外包是把節目自主權與廣告招攬權一起易手讓人，換取租金；獨家贊助則是電台仍保留節目自主權，贊助廠商必須負責以自己或關係企業名義消化該時段一定比例的廣告，從三分之二到四分之三不等；至於節目型態可以雙方共同商議，多半與廠商有關，但內容不得直接

為廠商宣傳。

如果有一家投顧公司以獨家贊助的方式，在電台新開闢了一個財經理財節目，想吸引有興趣的聽眾收聽，並且大打自己的廣告，希望多做點聽眾生意；一段時間後，該投顧公司發現因收聽電台節目而來的顧客不多，決定停止贊助，這時如果電台也無意維持此一財經節目，則節目當然也就壽終正寢。

二、主持人與其他因素

節目變動的第二類因素，來自於主持人個人因素，這是主持人自己基於私人考量，而做出造成節目變動的決定，共有三項原因，包括：退休淡出、與同仁不合，以及另有高就等。

首先是退休淡出。儘管主持生涯十分迷人，而且聲音表現受年齡的限制不大，可以一直做下去，不像運動員可能三十多歲就必須退休，但仍然躲不開退休淡出的一天，這時候節目自也隨之結束。退休淡出未必是年齡使然，主持的興趣減低也是可能原因。

此外，由於不少電台主持工作只是兼差，主持人另有正職，如果兩者不能兼顧，當事人也可能在顧全原工作的考量下離去。例如行政院人事行政局曾經表示，公務人員不宜主持常態性廣電節目，如果此一原則確定，許多身兼主持工作的公務員就必須通通停掉節目。當然，邏輯上有另一種可能，就是主持人可以辭去公務工作專心主持節目，不過除非先從公家機關退休，不然大概沒人會這麼做。除了公務員，民意代表應不應該主持節目也引起許多討論，有人認為媒體負有監督政治人物的責任，因此民意代表涉入媒體，等於球員兼裁判，於理不合，而且也可能因此怠忽民意代表的職責。不過這些樂於藉由主持節目來增加曝光、宣揚理念的的民意代表們當然另有主張，往往勇

於為自己辯護。如果社會輿論對於民意代表不應該主持節目形成共識，當事人也從善如流，那麼這也會造成原本節目的中止。

其次是與同仁不合。所謂的同仁包括了電台的共同主持人、經理人員、企劃人員與音控人員等。主持人可能因為在合作過程中有些不愉快而決定求去，使節目生變。多半主持人會先尋求方法改善，例如溝通、更換搭檔人員等等，迫不得已，只有自己走人。

第三是另有高就。主持人可能有了更好的出路，包括跨足電視、找到酬勞更豐厚的新東家等，而必須告別原節目，甚至原電台。

另有高就的情況發生時，開誠布公應該最能皆大歡喜、賓主盡歡，刻意隱瞞反而不好。在此舉出兩個實例：有一位記者出身的飛碟電台主持人，因為被電視新聞頻道看中，即將成為新聞主播，且由於時段有衝突，無法兼顧原主持節目，當事人事先就據實以告，準備辭去電台主持工作，結果電台經理人特別幫她調整節目時段，於是該主持人可以在擔任電視主播的同時，繼續快樂的電台生涯，而電台也可以留住一個好主持人，兩邊都歡喜。另一則同樣發生在飛碟電台的實例則剛好相反，一位知名作家級的主持人已經決定跳槽到別家電台，並且與對方談妥條件，但是卻遲至簽約記者會的前三天（中間還隔了周六、日），才發出一紙輕薄的傳真函告訴原電台，讓人猜不透這種作風的好處何在，結果當然搞得氣氛不太愉快。其實天下本無不散的筵席，因此主持人的來來去去沒什麼了不起，與其刻意隱瞞，實在不如開誠布公，好聚好散。

節目變動還有其他因素，一併歸納為第三類。例如高階主管因一己喜惡逕行指示等。至於道理何在，只有下指令的高階主管心中清楚。總之，不外乎一些私人的恩怨情仇，多半不足為外人道，怕的是主持人自己也搞不清楚，只能坐視節目與忠實聽眾的權益一起莫名其妙的冤死。不管你節目做得多用心，畢竟生殺大權在他人手中，怎能不信形勢比人強？

　　以上所列的十項只是造成電台節目更迭的常見類目，讓對節目生死學感到好奇的人能夠有初步的瞭解；在電台的實際運作上，還可以發現更多的奧妙，每一類目也會有更豐富的內涵。不管是一般廣播人還是電台決策主管，如果都能對於前述的節目生死學多一點思考，對其他人的立場多一點瞭解，一定能夠讓自己的工作更加圓滿。

第十九章

收聽率面面觀

一、細説收聽率眞相

一九九三年政府重新釋出電波頻率，使電台數目從原本的三十二家，一下子激增爲近兩百家，這麼多新電台投入台灣小小的天空市場，不免帶來了高度的競爭。對聽眾來講，競爭往往帶來更多的選擇與更精彩的節目，當然是件好事；但是對電台經營者來講，在這劇烈的競爭之中想要冒出頭，可就是一項挑戰，他們除了要挖空心思、更認眞地製作好節目，還要絞盡腦汁、設法把這些節目推銷出去，否則再好的節目如果沒有人聽，也是白忙一場。

在五花八門的推銷手法裏面，電台收聽率是特別有趣的一項，因爲收聽率的調查分析報告裏面往往有不少「玄機」，使深諳其道的電台只要取得一點小成績，就可以大大發揮，利用這些調查數據，來對不同的對象傳達不同的訊息。收聽率等市場調查原本是瞭解聽眾的良好科學方法，在此卻變成宣傳工具。調查報告的宣傳對象與傳達訊息，可以簡單分爲三類：

1. 對於現有聽眾：調查數據的作用是強化他們的忠誠度，傳達的訊息是：你現在收聽的是最好的電台，不必再考慮其他選擇了。

2. 對於電台想要開發的新聽眾：調查數據的作用是說服他們收聽，傳達的訊息是：周遭的多數人都在聽了，你也該聽聽看。

3. 對於有錢的大爺——廣告客戶：調查數據的作用是吸引他們拿出廣告預算，傳達的訊息是，這麼多人收聽本電台，來購買廣告保證成本低廉、效果宏大。

　　正因為要滿足上述任務，有些電台在真實成績不夠理想的情況下，不免利用撰寫收聽率調查分析報告時，巧用玄機。這些分析報告常會造成電台間的爭議，老電台裏的權威中廣與新電台裏的龍頭飛碟，就曾經為了這些爭議鬧上報章媒體，公說公冠軍，婆說婆領先，使聽眾不免納悶：怎麼收聽率第一這麼多？收聽率的玄機可以分為兩類，一類是調查方法上的玄機，一類是表現方法上的玄機。

　　在調查方法上，舉凡問卷設計、調查時間與抽樣方法，通通可以動手腳。在問卷設計方面，最常見的花招就是引導答題，例如本來應該問「你平常收聽的電台是什麼電台？」加上一句引導的話，可以變成：「在現代都市生活的吵雜喧囂中，你通常收聽什麼電台？」使選擇音樂性電台的聽眾增加、選擇談話性電台的聽眾減少。

　　調查時間上，也可以利用對自己最有利的時間進行調查，例如音樂性電台的夜間收聽率可能會比較高，新聞性節目多的電台在發生重大新聞議題時收聽率也會提高，在這些時間進行市調，結果通常比較好看。

　　抽樣上，包括抽樣地區、年齡等項目，都可以視喜好自行挑選，例如將聽眾年齡層鎖定在中高年齡層的電台，抽樣時可以取巧把年紀控制在二十至六十歲；至於以新興人類為對象的電台，就會把抽樣年齡向下擴展為十五至五十歲，以加重自己聽眾的計算比例。

　　此外，在留置問卷與電話調查等技術上，留置問卷是把問卷置放於受訪者家中，請他每天填寫，市調公司按周或按月去回收；電話調查則是透過電話，瞭解受訪者昨日的收聽情形。留置問卷法的缺點是受訪者常常會趕在回收前的最後幾天才一併填寫，由於許多不具收聽忠誠度的聽眾都是隨意找節目收聽，也不太留意節目屬於那一家電台，當被問到收聽那一家電台時，可能連昨天的記憶都已經模糊，如果是隔了好幾天才填寫留置問卷，記憶更不清楚，因此講出來常常不是真正收聽的電台，而是比較有印象的電台，且多是存在已久的老電

台,這使留置問卷法對老電台比較有利。

至於呈現方法,也可以藉由加入各種形形色色的「條件」來誇大效果,製造一大堆收聽率第一:例如加入「地區」條件之後,從「全國收聽率第一」、「三大都會區第一」、「大台北地區第一」,甚至一直到「高雄市三民區第一」;加上「類別」條件後多了「音樂性電台第一」、「中功率電台大台北第一」或「某某電台收聽率第一」(把該電台在同一電波涵蓋區域的好幾個網或台通通加在一起算,真是團結力量大!);再加上「時間」條件,還有「第一季收聽率第一」、「五月份收聽率第一」,甚至「通勤時段第一」或「午間時段第一」;如果再加上「聽眾特質」條件,又可以增加「家庭主婦收聽率第一」、「企業中高階主管收聽率第一」,甚至「大專女學生收聽率第一」。如果有一個電台把上面這些條件全部拿來用,你可能就會看到這樣的收聽率第一:「小功率電台高雄市三民區四月份晨間時段談話性節目男高中生收聽率第一」。當然,宣傳時「電台名稱」與「第一」是強調的重點,其他部分不是在平面表現時字小一點,就是在聲音表現時念快一點或小聲一點,往往要刻意忽略掉。

除了這些,還有正面表現與反面表現,例如某電台有一爭議性節目,市調結果是百分之二十的受訪者支持該節目繼續播出,百分之四十的受訪者沒有意見,百分之三十的受訪者反對該節目繼續播出。當正面成績不理想時(只有百分之二十支持),反面表現卻可以製造出完全不一樣的效果,只要在分析時把「市調顯示,只有百分之二十的聽眾支持該節目繼續播出」(甚至可以說:反對者人數是支持者的一點五倍),變成「市調顯示,百分之七十的聽眾對於該節目繼續播出不表反對」(或說:不反對人數是反對人數的兩倍多)。像這樣將沒有意見也歸為不表示反對,玩弄文字遊戲,你能說有錯嗎?可是一來一往之間,意思幾乎南轅北轍。

對於上述的技巧略有所知後,下次在觀看電台收聽率調查分析報

告時，就能洞悉真相，而不會輕易被一大堆花招所迷惑了。如果還想進一步知道收聽率調查報告耍了那些玄機，最簡單的方法就是同時參照調查報告與原始問卷。很多市調往往只公布調查分析報告而不公布原始問卷，原因正是內有機關、不便出來見人。

當然，有些電台的調查報告使用上述的技巧，為的是特別強調某些部分，不一定就是蓄意灌水，例如甲電台以學生聽眾為主要訴求對象，特別強調他們在學生族群中的高收聽率，或是乙電台強調其收聽率在三大都會區第一，因為三大都會區人文薈萃，消費能力最高，強調此一聽眾結構有利於吸引廣告客戶，這些均無不宜。總而言之，只要在呈現調查報告時忠於真相，不刻意隱瞞添加的條件，都應該是可以接受的。最好的作法，還是在調查報告正文之外，把詳細數據與原始問卷當作附件一起提供，讓讀者聽眾能有充分的參考資訊，認清真相。

二、收聽率與收聽質

回顧收聽率的產生，早在二十世紀之初。當時電視尚未誕生，各家電台為了要爭取廣告主的青睞，無不任意強調擁有廣大的聽眾，直到一九二八年全美廣告人協會才著手針對如何客觀衡量聽眾數目進行研究，隔年並成立聯合廣播分析機構，這是最早的收視率調查機構。一九三六年，第一家獨立於電台與廣告主之外的市調公司CEH取而代之，開創市調公司時代。一九四二年，AC尼爾森公司（A C Nielsen）的前身興起，幾經發展，稱霸迄今。

近百年來，市調產業的結構雖然小有變化，在衡量技術上迭有演進，但是基本觀念卻一直不變——將收聽率與收視率看成廣告價格及節目成效的重要指標。

所謂的收聽（視）率，說穿了就是閱聽眾的比例。這個觀念一直欠缺深刻且合理的內涵，因為閱聽眾的比例高，並不一定就代表節目好，也不代表廣告的效果佳；此外，收聽（視）率何以變化、前因後果為何，都未有詳細解釋。但在缺乏其他可替代指標的情況下，廣播人、廣告人又急於「讓數據說話」，此一膚淺的數值終能一枝獨秀。

讓收聽（視）率廣獲接受本來已經沒有道理，現在卻從電台到電視台都以此為尊，隨之起舞，實在荒謬不已。

想要尋求解決，最重要的是讓全民認清收聽（視）率的空洞與膚淺。以巷道的行人流量來比喻，某條巷子今天走的人多，並不表示什麼，除非確實存在風景佳等合理原因。如果你不會因巷子多三個人走就想去走走，但卻會因節目收聽（視）率稍高而想瞧瞧，那麼原因無他：對收聽（視）率認識不清。

不容諱言，很多時候節目在宣傳上賣弄一點小噱頭，的確能引起不少閱聽眾的好奇，因此在當天提高一點收聽（視）率，但這不過是暫時的現象罷了，絕不持久。好奇不等於肯定，真正要得到閱聽眾的肯定，還是要看節目的內涵是否能契合觀眾需要。

閱聽眾要什麼呢？美國報紙上有一篇講寵物的文章，拿來作為比喻其實也很合適。這篇文章說，研究顯示，對飼主來講，養寵物有助於降低血壓、減少孤立感，並且帶來好心情；但是從另一方面來看，養寵物也不是全無壞處的，除了占用時間，有時候寵物還會帶來人畜共通疾病，厲害時甚至危及飼主的健康。不妨想想，如果在寵物店裏有一隻小動物，成天亂咬、鬼叫、發癲，你也許會因著好奇走近去多看牠兩眼，但絕不會為自己找麻煩，把牠帶回家裏養。這隻寵物鐵定有一些因好奇牠的變態而來的參觀率，但這代表受肯定嗎？當然不。

養寵物如此，閱聽節目其實也是如此。閱聽眾想要的，只是一點生活上的消遣、陪伴，自覺或不自覺的希望能鬆弛一下緊張的生活與工作情緒，帶來一些好心情，所謂的好節目就是如此而已。反之，如

果是誇大又病態的節目，也許會惹來一時好奇，但這種會增加緊張的節目，在正常情況之下當然不該被帶入家中。

其實不但三、五個百分比的收聽（視）率波動沒有意義，收聽（視）率本身也不過是個因變項數據而已。必須發展出真能衡量攸關觀眾偏好的自變項數據才有意義。既有的收聽（視）質（quality）正是其中之一。所謂的收聽（視）質，簡單說就是觀眾對收看節目的滿意程度。這當然是比收視率合理的指標，可惜過去大家陷於迷思，以為收聽（視）質叫好卻未必叫座，以為收聽（視）率高，觀眾多，廣告才好賣，因此逐強調收聽（視）率，輕看收聽（視）質。

美國的「行銷評估公司」（Marketing Evaluation Inc.）就決定改用收視值來替代收視率。在收視質的調查裏，要瞭解的不再是觀眾「收看過」哪一些電視節目，而是觀眾「最喜歡」哪一些電視節目。舉例來說，根據行銷評估公司公布的第一次收視質調查報告中，兩個原本收視率一樣高的電視節目，所得到的收視質差距卻相當驚人──其中一個高達41％（Discovery's New Detectives），另一個卻只有22％（USA Network's Pacific Blue），整整相差一倍！

根據美國哥倫比亞大學新聞學研究所附設「新聞學優質計畫」（The Project for Excellence in Journalism）的最新研究發現顯示，收聽（視）質或許才是長期而言能夠有效提升收聽（視）率與廣告價目的關鍵。

該項針對地方電視新聞的研究顯示：收視質居高的節目，收視率的成長都相當穩定。比較起來，以「煽色腥」（sensationalism）內容爭取一時績效的節目，收視率則都無法持久。在對收視質的表現加以分級之後，這項針對五十九家電視的地方新聞所進行的調查顯示，整體來看，收視質等級越高的新聞，收視率、廣告收入的長期提升越明顯。

這項調查還發現，許多電視台在收視質以及隨之而來的收視率上

取得的改進，常常是緊隨著高層主管的更動之後，似乎暗示了高層主管的不思改進，竟是阻礙收視質改良的主力，這點相當值得國內廣電媒體的主管們警惕與參考。

　　對於廣電媒體、觀眾與廣告間關係的研究，還有很長一段長路要走，才能真正釐清。哥倫比亞大學的收視質研究突破不過是個開始，但這畢竟是個打破收聽（視）率百年迷思的好開始。要杜絕收聽（視）率造成的媒體亂象，讓膚淺的收聽（視）率文化逐漸消聲匿跡，最好的方法實在是根本破除收聽（視）率的百年迷思，重新締造新指標！

第二十章

做好台歌台呼

　　很多電台經理人都苦惱於自己電台的收聽率不高，並且納悶為什麼少數電台能在激烈競爭中出線領先。說起來原因當然很多，但是絕對不是這幾家電台運勢好或聽眾偏心，也許可以先從台歌與台呼談起。

一、台歌台呼與行銷

　　在進入主題以前，必須先指出：一九九三年政府釋出電波頻率後，電台的數目大幅增加，呈現倍數成長，廣電市場彷彿進入戰國時代：一方面，原有的電台通通遭遇強大的挑戰，但是只有中廣、警廣等少數電台得以維持收聽率不墜；另一方面，新設的電台無不力爭上游，最後卻只有飛碟、大眾等區區幾家電台能嶄露頭角。

　　對於聽眾而言，在眾多的頻率與節目中想要找到一個適合的對象，其實也不容易，尤其令多數聽眾困擾的問題是：大多數的電台究竟有些什麼內容？特色何在？真是不甚瞭解，而且也懶得花時間去探究，於是在真正找到「最愛」以前，只好「隨波逐台」，調到什麼好聽的頻率就聽一聽。

　　明白了現實情況的複雜，就不難發現，任何電台想要吸引聽眾，首先必須要明確地為電台定位，然後讓聽眾知道你這個頻率是幹什麼的。否則電台自己對於定位都不清楚，怎麼能希望聽眾明白？當然，這個定位應該是聽眾喜愛的。有了合於聽眾需求的定位以後，還要想辦法讓定位清楚地傳達出去，這樣才能吸引來聽眾，這也就是電台行銷。

　　至於具體的行銷方法，原則上，應該透過「企業形象識別系統」，整合所傳達的訊息。行銷方法的類別，從所利用的資源來分，可以分成內部行銷與外部行銷。外部行銷包括購買電視、雜誌與報紙

等其他媒體的廣告，舉辦各類不同造勢活動等等，內部行銷則包括台內廣告與本文所要談的主題：台歌與台呼。

台歌是代表電台的歌曲，必須表現出電台的設台宗旨與定位；台呼則是電台的呼號，用幾句簡單的話，說出電台想讓聽眾知道的訊息，當然也必須與設台宗旨及定位有關。兩者相同的都是要強化聽眾對於電台的印象，不同的則是時間長度與相應的播出安排。

在強化印象上，台歌與台呼的功能一致：一方面要不斷提醒（甚至催眠）固有聽眾，讓他們牢牢記住現在收聽的電台，記得你的好；另一方面要留住那些恰好調到這個頻率的游牧聽友，讓他們不只能偶爾來相會，也能從此記住目前收聽的電台頻率。總之，電台人最忌諱的是存有本位主義，一廂情願地以為聽眾一定會知道你是哪家電台、內容為何、頻率多少。事實上，多數聽眾的常態剛好是：永遠似乎記得有某個電台或節目好像不錯，但是就是記不清楚到底是哪一個。

不可忘記的是：聽眾想要聽的是節目、歌曲，可不是廣告或台歌、台呼，而且由於廣播電台只能藉由聲音傳播，不能像電視般既有畫面、字幕，必要時還可以上下左右大打跑馬字串，因此時段的利用具有獨占性與排他性，格外珍貴。在此情況下，台歌因為有相當的時間長度，除非穿插在一般歌曲中，否則不太可能常常播放，只能在某些固定或特定時間播出，例如每天凌晨零時或台慶等特殊日子；台呼則因為時間長度比較短，可以每逢整點或甚至隨時播放，在行銷上的角色比較吃重。

二、實際案例的分析

好的台歌，最好可以在推出時就有流行歌曲的聲勢，然後還能像一些雋永的老歌一樣繼續被吟唱、不退流行，這樣才可以真正幫助聽

眾記住你的電台。新電台裏，飛碟電台的台歌「空中的夢想家」在推出上，算是成功的代表作，由於台歌歌名與電台的名稱及形象巧妙結合，讓很多人從此記住飛碟電台，對於日後飛碟電台的竄起發揮了相當大的幫助。值得一提的是，台歌的主唱者，原住民歌手「阿妹（張惠妹）」，當時還只是豐華唱片的新人，知名度不高，在這一波相互拉抬的造勢活動後也大紅大紫，締造了電台、台歌與歌手的「三合一」行銷成功典範。

老字號電台多半沒有台歌，不然就是或許曾有台歌，但是已經在漫長的歷史中失去色彩。不管是從來沒有台歌或台歌已經過時，其實老字號電台不妨思考全新或重新推出台歌，既可從中展現電台形象，幫助強化聽眾記憶，又能作為一次造勢活動。如果可能，把新的台歌列為電台週歲慶祝的系列活動之一，應該可以達成不錯的造勢效果，一方面可以幫助老聽友重溫往日的甜蜜情懷，一方面可以吸收新聽眾享受未來的日新月異。相信以電台的人力、物力資源，特別是與娛樂界、音樂圈的密切互動與深厚淵源，絕對可以找到歌詞、歌曲與歌手的「絕佳夢幻組合」，呈現十分精彩的表現。

好的台呼則應該清楚表現出電台的台名、宗旨、特色與頻率，隨時提醒（最好能催眠）聽眾。為了顧及上述要求，同時避免出現又臭又長的台呼，占據珍貴時段，不妨設計出一整套台呼，由數個風格相同、內容稍異而可以互補的台呼，在不同時段穿插出現：台呼之一強調台名與特色，台呼之一強調特色與頻率，台呼之一強調台名與頻率，交叉出現。

在各家台呼中，警廣電台的台呼「收聽警廣，掌握方向」系列，大概是最能表達電台宗旨與特色的，文字簡單，意味深遠，可惜少了頻率，讓很多駕駛人儘管知道警廣的好處是指引方向，有時候也很想收聽警廣的資訊，但在車上想調頻率時卻往往記不起來頻率何在。中廣過去則是以一句固定的台呼，搭配多種旋律，表現上相當活潑，但

是傳達的訊息相對有限，至少不可或缺的電台頻率這一要項就不在其內，這可能是因為受限於各地頻率不同，但並非無法克服，因此仍略嫌美中不足。新電台裏的台北之音，本來的台呼是「Very Taipei，Very Top！」相當的炫，但是同樣遺漏了頻率。曾經有市場調查顯示：台北之音的電台知名度相當高，但是許多聽眾搞不清楚電台頻率，所以台北之音在設計新台呼時特別強化了這一點，把頻率列了進去。台北之音的作法不僅透露出其經營電台的科學與用心，也從市場調查的客觀角度，顯示出了台呼的重要性。

前面提到，電台給聽眾的形象應該有所整合，並有一致性，才能重複地強化（並催眠）電台在聽眾心中的形象，因此台歌與台呼都必須反映出電台的形象。這本來是最基本的概念，可惜許多電台都沒做到這一點，往往只是弄出一些自以為很High的台歌與台呼，全然不顧是否與電台形象吻合。這樣的台歌與台呼本身或許很棒，但是整體而言對於強化電台在聽眾心目中的形象卻沒有幫助。舉例來說，如果有一家老資格的電台，節目中塞入不少教學性的單元，卻在台歌或台呼中大喊「我們的節目新，別人無法比」或「最酷的聲音，通通在這裏」，你認為聽眾會有什麼感受？對於強化電台形象有幫助嗎？恐怕很難。

飛碟電台的台呼也相當可取，不僅有許多同一系列的組合交叉出現，輪流呈現各項資訊，還搭配不同節奏，例如其中之一如下：「飛碟電台，FM92.1，就愛電你，UFO。」清楚點出電台名稱、頻率，還用了與飛碟頻率「92.1」有關的諧音「就愛電你」來加強印象。

坦白講，以上所提到的實在只是一些非常基本的行銷常識，而且只是在台歌與台呼上的一點小應用，可惜的是竟然有許多電台人忽略了這些基本工作，在台歌與台呼的設計上產生可以避免的小缺失，而且其中還不乏老字號的電台或新興電台中的新秀，令人訝異。

走筆至此，忽然想起一則聽自柴松林教授的小故事，忍不住想寫

出來與讀者分享。大名鼎鼎的柴松林教授好學甚篤，常常在演講中獻出一些珍貴心得，與聽眾一起分享；但是柴教授也每每感嘆於多數人不肯好好用功汲取新知，浪費寶貴的生命。有一次柴教授在家中又感嘆起大多數人的無心求知，恰巧被經過的柴夫人聽到，柴夫人很認眞地對著他說：「你在抱怨什麼？如果不是別人不求知，就憑你所念的那幾本小書，怎麼能到處教書、演講，勉強餬口？」柴教授想想也覺有理，從此對於不肯求知的人不僅不再感嘆或抱怨，還心存感激。由此看來，若干電台在台歌或台呼上，因一時疏忽所犯下的小缺點，其實正是保留給其他人一點貢獻的機會，值得廣播人心存感激。

第二十一章
電台主管機關

一、交通部與新聞局

在原定的八個梯次電波頻率剛剛釋出沒有多久，媒體就傳出未經證實的新消息：可能會有新一波的頻率釋出。這個還沒正式發布的消息，立刻引來了各方的討論。持贊成意見者認為，這是徹底的天空自由化，沒什麼不好；不過反對者則質疑，台灣天空不大，真的需要擠進來這麼多頻率嗎？他們並且援引日本為例指出，日本現制是一縣一家電台，卻沒聽說過頻率太少的批評。

新一波頻率釋出的背景與原因為何，固然值得探討，但是促成此一決定的決策單位與過程究竟潛藏了什麼問題，更值得廣播人深思。以下分別加以說明。

一九九三年，政府重新開放電台頻率申請，結束了電波資源的長期凍結。在開放初期，原有電台三十二家，後來幼獅電台與空軍電台先後繳回執照，退出市場。八個梯次開放了上百家新電台加入市場之後，帶來了激烈的競爭。但是天空開放的同時，也帶來了市場的失序：一方面許多新成立的電台，特別是小功率電台，紛紛大嘆電波發射範圍太小，廣告受限，生存不易；另一方面地下電台的氾濫與破壞市場的情況不但不見改善，反而越加嚴重。據估計，目前全台地下電台總數超過一百家，甚至有人認為逼近兩百家。

自稱經營陷入困境的小功率電台們，無不希望能將電波的發射範圍由原本的半徑五公里，最少擴大一倍成為十公里，以增加聽眾人數，提高廣告收入；中功率電台聞訊也希望跟進，把電波範圍繼續拉大。四出抗爭的地下電台則要求政府停止取締的行動，同時要求繼續釋出電波頻率；當其非法電波因為干擾了合法電台的播音而遭到檢舉，地下電台甚至動員群眾，包圍提出檢舉的亞洲電台等合法業者，

逕行施壓。

　　面對這一波波的壓力，交通部電信總局對外界表示，經過整理後應該還有可以釋出的頻率空間，技術層面上沒有問題。但新聞局則指出，小功率電台的定位本來就是社區服務而非營利，以廣告受限為由爭取擴大發射範圍並不妥當。至於應不應繼續釋出新的頻率，新聞局認為目前新成立的電台已經很多，在他們的運作還沒有上軌道之前，暫時不宜再度貿然開放，何況這些地下電台裏有不少是當初已經提出申請，因為條件不符才不能夠取得執照。

　　對小功率電台與地下電台來講，交通部的說法給了他們希望，但新聞局的主張卻又讓他們被潑了一桶冷水。姑且不去分派進一步開放的是非，更令人好奇的是：怎麼交通部一言、新聞局一語，還鬧意見對立？讓人搞不清楚到底有幾個政府、誰才是主管單位。

　　事實上，依據廣播電視法的規定，交通部與新聞局都是主管單位。因為廣電法第三條規定：「廣播、電視事業及廣播電視節目供應事業之主管機關為行政院新聞局。電台主要設備及工程技術之審核，電波監理，頻率、呼號及電功率之使用與變更，電台執照之核發與換發，由交通部主管之 。」

　　該法第十條提到：「電台之設立，應填具申請書，送交新聞局轉送交通部核發電台架設許可證，始得裝設。裝設完成，向交通部申請查驗合格，分別由交通部發給電台執照，新聞局發給廣播或電視執照後始得正式播放。」

　　由上可知，交通部與新聞局各有所司，大致上，交通部主管技術及硬體，新聞局則主管節目軟體與事業經營，雙方還各掌握了「電台執照」與「廣播執照」的發放，形成雙頭體制。因為職司有別，所以當要求進一步開放的壓力傳來，交通部往往樂於扮白臉，反正只要技術上OK，鬆手了就好；但是新聞局則不能不扮黑臉、踩煞車，因為頻率釋出以後，市場競爭、業者生存與節目品管等，通通需要長期的

處理，一旦開頭亂了，後患無窮。

　　在第一個回合的角力中，小功率電台如願以償，得以擴大發射範圍，看起來似乎是交通部獲勝。由於交通部對外宣稱還有四十五個頻率可供申設調頻中功率電台，因此隨之而來的是否進一開放的問題，則成了第二波角力焦點。在此同時，想進一步擴張的中功率電台，與極力爭取合法化的地下電台，也各顯神通爭奪此一頻率資源。

　　從後來政府果然再度釋出電波頻率的結果看來，交通部在第二回合再度獲勝，新聞局又被逼退；而此一決定也等於宣告了中功率電台擴大涵蓋範圍的苗長夢想破滅。

　　對於這個結果，有人猜測是地下電台聯手透過立法委員施壓促成。當時擔任新聞局廣電處處長的洪瓊娟就曾經不諱言地公開指出，許多地下電台背後都有政治人物撐腰。也有業者認為，這是想要介入電台市場的財團施壓促成，因為這些財團想比照有線電視模式，也來個全台大整合，但是因為私下購併現有電台的行動既不方便又不順利，而且價格偏高，使他們轉而另謀蹊徑，乾脆直接透過政商人脈運作，讓政府再來一波頻率釋出行動，以便能以最低價格合法取得執照。這兩股勢力匯聚，威力已經驚人，更何況可能還有其他利益推手存在。

　　這些幕後運作的糾葛與決策的得失，我們在此先不探討，這裏更想關注的是形成決策的機制與決策過程。就負責決策的主管機關來看，交通部的意見連番壓過新聞局，是否象徵管硬體的比管軟體的來得高明？或是媒介技術比傳播內容更加重要？更引人深思的是，我國現行的這套「廣電黑白臉雙頭管理體制」究竟妥不妥善？或者明白一點的說，是不是「異形」？對於這個問題，在下一節將會先參考美國經驗，再看看相關改革方案。

二、催生通訊委員會

由於傳播媒體享有監督政治運行的「第四權」重要職能，衡諸世界各民主先進國家，在傳媒之管理上多有特殊設計，以獨立於政府之外的機構來負責，力求擺脫政府與政治的干擾。以常被人提及的美國為例，分配給政府的頻率由政府管理，至於分配給民間的頻率，則統一由獨立於政府行政機關之外的「聯邦通訊委員會」（Federal Communication Commission，通稱FCC）處理，事權統一。

美國聯邦通訊委員會設委員五人，同一政黨人士不得超過三人，均由總統提名，經參議院同意後任命，過程類同於聯邦最高法院法官，突顯出其地位的崇高與超然。在此一設計下，聯邦通訊委員會或許還不能完全擺脫外來干擾，但是絕對可以將外來干擾降到最低，從而使傳播事業能有正常的發展。

與美國相比，我國現行體制不僅政出多門，而且負責管理的層級偏低，容易受到壓力，二者均有不妥。更怪異的是：專門負責為政府發言美言的「政府化妝師」，與監督以批判政府為天職的媒體的「傳媒管理者」，這兩個原本應該對立的單位，竟然兩位一體，共同構成行政院新聞局，真是堪稱異形。雖然行政院後來另行指派發言人，但是基本矛盾仍未解決。難怪連新聞局自己都積極研擬，要仿效美國設立「通訊委員會」。

設立「通訊委員會」的風聲由來已久，學界早在多年前就提出呼籲。在一九九七年底，新聞局提出的具體構想是，在行政院底下設立「獨立超然」的「傳播委員會」，業務包括新聞局現有的廣電處、電影處、出版處業務，並將交通部電信總局業務內與廣播電視電波管理有關的部分也納入。委員會中，任一政黨不得占委員人數的二分之一以

上。一九九八年八月二十五日，行政院組織法研修小組進一步做成正式決議：將裁撤新聞局與交通部相關業務，另設「資訊通訊暨傳播委員會」，負責通訊監理與資訊事業管理。

一時之間，好像「傳播委員會」一成立，將政府部門的原有組織重新拼湊一下，目前所面臨到的傳播管理問題就能迎刃而解。如果真的這麼簡單，似乎過去的政府首長就顯得太遲鈍了，怎麼連這個也做不到？

可惜真的是先前的政府首長太遲鈍了，連基本功課都沒做好；不過問題也不是新設立一個機構這麼簡單。當前的資訊傳播問題，可以根據時間射線，簡略分為過去與外來兩個部分。在解決過去的問題上，傳播委員會成立以後，雙頭管理體制不再存在，政府化妝師與傳播事業管理者兩位一體的矛盾也可消除，這兩個簡單的問題大致上解決。但是此一委員會的層級比起原來並沒有提高多少，尤其根據新修改過的憲法，增加了立法院對行政院的倒閣權，行政院長的角色也比過去更像總統幕僚長，使行政院的獨立性降低，更容易感受到外界壓力。當行政院自己都難以獨立超然，其下的「傳播委員會」又如何獨立超然？如何避免政治人物或政商巨室的干擾，恐怕還必須多加思量。在執行上，過去要落實政策，往往必須藉助地方政府的協助，當遇上地方政府不配合或消極抵制時，成效就大打折扣。現在雖然已經有直屬的電信警察單位成立，但是與美國的聯邦通訊委員會相比，執法能力還是偏弱，有待加強。

由上可知，依照目前可看到的行政院這種純粹組織性規劃，在解決過去的問題上，只怕都還頗有不足，遑論未來？

趨勢分析家認為，在第四波資訊波的席捲下，二十一世紀將是資訊世紀，屆時電腦、電視、廣播，還有頻率、線纜、數位等原本分離的概念與工具，勢必都將匯整、合流、強化，並伴隨著大量資訊的產生與多元的傳輸，徹底改變人類的溝通方式，甚至整體社會組織。因

此如果說目前計畫中的「國家通訊傳播委員會」將成為未來最重要的政府單位，絕對不為過。

　　該怎麼樣迎接有如洪濤狂捲而來的第四波，使我們的國家在此一巨流中能居於領先，不致被沖刷落後，同時因勢利導，藉由資訊革命來使社會更臻於均富、平等與幸福美好，凡此種種，均為「國家通訊傳播委員會」無可推諉的重要工作，應該及早預為規劃，不容延緩。這牽涉了資訊通訊資源全民普享（或形成新的有產與無產階級）、市場開放與競爭公平、資源重分配、社會整體變遷等等重大議題。由於這些工作內涵兼具了龐大複雜與抽象未知等特性，其挑戰難度之高，必屬空前，絕不會因為政府掛出了類似的機關招牌就可畢其功於一役，值得全方位廣播人持續關心。

第二十二章
瞎掰當心觸法

一、國外電台瞎掰錄

在大眾傳播的發展史上，廣播電台的宣傳威力一向強大。正由於其宣傳威力強大，有些DJ的無心或有意的「瞎掰言論」，竟造成了許多轟動而有趣的事件，例如其中的「火星人來襲」事件就相當出名，堪為典範，幾乎所有的傳播研究者對此都知悉一二。

在一九三八年十月三十日的晚上八點，美國最大廣播網之一的哥倫比亞廣播網（Columbia Broadcasting System，簡稱CBS）播出「火星人來襲」（The Invasion from Mars）的廣播劇，虛構火星人來襲，全世界陷入危機的場景。雖然在此劇播出的一個小時之間，曾經前後四次提醒聽眾們：「故事內容純屬虛構」，但是該劇在空中播出之後，仍然造成多達一百萬人信以為真，引起不小的恐慌。這次事件雖然有一點誇張耍寶，但同時也十足展現了廣播的威力。北美洲的美國火星人事件落幕之後數年，南美洲的智利與秘魯兩個國家還分別重演了一次，同樣造成了恐慌，不一樣的是，南美洲的聽眾反應比較激烈，智利聽眾要求電台關門，秘魯聽眾則直接火燒電台。不管那種結果，都證明了廣播的驚人威力不分地域。

現在回顧起來，很多人一定會依憑其「後見之明」，以為當時「民智未開」才會如此聽信廣播之言。如果各位看倌也這麼想，可就錯了，因為一九九八年類似的故事還在美國重演，而且又引起一陣風暴，以事實證明了廣播的威力「一路走來，始終如一」。當然，這次故事的劇情稍有更動。

一九九八年十一月三日，美國期中大選當天，位於聖路易斯州的一家調頻廣播電台「KSLZ-FM」的DJ力奇史蒂芬先生（Rich Stevens），在其中午主持的電台節目中，呼籲聽眾趕快去投票，同時

別忘了把舊的二十元美鈔花掉，否則午夜鐘聲十二響之後，舊鈔票就會淪為不值錢的廢紙。

由於原來的舊版二十元美鈔因為不難偽造，美國財政部在一九九八年九月二十四日特別發行了新的二十元美鈔。一般民眾雖然知道有新鈔發行，卻不急著去兌換，因此手中仍有不少舊鈔。要知道，一張二十元美鈔折合成新台幣約六百多元，一個人如果持有十來張，價值就上萬元，雖然稱不上鉅額，但因為與自身相關，感覺必然格外重大，加上忽然聽到 KSLZ 電台傳來此一舊鈔即將於午夜作廢的「噩耗」，其驚惶恐慌、手足無措、忙著翻箱倒櫃到處搜尋舊鈔，還要火速將此一噩耗轉告各方親朋好友的悲慘狀況，大概不難想像。

更慘的是，當居民蒐集了一堆舊鈔，火速衝出家門去「血拼」（shopping），打算把舊鈔一舉花光時，卻於奔波到商店之後，才意外發現舊鈔已經慘遭商店拒絕往來！——其實這倒不算意外，試想，如果您是商店老闆，才聽說舊鈔即將作廢，馬上就看到一波波人群拿著舊鈔來消費，這種生意您做不做？賠錢生意，當然不做。

於是奔走多時的居民，連同自己也有舊鈔的商店老闆，只好不約而同地趕赴銀行報到。反正誰都可以拒收，銀行總不能也拒收吧？可憐的是銀行櫃員們遭此「橫禍」，一時之間忙著換錢算錢，忙到手都發軟。

當此流言漫天飛舞的時候，自然也有少數中流砥柱的睿智人士企圖查證消息真假。問題是向誰查證呢？放出消息的電台自然是對象之一，於是短時間內就有數千電話湧入，查證消息的真實性；主其事的聯邦政府機構也不免接到驚人的電話量。可惜一般人為免破財，還是「寧可信其有，不可信其無」，於是當地的聯邦政府機構只好為此緊急發布聲明，確保不管鈔票多麼破舊，所有發行過的美鈔都永遠有用而且不會貶價，美國政府也從未回收舊鈔票。聯邦政府還對當地銀行廣發通知，要他們向登門的居民們重申舊鈔仍然可以通用。在此同時，

聯邦政府也立即向電台查證此一消息的來源。

　　眼看各方交相前來關切、指責，風波越捲越大，事態嚴重，KSLZ電台下午也立刻透過廣播向聽眾發表更正聲明，同時鄭重道歉，於是這場「美鈔事件」才慢慢平息下來。儘管居民怨聲四起，美國財政部發言人史卡洛（Howard Schloss）卻只能無奈地表示，KSLZ廣播電台的作法雖然造成民眾困擾，但是並不違反任何法令（there is no law being broken）。

　　看到這裏，相信各位讀者，特別是具有電台主持人身分的讀者，一定都非常好奇：播出廣播劇引起誤會也就罷了，到底是聽眾自己會錯意，像「美鈔事件」中的DJ擺明了是在廣播電台的節目中瞎掰胡謅，雖然本來可能只是隨口說說，並無惡意，但卻造成民眾雞飛狗跳，這樣竟然都還不算犯法？那麼在中華民國台灣地區比照著掰一掰、玩一玩，也來一段火星人入侵或對岸武力犯台的「現場實況轉播廣播劇」，或者是宣布新版的新台幣因為出現大量偽鈔，即日起停止使用，這樣開玩笑行不行？

二、台灣的相關法律

　　學理上，對於這類瞎掰胡謅的偽造新聞（hoax），一些傳播學者認為，媒體有其社會責任，在新聞的為與不為之間，有幾項判斷標準：第一，偽造新聞是否寓有危險與潛在的傷害性，或者只是博人一粲而已？第二，這則偽造新聞是否別有企圖與用心，還是純粹娛樂？學者們提出的這些判斷標準看似合理，但是真要落實可不容易。首先，所謂「寓有危險」、「潛在的傷害性」與「別有企圖與用心」等都不容易證實，於是對於同一事件往往各說各話，結果不免你說他違背媒體責任、濫用媒體，他說你反應過度、限制媒體自由，難有定

論；其次，也是更重要的，學者提出的這些標準並不具有強制性，違背了也不會受罰。因此到底漫天瞎掰「偽造新聞」行不行，還是要回歸到法律面來看。

提到法律，首先別忘了我們身處法治的社會，因此不管您是DJ或是其他種類的各方神聖，各種言論本來就通通受民法、刑法等等的各種法令約束，這是各路想瞎掰逗趣的DJ好漢們千萬不能遺忘的，例如誹謗、詐欺等言論就都受法律約束，誹謗者不免挨告，詐欺者往往被檢舉，一些外包外製節目還曾因主持人涉及利用電台節目詐欺騙財而被檢察官起訴。此外，由於廣播的效力既迅速又宏大，如果DJ亂扯與股市有關的新聞，造成股價波動，就可能違反「證券交易法」。同樣地，DJ如果為了幫助參選的好友勝選，透過電台節目在選舉期間亂放消息，影響候選人選情，也可能違反「公職人員選舉罷免法」，吃上官司。總而言之，法律之前，人人平等，DJ自然也不例外。

除了一般的法律約束，既然廣播非常厲害，比起常人來當然要受到更多的規定限制，這些規定主要寫在「廣播電視法」裏面，相關規定包括了廣電法的母法、施行細則、廣播電視事業負責人與從業人員管理規則、廣播電視廣告內容審查標準等等，還旁及有線電視法及施行細則、電視廣告製作規則等等，可說是族繁不及備載。

根據廣播電視法第二十一條，廣播與電視節目之內容不得有幾項情形，其中與本文主題有關者主要包括三點，分別是第三款「煽惑他人犯罪或違背法令」，第五款「妨害公共秩序或善良風俗」，與第六款「散布謠言、邪說或淆亂視聽」。依此來看，我們的法律管的還真不少，幾乎無所不包、滴水不漏。以前述的「美鈔事件」為例，該DJ就同時觸犯了本條文的第五款與第六款，既散布謠言、混亂視聽，又妨害公共秩序，涉嫌違法；至於「火星人事件」雖已聲明「純屬虛構」，但仍不免因妨害公共秩序與混亂視聽而違反第五款與第六款。

　　話說回來，各位DJ們也不必太擔心，害怕自己講出去的話隨隨便便就因內容不夠眞實而淪爲謠言或混淆視聽，於是變成違法者。就筆者所知，在節目中不說錯話的DJ可還眞不多。事實上，廣電法的這些規定雖然因具有「模糊概括性」而可以普遍適用，但是就敝人所知，身爲廣播電視事業主管機關的行政院新聞局在此一方面還算聰明，很少認眞地引用這些規定去處罰一般的DJ言論，除非事態實在太嚴重，引起社會大眾的關注。一位在新聞局廣電處上班的公務員朋友也說，就其所知，近幾年根本沒有引用過，起碼在他任職至今沒引用過。

　　新聞局的所作所爲倒不難理解。試想，在地下電台此起彼落、群魔亂舞、縱情肆虐的此一時刻，合法DJ的一些無心說錯話的小毛病是不是看起來可愛多了？當然，既然法律清清楚楚寫在那裏，所以只要新聞局想要嚴辦，還是可以依法進行懲處，所以奉勸所有廣播人還是儘量不要以身試法。

　　對於違反廣電法規定者，新聞局可以依照廣電法第四十一條至第四十五條給予電台四類行政處分：首先是警告；再來是罰鍰；第三是要求停播一段時間；最後的絕招則是吊銷執照。厲害吧？當然，一般小錯誤多是警告了事，能受到罰鍰已經是難得的際遇了，通常電台到此一地步就會對DJ施壓，請其改進甚至走路，不會等到停播處分，更別說吊銷執照。

　　換個好一點角度來看，前述的這些廣電法規定難得被引用，也可以看成相關規定已經發揮了約束作用，所以廣電媒體及從業人員的行爲大致上都還能合乎要求，這豈不正是「有法不用，天下大同」的理想境界？

　　從聽眾的立場來看，對於電台所播送的內容，如果受到影響的關係人認爲播報內容有錯誤，或有其他意見，還可以要求平反。依據廣電法第二十三條：「對於電台之報導，利害關係人認爲錯誤，於播送

之日起，十五日內要求更正時，電台應於接到要求後七日內，在原節目或原節目同一時間之節目中，加以更正；或將其認為報導並無錯誤之理由，以書面答覆請求人。」

　　除了平反，關係人還可以依據前條文的第二款追究或求償，而且對象不只限於廣播人，還包括電台及其負責人：「前項錯誤報導，致利害關係人之權益受有實際損害時，電台及其負責人與有關人員應依法負民事或刑事責任。」就此而論，前述的外製外包節目如果真有詐欺情事，儘管電台往往宣稱這些節目是外製外包，而不是自己的節目，但是仍然難逃牽連，最少也有把關不嚴的責任，畢竟多數聽眾是因著電台的老字號或金字招牌而相信該節目及其主持人。萬一有受害者決定對電台一併提出告訴，後果恐怕不妙。

　　各位親愛的廣播人們，如果想要任憑性之所至，漫天瞎掰、娛樂聽眾、遊戲人間，或是打算「引進」火星人光臨台灣，測試一下國人的憂患意識，在此奉勸，除非自信事先已經讀熟相關的法律規定，確定能逍遙地遊走於法律之外，而且不會有憤怒的聽眾來火燒電台，否則還是安分守己一點，以免吃不了兜著走。電台負責人與經理人們也必須多多留意自家的廣播人們平常都在節目中談些什麼，內中是否藏有潛在的危機，不然一旦發生事端，莫名其妙冒出一把火燒向電台或是忽然吃上官司，可就來不及了。

第二十三章
聽眾豈是商品

一、商品閱聽人理論

　　當各位閱聽眾公子、小姐悠哉悠哉地翹著二郎腿、斜倚在客廳的沙發中，不可一世地欣賞著電視節目，或是正安逸地沈浸於電台傳出的優美空中旋律與磁性聲音時，可曾想過自己正被財大氣粗的媒體大亨給整批整批地賣了賺錢，卻還一點都不自知？

　　很多閱聽眾乍聽之下可能很不以為然，心裏想：誰賣誰呀？我明明好好地在這裏享受喜愛的節目，所費不多，娛樂不少，什麼時候被賣掉了？到底是誰在杞人憂天？莫名其妙地扯出一些駭人聽聞的言論來嚇唬人！可是偏偏就有一些頭腦構造與一般人不同的學者，不同凡響地提出了閱聽人悄悄被賣掉的醒世諍言，而且整套說詞還言之成理、邏輯嚴密，叫聽到的人難以反駁。最著名的學者首推提出此一「商品閱聽人理論」的史麥塞（Dallas Smythe）。

　　這些學者所說的商品閱聽人（commodity audience），顧名思義就是大眾傳播媒體的觀眾、聽眾及讀者等閱聽人（audience），通通被當成可以拿出來賣的商品（commodity），變成商品化的閱聽人，然後被賣給想買的顧客。

　　問題是誰會想買呢？商品閱聽人又是怎麼在不知不覺中被人賣掉呢？欲知詳情，必須從資本主義的運作講起。資本主義在歐洲興起後，商人想要藉由資本累積資本，也就是用錢滾錢，就必須先拿錢去設置工廠、購買原料、生產商品，然後販賣出去，換回更多的錢來。為了達到規模經濟，減低成本，最好還能大量生產。貨賣得越多，錢自然賺得越多。

　　商人有產品想要賣，消費者卻不一定買。萬一賣不出去，結果必然是生產多多，虧損多多，那就慘了。想要大家都來買你的貨，首先

必須提高知名度，讓人人都能知道其存在，然後還要進一步設法說服消費者來購買，讓他相信購買此一商品絕對可以滿足其需求，例如購買某皮鞋既耐用又好看，購買某醬油既好吃又便宜。為了促銷商品，有些商人甚至主動為消費者製造出原本不必要的新需求，例如消費者本不需買車、買鑽石，商人就要營造出一種氣氛，讓消費者去買他們原本不需要的商品，例如購買某廠牌汽車可以使男人更有成功的感覺，購買鑽石可以讓女人更像公主、更顯嫵媚，如此才能提高商品銷售率。

既然資本主義的運作邏輯如此，商人就需要一種機制，把他們生產出來的商品推廣給社會大眾，在這種情況下，腦筋動得快的人就想到發展並利用大眾傳播媒體，來幫助商人達到促銷商品的目的，更幫自己賺錢。

作法相當簡單，就是在大眾媒體上放置讀者想看的資訊，吸引讀者來看，讓他們成為媒體的忠實閱聽人。有了閱聽人之後，就可以憑此吸引急於促銷商品的商人合作，商人付錢給媒體老闆，媒體則提供時段或空間給商人，作為商品的廣告宣傳之用，讓商人有機會觸及閱聽人。在整個過程中，社會大眾先被變成閱聽人，自己同時變為商品，然後又被變為潛在的商品消費者。

必須特別強調的是：在此一交換過程中，商人提供的是金錢，媒體老闆提供的則是「閱聽人的閱聽時間」。關於這點，有兩個誤會時常發生，有必要加以說明：首先，有人會誤以為媒體提供的是廣告時段或空間，這是受到交換物的表象迷惑所致，不難釐清。試想，如果媒體雖有廣告時段或空間可以提供，但是卻沒有閱聽人，則商人還會願意出錢嗎？當然不會。由此可知商人購買的不是別的，正是閱聽人。正因如此，媒體的閱聽眾越多，商人願意支付的費用也越高，至於廣告時段或空間只是計價依據的單位。

其次，媒體出賣的只是閱聽人的閱聽時間，而不是整個閱聽人。

閱聽人以為自己觀看媒體時正在從事娛樂、享受休息，但是從媒體老闆的角度來看，卻是在為他們做工：閱聽人做的工就是花時間去閱聽，特別是閱聽與商品有關的廣告資訊，至於獲得的工資則是媒體所提供的資訊或節目。雖然閱聽人不自知，但是此一交易卻確實發生了，而且由於閱聽人只有時間被媒體轉賣掉，軀體還好好的在那裏，因此絕大多數的閱聽人根本不覺得自己被賣掉。

由於「閱聽人的閱聽時間」此一商品相當抽象而不具體，不像一般商品可以清楚看到並點收，因此為了確保提供廣告費的商人們，在與出賣閱聽人時間的媒體老闆進行交易時，能確保貨真價實、銀貨兩訖，甚至物超所值，而不會感覺付出廣告費好像拿鈔票丟到水裏，於是廣告公司與市場調查公司乃應運而生，專門幫出錢的商人們瞭解分析各種資訊，包括：各家媒體的閱聽率、不同媒體的閱聽人類別、各個時段（版面）的閱聽人特質、理想的廣告組合方式、最佳廣告表現手法、商品包裝設計、閱聽質調查，與廣告效果研究等等。

在廣告與市場調查公司的這些服務中，商人最先想知道的首推與閱聽人有關的分析，因為媒體所擁有的閱聽人實際數目乃是促銷商品的根本關鍵，關係到商品能不能透過媒體的廣告提高知名度、增加販售量。除此之外，閱聽人的類別與特質也極為重要，因為不同類的閱聽人在商人的心中，具有不同的價格，絕對不會等值。以廣播電台為例，新聞與評論性節目較多的電台，聽眾的社會經濟地位可能比較高，年紀也以中、壯年居多，通常這些人的消費能力強、消費額度也頗高；至於純粹播放流行音樂的電台，聽眾可能以學生為主，年紀較輕，消費能力雖未必弱，但消費額度相對有限。兩相比較，前一類閱聽人的閱聽時間在商人的心目中自然比較值錢。

一般而言，高所得、高購買力或信賴媒體程度較高的閱聽人，在商人心目中的價格當然也比較高，因此同樣的閱聽人數目以及相應的閱聽時間所能出賣的金額，自然隨著各家傳播媒體所擁有的閱聽人特

質而不同。除了閱聽人的自身特質之外，閱聽人閱聽時間的價格還受到商品特質與傳播媒體屬性的影響。就商品特質而言，各種商品對不同閱聽人的需求不同，也會影響價格。例如汽車商人固然偏愛聽眾社經地位較高的電台，但是流行音樂CD商人則可能選擇聽眾多為青年學子的電台。基本上，只要有足夠的聽眾，不管其特質如何，總能遇上對於此一聽眾群有興趣的商人來花錢下廣告；當然，對同一媒體之聽眾有興趣的商人越多，其廣告的價格也就越高，此乃僧多粥少之必然結果。

在媒體屬性上，媒體本身的屬性也會影響廣告所呈現的效果，因此閱聽人閱聽時間的價格也會隨著媒體的不同而有變化，例如電視、電台、報紙、雜誌與網路等等，均有不同的廣告價格。到目前為止，電視因有聲色兼具的優勢，仍然最受青睞，尤其無線電視因其傳輸電波的便利性，更是厲害。過去台灣只有三家無線電視台時，商人想在三台搶得廣告檔次，非常困難，廣告價格之昂貴也可想而知，連廣告業務人員都跟著水漲船高，不少商人為求檔次還要討好巴結他們。現在有線電視收視戶日漸增多，挾其閱聽人數目與獨特的定位，瓜分了不少廣告大餅，但短時間內仍難以動搖無線電視的突出地位。電波資源釋出後，因為競爭帶動了進步，整體聽眾增多，也使廣告收入上揚。網路是新興媒體，因上網人數增加快速，看好此一廣告新領域者頗多，不過也有人指出網路目前的傳輸速度加上其「隨意點選」的特殊屬性，將使廣告效果大打折扣。不管效果如何，其實網路對於販賣閱聽人時間的參與，絕對不是提供一個新的賣場如此簡單，網路所帶來的未來整合性才是重點，因為隨著技術進步，網路可能把電視、廣播、報紙等一一整合在一起，屆時如何利用整合媒體把閱聽人「綑」來賣、商人怎麼買，都充滿無限的想像，值得繼續觀察。

二、聽眾因應與倫理

　　面對媒體的「出賣行為」，閱聽人也不是全然無計可施。例如有研究者就認為，遙控器的發明，其實正是一種反擊，因為有了此一利器，閱聽人遂可以輕鬆跳躍於各頻道的精彩節目之間，光挑節目看，對廣告置之不理，等於享受了媒體提供的節目，卻不提供相應的廣告閱聽時間。對於遙控器所造成的威脅，商營媒體與提供廣告的商人也自有對策，這包括了「廣告節目化」、「節目廣告化」等策略。

　　「廣告節目化」指的是從廣告案的承接、設計到推出，都比照製作節目一般用心，於是承接廣告案時，首先應考慮閱聽人的喜好，受閱聽人歡迎者優先接受。在廣告設計上則應力求精彩好看，使之具有吸引力，而不是一如以往的直接單調，讓閱聽人望之生厭。廣告推出時段也要顧及閱聽人分布，投其所好，不可疏忽隨便。如此一來，廣告也是節目，當然可以減低閱聽人利用遙控器逃竄而去的頻率。

　　「節目廣告化」則是巧妙地在節目中加入廣告訊息。例如電視節目可以在選擇場景、道具時，刻意選擇某一商品品牌供劇中人物使用，電台則可以透過主持人「不經意提及」某一品牌商品，或者安排特定品牌商品的贈獎問答，於是透過此一品牌的重複出現，提高知名度、說服閱聽人使用等廣告目的即已達到，而且此一方法還可收效於不知不覺之間，避免閱聽人因對廣告排斥而產生效果減損的現象。把節目與廣告混淆的作法因為實在很不正大光明，我國法律特別加以約束，廣播電視法第三十三條即明訂：「電台所播送之廣告，應與節目明顯分開。」不過「明顯分開」究竟如何可以規範到何種程度，亦堪置疑，如果節目的劇中人物口稱某某品牌商品好，自屬違法，但是採取前述的「道具布景」為手段，恐怕不是法令管得到的。

　　提出「商品閱聽人理論」的學者，通常被歸類為「左派」，他們看待世事的角度，多半師隨提出「資本論」、大名鼎鼎的馬克思（K. Marx）。在馬克思等左派思想家的眼中，資本主義社會裏的主要關係，當然是資本家剝削勞動的工人大眾的階級對立關係，傳播媒體作為資本主義社會的建制之一，免不了此一主軸的制約。在他們看來，傳播媒體在資本主義社會中所扮演的角色，一方面是其本身就作為一種生產工具，使媒體資本家得以剝削媒體從業人員，另一方面則是作為其他商品資本家剝削勞工的幫兇，透過傳播媒體的節目來綑綁閱聽人，然後提供廣告，在商人提升銷售量時產生重要的協助。在此同時，商人與傳播媒體在出賣「閱聽人閱聽時間」上的合作，等於把作為閱聽人的社會大眾又剝削了一次，使他們自以為娛樂休息時卻不知不覺做了工（看廣告），達到雙重剝削的效果。

　　不管接不接受左派學者提出的另類看法，商品閱聽人理論仍具有極高的參考價值，特別當論及經營傳播媒體時所應該依循的倫理。所謂倫理，有些人總以為這是泛道德的高調，其實倫理乃是人與人之間想要長久相處所應該具有的良性關係。從倫理的角度來思考，電台等傳播媒體應該怎麼看待聽眾？如果聽眾只被看成生財手段，那麼長久下來，這種經營理念能夠獲得聽眾的認同嗎？政府又為什麼要把屬於全民所有的電波資源，交由這種只想賺錢的人去經營？除了倫理議題之外，商品閱聽人理論生動呈現出，傳播媒體確實面對雙元市場，一方面是聽眾市場，另一方面則是廣告市場，這種特性使其與一般廠商只要面對單一市場的處境不同，即使從右派的經濟學理論來看，這個議題也是新興的媒體經濟學最感興趣的研究重點之一。

參考書目

Albarran, Alan B.（1997）, "*Management of electronic media*", Belmont, CA: Wadsworth Publishing.

Hausman, Carl, Philip Benoit & Lewis B. O'Donnell（1996）, "*Modern radio production*", Belmont, CA: Wadsworth Publishing.

Lacy, Stephen & Broadrick Sohn A.（1993）, "*Media management: a casebook approach*", Mahwah, N.J.: L. Erlbaum Associates.

Pringle, Peter K., Michael F. Starr & William E. McCavitt（1995）, "*Electronic media management*", Boston: Focal Press.

Picard, Robert G. （馮建三中譯）（1994），《媒介經濟學》，台北，遠流。

Redstone, Summer（陳宜君中譯）（2002），《贏家的三種激情》，台北，大塊文化。

Sillbiger, Steven（張禹治中譯）（1995），《MBA十日養成計畫》，台北：時報。

Acuff, Dan & Robert Reiher（汪仲中譯）（1998），《兒童行銷》，台北：商周。

Halper, Donna（張淑華中譯）（1997a），《廣播音樂節目導播》，台北：廣電基金。

Halper, Donna（呂美莉中譯）（1997b），《全方位廣播電台——社區節目設計》，台北：廣電基金。

Roberts, Ted（詹懿廉中譯）（1997），《廣播電台促銷實務》，台北：廣電基金。

朱全斌（中譯）（1989），《現代廣播製作學》，台北：正中。

行政院新聞局（1997），《廣播電視白皮書》，台北：行政院新聞局。

行政院新聞局（2001）（編印），《新聞法規彙編》（上冊），台北：行政院新聞局。

行政院新聞局（2001）（編印），《新聞法規彙編》（下冊），台北：行政院新聞局。

行政院新聞局（2003），《廣播電視白皮書》，台北：行政院新聞局。

祝鳳崗（1996），〈廣播電台行銷策略與規劃〉，《廣電人》，九月。

莊克仁（1996），《廣播節目企劃與製作》，台北：五南。

莊克仁（1998），《電台管理學》，台北：正中書局。

彭芸、關尚仁（主編）（2003），《新世紀媒體經營管理》，台北，雙葉書廊。

馮建三（1995），《廣電資本運動的政治經濟學》，台北：台研季刊社。

劉建順（2001），《現代廣播學》，台北：五南。

鄭瑞城等（1993），《解構廣電媒體》，台北：澄社。

賴祥蔚（1997），〈週休二日帶來的廣播新契機〉，《廣電人》，十二月。

賴祥蔚（1998a），〈「廣告節目化」讓廣播更好聽〉，《廣電人》，三月。

賴祥蔚（1998b），〈「國家廣播電台」經營策略芻議」〉，《廣播月刊》，三月。

賴祥蔚（1998c），〈淺談廣播聽眾市場的結構演變——以民國八十六年的大台北地區為研究案例〉，《廣電人》，四月。

賴祥蔚（1998d），〈細說電台收聽率調查報告的爭議與真相〉，《廣電人》，六月。

賴祥蔚（1998e），〈善用廣播，邁向勝選——從法規分析電台在大選中的角色〉，《廣播月刊》，六月。

賴祥蔚（1998f），〈行銷電台，從台歌與台呼做起〉，《廣電人》，九月。

賴祥蔚（1998g），〈一本價值百萬的書：電台營運計畫書〉，《廣電人》，十月。

賴祥蔚（1998h），〈誰才是理想的天空主宰？從電波頻道的再開放談起〉，《廣播月刊》，十月。

賴祥蔚（1998i），〈你不能不知道的電台行銷利器：媒體聯繫與造勢〉，《廣電人》，十一月。

賴祥蔚（1998j），〈節目生死學──電台如何決定節目更迭〉，《廣播月刊》，十一月。

賴祥蔚（1998k），〈漫天瞎掰？當心觸法〉，《廣電人》，十二月。

賴祥蔚（1999a），〈吸引你來聽，爲的是賣掉你──淺談有趣的「商品閱聽人理論」〉，《廣電人》，一月。

賴祥蔚（1999b），〈收視「質」突破收視率盲點〉，《中國時報》，九月十九日。

賴祥蔚（2000a），〈探索電視新聞節目的成功經營模式──從哥倫比亞大學「傑出新聞計畫」談起〉，《廣電人》，七月。

賴祥蔚（2000b），〈二○○○年台灣地區電台發展分析〉，《廣電人》，十二月。

賴祥蔚（2001a），〈廣播電台聯播策略的利弊分析──從飛碟聯播網的歷史談起〉，《廣電人》，四月。

賴祥蔚（2001b），〈從電台執照身價的拉高看聯播網的趨勢發展〉，《廣電人》，四月。

關尚仁（1996），〈新廣播電台經營策略剖析〉，收錄於楊志弘（1996），《新媒體經營策略》，台北：三思堂，頁55~74。

關尚仁（1996b），〈台灣地區廣播事業之現況及未來展望〉，《廣電人》，三月。

附　錄

——培養全方位廣播人

附錄一　廣播電台資料

中國廣播電台（1+9=10）

電台名稱	播音頻率		電台地址（網址）	電話
中國廣播公司 台北總台	AM 657 AM 954 AM 1062 AM 747	FM 103.3 FM 105.9 FM 96.3 （竹子山、 金門轉播 站）	台北市松江路375號 7樓 http://www.bcc.com. tw/	(02) 2501-9688 2500-5026 傳眞 (02) 2501-8545 2501-8631
中國廣播公司 台灣廣播電台	AM 720 AM 837 AM 1062 AM 909 AM 1413 AM 1152	FM 102.1 FM 106.9 FM 107.3 FM 103.9 FM 96.3	台中市忠明南路758 號35樓	(04) 2265-3366-201 傳眞 (04) 2265-3399
中國廣播公司 台南廣播電台	AM 711 AM 891 AM 1296 AM 1539		台南市永華路二段 248號19樓之5	(06) 298-8560 傳眞 (06) 298-8244
中國廣播公司 高雄廣播電台	AM 864 AM 909 AM 1224 AM 1449	FM 103.3 FM 105.9 FM 96.3	高雄市前鎮區中山 二路91號24樓之1	(07) 332-2889 傳眞 (07) 332-4538
中國廣播公司 嘉義廣播電台	AM 1035 AM 1350 AM 1467	FM 103.1 FM 104.3 FM 96.1	嘉義市吳鳳南路121 號	(05) 227-2190 (05) 223-8487 傳眞 (05) 223-5310
中國廣播公司 花蓮廣播電台	AM 855 AM 1188 AM 1386 AM 1467 AM 1116	FM 96.3 FM 102.1 FM 103.3 FM 105.7 FM 106.9	花蓮市水源街25號	(038) 322-095 (038) 322-115 傳眞 (038) 344-005
中國廣播公司 台東廣播電台	AM 819 AM 1008 AM 1413	FM 96.3 FM 102.1 FM 103.9 FM 106.9	台東市桂林北路52 巷23號	(089) 322-074 傳眞 (089) 324-910
中國廣播公司 宜蘭廣播電台	AM 1404 AM 1161 AM 630 AM 1062	FM 96.1 FM 102.1 FM 102.9 FM 103.9	宜蘭縣壯圍鄉古結 路8號	(039) 382-173 傳眞 (039) 383-293

中國廣播電台（1+9=10）

電台名稱	播音頻率		電台地址（網址）	電話
中國廣播公司 新竹廣播電台	AM 882 AM 1017 AM 1386		新竹市東光路55號9 樓之3	（035）712-276 （035）712-358 傳眞（035）718-513
中國廣播公司 苗栗廣播電台	AM 1161 AM 1413 AM 891	FM 96.1 FM 101.5 FM 102.9	苗栗市高苗里中山 路1008巷78號	（037）320-404 傳眞（037）337-224

警察廣播電台（1+6=7）

電台名稱	播音頻率		電台地址（網址）	電話
內政部警政署 警察廣播電台 台北總台	AM 1260 AM 1512	FM 94.3 FM 104.9	台北市廣州街17號 http://www.tpg.gov. tw/temp/road.htm/	總機（02）2388-8099 節目課轉5100 傳眞（02）2389-0656
內政部警政署 警察廣播電台 台中台	AM 702	FM 105.1 FM 94.5	台中市博愛街99號	（04）251-1911 （04）259-7178 （04）252-7162 傳眞（04）254-4415
內政部警政署 警察廣播電台 高雄台	AM 819 AM 1116	FM 93.1 FM 104.9	高雄市博愛四路455 號	節目組 （07）359-6600 服務台 （07）345-0333 傳眞（07）345-1122 （07）349-2123
內政部警政署 警察廣播電台 新竹台	AM 1116	FM 105.1	新竹縣竹北市嘉興 路1之1號	（03）550-0301-100 傳眞（03）550-3065
內政部警政署 警察廣播電台 台南台	AM 1314	FM 104.9	台南縣麻豆鎭南勢 里85之21號	（06）571-5428 傳眞（06）571-5427
內政部警政署 警察廣播電台 花蓮台	AM 990	FM 94.3 FM 101.3 FM 106.5	花蓮市府前路21之2 號	（038）228-801 （038）234-123 傳眞（038）234-100
內政部警政署 警察廣播電台 宜蘭台	AM 990	FM101.3	宜蘭市吳沙街110號	（039）281-116 傳眞（039）284-012

電台名稱	播音頻率		電台地址（網址）	電話
台北廣播電台	AM 1134	FM 93.1	台北市中山北路3段62號之2 http://www.tbs.tcg.gov.tw	(02) 2594-0038 (02) 2592-9532 傳眞 (02) 2596-2115
高雄廣播電台	AM 1089	FM 94.3	高雄市鼓山區新疆路90號	(07) 531-7183-5 傳眞 (07) 532-1759

電台名稱	播音頻率	電台地址（網址）	電話
行政院農業委員會漁業署台灣區漁業廣播電台	AM 738 AM 1143 AM 1593	高雄市前鎮區漁港北二路5號 http://www.tpg.gov.tw/org/a06/x04/index.htm#c2	(07) 841-5061 節目課 (07) 821-0293-30 傳眞 (07) 811-9161

台灣廣播公司（1+4=5）

電台名稱	播音頻率	電台地址（網址）	電話
台灣廣播公司台北總台	AM 1170 （關西轉播站） AM 621 （大溪轉播站）	台北市重慶南路3段21號11樓	(02) 2351-8001-6 傳眞 (02) 2321-6155
台灣廣播公司台北台	AM 1188 AM 1323	台北市水源路89號4樓	(02) 2369-3319-17 傳眞 (02) 2321-6155
台灣廣播公司新竹廣播電台	AM 810 AM 1206	新竹市高峰路506巷2號	(035) 223-046 傳眞 (035) 226-306
台灣廣播公司台中廣播電台	AM 774	台中縣大雅鄉橫山村永和路六甲巷1之6號	(04) 2560-3399 傳眞 (04) 2560-4489
台灣廣播公司中興廣播電台	AM 630 （松嶺轉播站） AM 963 （埔里轉播站） AM 1332	南投縣草屯鎮芬草路258之1號	(049) 333-319-22 (049) 333-369 傳眞 (049) 313-472

復興廣播電台（1+2=3）

電台名稱	播音頻率		電台地址（網址）	電話
復興廣播電台 台北總台	AM 558 AM 594 AM 909 AM 1089		台北市中山北路5段 280巷5號	(02) 2882-3450-3 傳眞 (02) 2881-8218
復興廣播電台 台中台	AM 594 AM 1089	FM 107.8	台中市南屯區春社 里中台路81號	(04) 2389-3683 (04) 2389-2509 傳眞 (04) 2382-4523
復興廣播電台 高雄台	AM 594 AM 846		高雄縣鳥松鄉澄清 路819號	(07) 370-2540 傳眞 (07) 370-6613

教育廣播電台（1+4=5）

電台名稱	播音頻率		電台地址（網址）	電話
教育廣播電台 台北總台	AM 1494	FM 101.7	台北市南海路41號 http://www.ner.gov.tw/	(02) 2388-0600 傳眞 (02) 2375-2388
教育廣播電台 彰化分台	AM 1494	FM 103.5	彰化市虎崗路5之1 號	(04) 724-4185 (04) 728-3488 傳眞 (04) 724-8124
教育廣播電台 高雄分台		FM 101.7	高雄市廣東三街380 號	(07) 723-9894 (07) 723-5040 傳眞 (07) 711-0032
教育廣播電台 花蓮分台		FM 97.3 FM 103.7 FM 100.3 玉里轉播站	花蓮市東興路457號	(038) 225-625 傳眞 (038) 225-771
教育廣播電台 台東分台		FM 102.9 FM 100.5	台東市勝利街76巷 30號	(089) 352-282 (089) 570-733 (089) 324-110 傳眞 (089) 328-690

電台名稱	播音頻率		電台地址（網址）	電話
財團法人中央 廣播電台	AM 603 AM 1422 AM 1008 AM 585 AM 900	AM 927 AM 1098 AM 1521 AM 747 AM 1206	台北市北安路55號	(02) 2885-6168 傳眞 (02) 2885-3215

正聲廣播公司（1+6=7）

電台名稱	播音頻率		電台地址（網址）	電話
正聲廣播公司	AM 819		台北市重慶南路1段66之1號7樓	（02）2361-7231 傳真（02）2371-5665
正聲廣播公司台中廣播電台	AM 657 AM 990		台中縣大里市中興路2段760號	（04）24873103-13 傳真（04）24860133
正聲廣播公司嘉義廣播電台	AM 855 AM 1260 （朴子轉播站）		嘉義市垂楊路17號	（05）222-4900 （05）222-4100 傳真（05）228-2570
正聲廣播公司雲林廣播電台	AM 675 （北港轉播站） AM 1125		雲林縣虎尾鎮水源路10號	（056）322-381 （056）322-055 傳真（056）335-278
正聲廣播公司高雄廣播電台	AM 1008 AM 1395 （大寮轉播站）		高雄縣鳥松鄉澄清湖澄清路838號	（07）731-6030 傳真（07）732-2468
正聲廣播公司台東廣播電台	AM 1269		台東市新生路380巷21號	（089）352-288 （089）322-644 傳真（089）340-871
正聲廣播公司宜蘭廣播電台	AM 1062		宜蘭市建軍路45號	（039）322-414 傳真（039）322-307

漢聲廣播電台（1+6=7）

電台名稱	播音頻率		電台地址（網址）	電話
漢聲廣播電台台北總台	AM 684 AM 936 AM 1116 AM 693 （桃園）	FM 106.5	台北市信義路1段3號5樓	（02）2321-5191 （02）2321-5053 傳真（02）2393-0970
漢聲廣播電台台中台	AM 1287 AM 1089 （雲林）	FM 104.5	台中市振興路178號	（04）2211-0473 傳真（04）2212-9243
漢聲廣播電台台南台	AM 693	FM 101.3	台南縣永康鄉復興路139號	（06）312-4660 （06）312-7611 傳真（06）313-4594

漢聲廣播電台（1+6=7）

電台名稱	播音頻率		電台地址（網址）	電話
漢聲廣播電台 花蓮台	AM 1359 AM 792	FM 104.5 FM 107.3 （玉里） FM 105.3 （台東）	花蓮市中正路643號	（038）334-872 （038）324-582 傳眞（038）347-482
漢聲廣播電台 高雄台	AM 1251 （鳳山） AM 1332	FM 107.3	高雄市左營區明德 新村40號	（07）583-5685 （07）587-0559 傳眞（07）581-2160 （07）583-7241
漢聲廣播電台 澎湖台	AM 846 AM 1269	FM 101.3	澎湖縣馬公市莒光 營區	（06）927-3210 （06）927-7100 傳眞（06）926-4725

電台名稱	播音頻率	電台地址（網址）	電話
民本廣播股份 有限公司	AM 855 AM 1296	台北市環河南路3段 325號6樓	（02）2301-3195 傳眞（02）2303-4701
天南廣播股份 有限公司	AM 999	台北市杭州南路2段 31號	（02）2341-5991 （02）2321-2388 傳眞（02）2397-2488
華聲廣播公司	AM 1152 AM 1224	台北市士林區華聲 街18號	（02）2831-5127-29 傳眞（02）2833-6458
中華廣播公司	AM 1026 AM 1350 AM 1233	台北縣三重市河邊 北街236號6樓	（02）2982-4510 （02）2971-2004 傳眞（02）2987-6231
國聲廣播電台	AM 810 AM 1179 （二林轉 播站）	彰化市溫泉路35號	（04）728-8105 傳眞（04）723-4246
先聲廣播公司	AM 774	桃園市中山路505號 16樓之1	（03）336-1969 傳眞（03）336-1850
天聲廣播公司	AM 1215 （蓬山轉播站） AM 1026 （苑裡轉播站） AM 1314	苗栗縣竹南鎮公義 路285號	（037）622-744 （037）624-869 傳眞（037）627-677
中聲廣播公司	AM 864	台中市光復路134號	（04）2222-3436 傳眞（04）2223-8948

電台名稱	播音頻率	電台地址（網址）	電話
建國廣播公司	AM 801 AM 954 AM 1422	台南縣新營市建國路78號	(06) 632-3116 傳眞 (06) 635-5138
勝利之聲廣播公司	AM 837 AM 1188 AM 756	台南市健康路1段22號	(06) 215-7524 (06) 222-3653 傳眞 (06) 215-7529
財團法人中國無線電協進會電聲廣播電台	AM 1071	台南市林森路1段149號15樓之11	(06) 238-1262-3 傳眞 (06) 238-1264
鳳鳴廣播公司	AM 981 AM 1161 AM 882 （澎湖轉播站）	高雄市九如二路492號	(07) 312-6133-5 傳眞 (07) 322-0971
成功廣播公司	AM 1044	高雄市中華三路63號	(07) 231-1118 (07) 231-1119 (07) 231-1110 傳眞 (07) 272-2847

電台名稱	播音頻率	電台地址（網址）	電話
民立廣播公司	AM 1062 AM 1287 （枋寮轉播站）	屏東市民生路57之20號	(08) 723-1919 (08) 723-1936 傳眞 (08) 723-1103
燕聲廣播公司	AM 1044 AM 1242	花蓮縣吉安鄉東昌村南濱路1段31號	(038) 537-641-43 傳眞 (038) 537-640
益世廣播公司	AM 1404	基隆市七堵區百三街75號	(02) 2451-1458 (02) 2451-7001 傳眞 (02) 2451-5180
基隆廣播股份有限公司	AM 792	基隆市忠四路13號12樓	(02) 2428-3321 (02) 2424-7552 傳眞 (02) 2428-2246
台北國際社區廣播電台	FM 100.7 FM 100.1	台北市松江路373號2樓 http://www.icrt.com.tw/	(02) 2518-4899 傳眞 (02) 2518-3666

第一梯次調頻中功率新電台

電台名稱	播音頻率	電台地址（網址）	電話
大眾廣播股份有限公司	FM 99.9	高雄市前鎮區民權二路6號34樓	(07) 336-5888　傳眞 (07) 336-4931
全國廣播股份有限公司	FM 106.1	台中市中港路2段1之18號10樓之1	(04) 2323-5656-131　傳眞 (04) 2323-1199
正聲廣播股份有限公司台北調頻台	FM 104.1	台北市重慶南路1段66之1號7樓	(02) 2361-7231　傳眞 (02) 2393-0970
台北之音廣播股份有限公司	FM 107.7	台北市杭州南路1段15之1號10樓B室	(02) 2395-7255-214　傳眞 (02) 2394-7855
勁悅廣播股份有限公司	FM 98.9	台北市南京東路5段108號6樓	(02) 8768-1989　傳眞 (02) 8768-1995
台灣全民廣播電台股份有限公司	FM 98.1	台北市羅斯福路2段102號25樓之一	(02) 8369-2698　傳眞 (02) 8369-2399
古都廣播股份有限公司	FM 102.5	台南市中華東路2段77號15樓之1	(06) 289-6333　傳眞 (06) 289-5707
東台灣廣播股份有限公司	FM 107.7	花蓮市中興路55號	(038) 224-816　傳眞 (038) 224-822
桃園廣播電台股份有限公司	FM 107.1	桃園縣中壢市中華路1段859號9樓	(03) 451-5636-42　傳眞 (03) 451-5852
台中廣播股份有限公司台中調頻電台	FM 100.7	台中市西區台中港路1段345號21樓 http://www.lucky7.com.tw/	(04) 2323-2233　傳眞 (04) 2329-9599
神農廣播股份有限公司	FM 99.5	雲林縣虎尾鎮北平路234號10樓	(05) 632-3469　傳眞 (05) 633-8603
新聲廣播股份有限公司	FM 99.3	新竹市建中一路37號19樓之1（鴻儒天下大樓）	(035) 572-8828　傳眞 (035) 728-659
每日廣播事業股份有限公司	FM 98.7	台中市西區五權路1之67號7樓之1	(04) 2371-2988　傳眞 (04) 2371-2999

第二梯次調頻中功率新電台

電台名稱	播音頻率	電台地址（網址）	電話
港都廣播電台股份有限公司	FM 98.3	高雄市三民區民族一路80號34樓之1	(07) 392-9983　傳眞 (07) 380-4224
台北愛樂廣播股份有限公司	FM 99.7	台北市東興路47號7樓	(02) 8768-3399　傳眞 (02) 8768-3397

第二梯次調頻中功率新電台（續）

電台名稱	播音頻率	電台地址（網址）	電話
快樂廣播事業股份有限公司	FM 97.5	高雄市苓雅區三多四路63號8樓之3	(07) 335-0553-155 傳眞 (07) 335-0551
南台灣之聲廣播股份有限公司	FM 103.9	高雄市苓雅區新光路38號38樓之1	(07) 535-1749 (02) 2366-8321 傳眞 (07) 347-9855
綠色和平廣播股份有限公司	FM 97.3	台北縣三重市重新路4段97號14樓之1	(02) 2973-0409 傳眞 (02) 2973-0317
蘭陽廣播股份有限公司	FM 107.3	宜蘭縣五結鄉中正路3段186號12樓	(039) 576-633 傳眞 (039) 576-399
大千廣播電台股份有限公司	FM 99.1	台中市北區學士路83號8樓	(04) 2202-5000 傳眞 (04) 2202-3000
寶島廣播股份有限公司	FM 100.3	嘉義市東區文雅街287號12樓之1	(05) 277-4206 傳眞 (05) 2767521
大苗栗廣播股份有限公司	FM 98.3	苗栗縣苗栗市上苗里站前1號16樓之3	(037) 270-776 傳眞 (037) 270-745
環宇廣播事業股份有限公司	FM 99.3	新竹市經國路1段675號6樓之3	(03) 543-9977 傳眞 (03) 543-7299
南投廣播事業股份有限公司	FM99.7	台中市南區忠盟南路760號37樓A1	(04) 22609997 傳眞 (04) 22609977

第三梯次調幅廣播電台

電台名稱	播音頻率	電台地址（網址）	電話
金禧廣播事業股份有限公司	AM 1368	高雄市裕誠路1091號12樓	(07) 553-8008 傳眞 (07) 553-6903
台灣區漁業廣播電台宜蘭轉播站	AM1593	高雄市前鎮區漁港北二路5號	(07) 841-5061

第四梯次調頻中功率新電台

電台名稱	播音頻率	電台地址（網址）	電話
金聲廣播電台股份有限公司	FM 92.1	高雄市苓雅區光華一路206號25樓	(07) 226-5699 傳眞 (07) 226-7768
飛碟廣播股份有限公司	FM 92.1	台北市羅斯福路2段102號25樓	(02) 2363-6600-355 傳眞 (02) 2369-7308

第四梯次調頻中功率新電台（續）

電台名稱	播音頻率	電台地址（網址）	電話
亞洲廣播股份有限公司	FM 92.7	桃園市中平路102號22樓之2	(03) 360-9207-133 傳眞 (03) 360-8729
雲嘉廣播股份有限公司	FM 93.3	嘉義市中山路617號9樓	(05) 229-0963 傳眞 (05) 229-0973
北台之聲廣播股份有限公司	FM 102.5	基隆市信義區深澳坑路2巷5號16樓	(02) 2466-5768 傳眞 (02) 2466-5767
宜蘭之聲中山廣播股份有限公司	FM 97.1	宜蘭縣羅東鎮公正路289之3號12樓	(039) 514-675-11 傳眞 (039) 514-853
台南知音廣播股份有限公司	FM 97.1	台南縣永康市中華路1之119號18樓	(06) 311-6999 傳眞 (06) 313-8124
好家庭廣播股份有限公司	FM 97.7	台中市忠明南路789號37樓	(04) 2261-3000-9 傳眞 (04) 2263-6433
省都廣播股份有限公司	FM93.7	南投縣草屯鎮芬草路233號	(049) 2306-688 傳眞 (049) 2306-689
新客家廣播事業股份有限公司	FM93.5	桃園縣平鎮市環南路411號16樓之1	(03) 492-8625 傳眞 (03) 492-8642
財團法人蘭嶼廣播電台	FM 99.5	台東縣蘭嶼鄉紅頭村漁人147號	(089) 732-073 轉230 傳眞 (089) 732-269

第四梯次調頻小功率新電台

電台名稱	播音頻率	電台地址（網址）	電話
美聲廣播股份有限公司	FM 91.5	桃園市中平路98號17樓之2	(03) 379-9737-9 傳眞 (03) 379-9778
人生廣播電台股份有限公司	FM 89.5	台南縣新營市民治路78之16號	(06) 656-9511 傳眞 (06) 656-9513
台東之聲廣播電台股份有限公司	FM 89.7	台東市四維路3段11號15樓	(089) 320-016 傳眞 (089) 347-530
財團法人佳音廣播電台	FM 90.9	台北市和平東路2段24號10樓	(02) 2369-9050-708 傳眞 (02) 2366-1370
愛鄉之聲廣播電台股份有限公司	FM 90.7	台南縣善化鎮民生路267號	(06) 583-1426 傳眞 (06) 583-1422
西瀛之聲廣播電台股份有限公司	FM 90.5	澎湖縣馬公市光復里海埔路35號1樓	(06) 926-5531 傳眞 (06) 926-5539

第四梯次調頻小功率新電台（續）

電台名稱	播音頻率	電台地址（網址）	電話
女性生活廣播股份有限公司	FM 91.7	台北市信義區信義路4段458號24樓	(02) 2658-4648 傳眞 (02) 2657-6177
新營之聲廣播電台股份有限公司	FM 90.3	台南縣新營市復興路301號17樓之6	(06) 656-8605 傳眞 (06) 657-0623
南都廣播電台股份有限公司	FM 89.1	台南市小東門路246號24樓之1	(06) 280-6575 傳眞 (06) 208-6576
嘉雲工商廣播股份有限公司	FM 88.9	嘉義市東區短竹里日新街195號21樓之2	(05) 275-6630 傳眞 (05) 275-6639
關懷廣播股份有限公司	FM 91.1	彰化市中正路2段543號	(04) 724-4909 傳眞 (04) 725-9013
台南之聲廣播電台股份有限公司	FM 92.7	台南縣永康市小東路689之98號19樓	(06) 312-2481 傳眞 (06) 313-1490
下港之聲放送頭廣播股份有限公司	FM 90.5	高雄市新興區德順街11號	(07) 226-7777 傳眞 (07) 226-0093
民生之聲廣播電台股份有限公司	FM 89.7	高雄市前鎮區文橫三路7號	(07) 332-1101 傳眞 (07) 332-1102
府城之聲廣播電台股份有限公司	FM 91.1	台南市林森路1段149號20樓之8	(06) 238-3738 傳眞 (06) 238-1941
淡水河廣播事業股份有限公司	FM 89.7	台北縣板橋市館前東路102號2樓	(02) 2961-2132 傳眞 (02) 2961-2137
新竹勞工之聲廣播股份有限公司	FM 89.9	新竹縣竹東鎮北興路2段11巷9號8樓	(03) 594-0911 傳眞 (03) 594-0143
鄉親廣播電台股份有限公司	FM 91.9	桃園縣桃園市中正路1247號21樓	(03) 326-6161 傳眞 (03) 357-2770
中台灣廣播電台股份有限公司	FM 91.5	台中市台中港路3段123號5樓之5	(04) 2358-4451 傳眞 (04) 23584-478
望春風廣播股份有限公司	FM 89.5	台中市忠明南路789號38樓	(04) 2261-2266 傳眞 (04) 2263-0399
山海屯青少年之聲廣播股份有限公司	FM 90.3	台中縣潭子鄉中山路2段135號10樓之1	(04) 2534-6633 傳眞 (04) 2532-4488

第四梯次調頻小功率新電台（續）

電台名稱	播音頻率	電台地址（網址）	電話
宜蘭鄉親熱線廣播電台股份有限公司	FM 92.3	宜蘭縣羅東鎮興東南路188號7樓之2	(039) 568-568 傳真 (039) 545269
金台灣廣播電台股份有限公司	FM 88.9	聯絡地址：高雄市三民區大昌二路121-8號5樓 屏東縣東港鎮興東里興東路206號7樓	(07) 385-1889 傳真 (07) 381-0910
大新竹廣播股份有限公司	FM 90.7	新竹縣竹北市縣政九路149號8樓	(03) 553-9007 傳真 (03) 553-8807
山城廣播電台股份有限公司	FM 90.7	南投市仁政街23巷49號	(049) 239-169 傳真 (049) 200-269
高屏廣播電台股份有限公司	FM 90.1	高雄市鼓山區明華路315號19樓之1	(07) 554-2106 傳真 (07) 554-6964
中部調頻廣播股份有限公司	FM 91.9	彰化縣和美鎮彰美路6段19之9號9樓	(04) 756-7005 傳真 (04) 756-7381
新雲林之聲廣播電台股份有限公司	FM 89.3	雲林縣斗南鎮建國二路155號9樓之5	(05) 596-6451 傳真 (05) 596-0538
竹塹廣播股份有限公司	FM 90.3	新竹市東香里新香街350號8樓	(035) 200-099 傳真 (035) 208-393
財團法人台北勞工教育電台基金會	FM 91.3	台北市北平東路24號7樓之6	(02) 2392-1055 傳真 (02) 2395-8506
新農廣播股份有限公司	FM 89.1	新竹縣竹東鎮中興路2段318巷32弄23號11樓之3	(035) 831185 傳真 (035) 825-678
草嶺之聲廣播電台股份有限公司	FM 89.7	雲林縣大智街33號1樓	(05) 537-6897 傳真 (05) 532-8722
濁水溪廣播電台股份有限公司	FM 90.1	雲林縣虎尾鎮北平路250號10樓	(05) 633-9962 傳真 (05) 633-9819
蘭潭之聲廣播股份有限公司	FM 90.9	嘉義市德明路73號19樓之2	(05) 281-5182 傳真 (05) 281-5183
鄉音廣播電台股份有限公司	FM 89.5	桃園縣楊梅鎮三民路2段86巷14號1樓 http://www.yesfm98.5.com.tw	(034) 819-900 傳真 (034) 812-200

第四梯次調頻小功率新電台（續）

電台名稱	播音頻率	電台地址（網址）	電話
日日春廣播股份有限公司	FM 88.9	基隆市仁愛區南榮路22號15樓之3	(02) 2424-7799 傳眞 (02) 2424-6622
亞太廣播股份有限公司	FM 92.3	桃園市中平路102號22樓	(03) 360-6749
北回廣播電台股份有限公司	FM 91.7	嘉義縣太保市前潭里後潭188之28號7樓之2	(05) 371-6149 傳眞 (05) 371-6343
自由之聲廣播電台股份有限公司	FM 91.5	台南縣仁德鄉後璧村德善路251巷7弄6號8樓之4	(06) 249-3769 傳眞 (06) 249-3768
大溪廣播股份有限公司	FM 91.1	桃園縣楊梅鎮青山五街21號10樓之15、16	(03) 496-1489
大武山廣播電台股份有限公司	FM 91.3	屏東縣林邊鄉中山路361號15樓	(08) 875-6450 傳眞 (08) 737-1515
屏東之聲廣播電台股份有限公司	FM 92.5	屏東市自由路450號13樓	(08) 736-2999 傳眞 (08) 875-6490
宜蘭之聲廣播電台股份有限公司	FM 90.7	宜蘭市思源里農權路2段91巷40弄9號12樓	(039) 330608 傳眞 (039) 329892
潮州之聲廣播電台股份有限公司	FM 90.9	屏東縣潮州鎮福康街19號11樓之2	(08) 789-3050 傳眞 (08) 789-0398
南屏廣播股份有限公司	FM 89.3	屏東市中山路187號7樓之1	(08) 766-5030 傳眞 (08) 732-9409
全景社區廣播電台股份有限公司	FM 89.3	台北市忠孝西路1段4號8樓	(02) 2759-6262 傳眞 (02) 2346-2006

第五梯次調頻小功率新電台

電台名稱	播音頻率	電台地址（網址）	電話
財團法人台北健康廣播電台	FM 90.1	台北市忠孝東路5段508號20樓	(02) 2728-2261 傳眞 (02) 2728-2262
花蓮希望之聲廣播電台股份有限公司	FM 90.5	花蓮市花崗街42巷1之5號6樓之1	(038) 320-463 傳眞 (038) 320-462

第五梯次調頻小功率新電台（續）

電台名稱	播音頻率	電台地址（網址）	電話
澎湖風聲廣播電台股份有限公司	FM 91.3	澎湖縣馬公市石泉里1之204號1樓	(06) 921-8111 傳真 (06) 921-8397
嘉南廣播電台股份有限公司	FM 91.9	台南市北區西門路4段271號8樓之1	(06) 282-7919 傳真 (06) 282-5919
財團法人台東知本廣播事業基金會	FM 91.3	台東市新生里20鄰四維路3段59巷8號12樓之10	(089) 351376
財團法人民生展望廣播事業基金會	FM 90.5	雲林縣北港鎮文化路37之24號14樓	(05) 783-0391
財團法人眞善美廣播事業基金會	FM 89.9	台中市西屯區青海路3段950號15樓之2	(04) 2462-4775 傳真 (04) 2462-4774
後山廣播電台股份有限公司	FM 89.7	花蓮市中福路96號	(03) 832-2333 傳真 (03) 836-2211
財團法人北宜產業廣播事業基金會	FM 89.9	宜蘭市延平路38巷38之4號7樓	(02) 2366-8287
財團法人太魯閣之音廣播事業基金會	FM 91.3	花蓮縣花蓮市中華路212號9樓之1	(038) 359321
曾文溪廣播電台股份有限公司	FM 89.9	台南縣善化鎮大信路65號11樓	(06) 581-0107 傳真 (06) 581-0094
財團法人澎湖社區廣播事業基金會	FM 89.7	澎湖縣馬公市中華路95號	(06) 927-0802 傳真 (02) 2369-7308
中原廣播股份有限公司	FM 89.1	宜蘭縣羅東鎮純精路452之3號13樓	(039) 558-899 傳真 (039) 560-096
嘉義之音廣播電台股份有限公司	FM 91.3	嘉義市大雅路1段209號10樓之1	(05) 277-8632 傳真 (05) 277-8408
財團法人中港溪廣播事業基金會	FM 91.3	苗栗縣竹南鎮文林街47號16樓之1	(02) 2369-8287 傳真 (02) 2369-9630
苗栗正義廣播電台股份有限公司	FM 88.9	苗栗縣苑裡鎮博愛路5號	(037) 860-777 傳真 (037) 860447

第五梯次調頻小功率新電台（續）

電台名稱	播音頻率	電台地址（網址）	電話
太平洋之聲廣播股份有限公司	FM 91.5	宜蘭縣羅東鎮公正路571號21樓	(039) 612-899 傳真 (039) 961-2897
財團法人苗栗客家文化廣播電台	FM 91.7	苗栗市水源里陽明山莊141號3樓	(037) 363-171 (037) 363-170 傳真 (03) 736-3170
鄉土之聲廣播股份有限公司	FM 91.7	高雄市民權二路378號21樓之3	(07) 536-1780 傳真 (07) 536-1820

第六梯次金馬地區調頻電台

電台名稱	播音頻率	電台地址（網址）	電話
金馬之聲廣播電台股份有限公司	FM 99.3	金門縣金寧鄉伯玉路1段240巷11號	(082) 322121

第七梯次調頻中功率新電台

電台名稱	播音頻率	電台地址（網址）	電話
嘉樂廣播事業股份有限公司	FM 92.3	嘉義市小雅路193號16樓之1	(05) 275-4020 傳真 (05) 275-4010
霞友之聲調頻廣播股份有限公司	FM 97.3	彰化縣彰化市平和里林森路173號12樓	(04) 761-9035 傳真 (04) 761-9015
天天廣播電台股份有限公司	FM 96.9	台中市忠明南路760號42樓	(04) 2265-8999 傳真 (04) 2265-8188
澎湖廣播事業股份有限公司	FM 96.7	澎湖縣馬公市石泉里1之204號2樓	(06) 921-8400 傳真 (07) 921-8397
凱旋廣播事業股份有限公司	FM 97.9	台南縣永康市中華路425號21樓之2	(06) 203-7979 傳真 (06) 203-1979
冬山河廣播電台股份有限公司	FM 105.5	宜蘭縣羅東鎮純精路452之1號13樓	(039) 565566 傳真 (039) 557-899
歡樂廣播事業股份有限公司	FM 98.3	花蓮市林森路196號3樓之2	(03) 833-7000
主人廣播電台股份有限公司	FM 96.9	高雄市苓雅區輔仁路155號17樓	(07) 771-0969 傳真 (07) 7711200
城市廣播股份有限公司	FM 92.9	台中市南區忠明南路758號28樓	(04) 2260-0210 傳真 (04) 2265-3981

第八梯次客語調頻電台

電台名稱	播音頻率	電台地址（網址）	電話
財團法人寶島客家廣播電台	FM 93.7	台北市羅斯福路2段91號17樓之2	(02) 2365-7202 傳眞 (02) 2365-9143

第九梯次指定用途調頻電台

電台名稱	播音頻率	電台地址（網址）	電話
地球村廣播股份有限公司	FM 92.5	台中縣豐原市圓環北路2段143號17樓之2	(04) 2515-5868
大漢之音調頻廣播電台股份有限公司	FM 97.1	苗栗縣頭份鎮信東路1之1號	(037) 667971 傳眞 (037) 681817
高屏溪客家與原住民母語廣播股份有限公司	FM 106.7	高雄縣大樹鄉九曲村九大路161號17樓	(07) 652-9506

第九梯次一般性調頻電台

電台名稱	播音頻率	電台地址（網址）	電話
竹科廣播股份有限公司	FM 97.5	新竹市光復路2段287號11樓之2	(03) 516-3975 (02) 2772-5975轉10
歡喜之聲廣播電台股份有限公司	FM 105.5	台中市台中港路1段242號6樓之1	(04) 2319-6768 傳眞 (04) 2319-8578
小太陽廣播電台股份有限公司	FM 89.1	台中市台中港路1段242號4樓之3	(04) 2328-3689 (04) 2328-3789
指南廣播電台股份有限公司	FM 106.5	台南市臨安路2段53號15-2	(06) 280-6815 傳眞 (06) 280-6780
青春廣播電台股份有限公司	FM 98.7	台南市臨安路2段53號15-2	(06) 280-8987 傳眞 (06) 280-6780
陽光廣播電台股份有限公司	FM 99.1	高雄市苓雅區自強三路3號21樓之7	(07) 566-6855 傳眞 (07) 282-8272
天鳴廣播電台股份有限公司	FM 90.5	苗栗縣竹南鎮博愛街57號7樓之2	(037) 550268
鴻聲廣播電台股份有限公司	FM 102.3	苗栗市勝利里19鄰金陽街30號6樓	(037) 361133 傳眞 (037) 371133

附錄二　相關法規

廣播電視法 (民國九十二年一月二十二日)

第一章　總則

第一條　（立法目的）為管理與輔導廣播及電視事業，以闡揚國策，宣導政令，報導新聞，評論時事，推廣社會教育，發揚中華文化，提供高尚娛樂，增進公共福利，特制定本法。

第二條　（名詞解釋）本法用辭釋義如左：

一、稱廣播者，指以無線電或有線電傳播聲音，籍供公眾直接之收聽。

二、稱電視者，指以無線電或有線電傳播聲音、影像，籍供公眾直接之收視與收聽。

三、稱廣播、電視電臺者，指依法核准設立之廣播電臺與電視電臺，簡稱電臺。

四、稱廣播、電視事業者，指經營廣播電臺與電視電臺之事業。

五、稱電波頻率者，指無線電廣播、電視電臺發射無線電波所使用之頻率。

六、稱呼號者，指電臺以文字及數字序列表明之標識。

七、稱電功率者，指電臺發射機發射電波強弱能力，以使用電壓與電流之乘積表示之。

八、稱節目者，指廣播與電視電臺播放有主題與系統之聲音

或影像，內容不涉及廣告者。

九、稱廣告者，指廣播、電視或播放錄影內容爲推廣宣傳商品、觀念或服務者。

十、稱錄影節目帶者，指使用錄放影機經由電視接收機或其他類似機具播映之節目帶。

十一、稱廣播電視節目供應事業者，指經營、策劃、製作、發行或託播廣播電視節目、廣告、錄影節目帶之事業。

第三條　（主管機關）廣播、電視事業及廣播電視節目供應事業之主管機關爲行政院新聞局（以下簡稱新聞局）。

電臺主要設備及工程技術之審核，電波監理，頻率、呼號及電功率之使用與變更，電臺執照之核發與換發，由交通部主管之。

前項主要設備，由交通部定之。

第四條　（電波頻率之規劃支配）廣播、電視事業使用之電波頻率，爲國家所有，由交通部會同新聞局規劃支配。

前項電波頻率不得租賃、借貸或轉讓。

第五條　（電臺種類）政府機關所設立之電臺爲公營電臺。由中華民國人民組設之股份有限公司或財團法人所設立之電臺爲民營電臺。必要時各類電臺得聯合經營之。

第六條　（軍用電臺之設立）軍事機關設立軍用電臺，其所用發射方式、頻率及呼號，由國防部會同交通部處理。軍用電臺節目之管理，準用本法之規定。

第七條　（電臺之停播與轉播特定節目）遇有天然災害、緊急事故時，政府爲維護公共安全與公衆福利，得由主管機關通知電臺停止播送，指定轉播特定節目或爲其他必要之措施。

第二章　電臺設立

第八條　（電臺之設立與分配）電臺應依電波頻率之分配，力求普遍均衡；其設立數目與地區分配，由新聞局會同交通部定之。

第九條　（空中教學與國際廣播之播放）為闡揚國策，配合教育要求，提高文化水準，播放空中教學與辦理國際廣播需要，應保留適當之電波頻率；其頻率由新聞局與交通部會同有關機關定之。

第十條　（電臺設立之申請程序）電臺之設立，應填具申請書，送由新聞局轉送交通部核發電臺架設許可證，始得裝設。裝設完成，向交通部申請查驗合格，分別由交通部發給電臺執照，新聞局發給廣播或電視執照後，始得正式播放。

　　　　電臺設立分臺、轉播站，準用前項規定。

　　　　廣播、電視電臺之設立程序、應附申請書格式及附件、營運計畫應載明事項等，由主管機關定之。

第十條之一　（申請書、營運計畫之補正）設立申請書或營運計畫經主管機關審查認有補正之必要者，應以書面通知申請人限期補正；屆期不補正或補正不全者，駁回其申請。

　　　　　　營運計畫於許可設立後有變更者，應向主管機關申請核准。

第十條之二　（申請電臺架設許可及電臺執照）經主管機關許可設立廣播、電視電臺者，應於許可設立後六個月內檢具電臺架設許可申請書，送請主管機關轉送交通部，經審查合格後，由交通部發給電臺架設許可證，並於完成架設後依規定申請電臺執照。

　　　　　　申請人於取得電臺執照後六個月內，應檢具申請書，向主管機關申請核發廣播或電視執照。

前項申請，經主管機關審查認有補正之必要者，應以書面通知申請人限期補正；屆期不補正或補正不全者，駁回其申請。

第十一條　　（電視增力機、變頻機及公共天線之設立）電視增力機、變頻機及社區共同天線電視設備設立辦法，由新聞局會同交通部定之。

第十二條　　（執照之有效期間）廣播或電視執照，有效期間爲二年，期滿應申請換發。

申請換發廣播或電視執照所繳交之文件，經主管機關審查認應補正時，應以書面通知廣播、電視事業限期補正；屆期不補正或補正不全者，駁回其申請。

換發廣播或電視執照申請書格式及附件等，由主管機關定之。

第十二條之一　　（審查申請換發廣播或電視執照應審酌事項）主管機關審查申請換發廣播或電視執照案件時，應審酌左列事項：

一、營運計畫執行情形、頻率運用績效評鑑結果及未來之營運計畫。

二、財務狀況。

三、電臺發射機及天線地點是否與核准者相符。

四、營運是否符合特定族群或服務區域民眾需求。

五、依本法受獎懲之紀錄及足以影響電臺營運之事項。

前項審查結果，主管機關認該事業營運不善有改善之必要時，應以書面通知其限期改善；屆期不改善或改善無效者，駁回其申請。

前項改善期間，主管機關得發給臨時執照，其有效期

間爲三個月，並以一次爲限。

第十二條之二　　（執照毀損、變更或遺失之換、補發）廣播、電視執
　　　　　　　　照毀損或所載內容有變更時，應於毀損或變更後十五
　　　　　　　　日內向主管機關申請換發；遺失時，應登報聲明作
　　　　　　　　廢，並於十五日內申請補發。
　　　　　　　　依前項規定補發或換發之廣播、電視執照，以原執照
　　　　　　　　之有效期間爲其有效期間。

第十三條　　（廣播電視事業組織負責人從事人員之資格）廣播、電視
　　　　　　事業之組織及其負責人與從業人員之資格，應符合新聞局
　　　　　　之規定。

第十四條　　（應經新聞局許可事項）廣播、電視事業之停播，股權之
　　　　　　轉讓，變更名稱或負責人，應經新聞局許可。
　　　　　　前項停播時間，除不可抗力外，逾三個月者，其電波頻
　　　　　　率，由交通部收回之。

第十四條之一　　（廣播電視事業發展基金之建立）廣播、電視事業經
　　　　　　　　營有盈餘時，應提撥部分盈餘充作提高廣播、電視事業水
　　　　　　　　準及發展公共電視之基金；其徵收方式、標準、及基金之
　　　　　　　　管理運用，另以法律定之。

第十五條　　（電臺設備標準及工程人員資格之規定）電臺設備標準及
　　　　　　廣播、電視事業工程人員資格，應符合交通部之規定。

第三章　節目管理

第十六條　　（節目分類）廣播、電視節目分爲左列四類：
　　　　　　一、新聞及政令宣導節目。
　　　　　　二、教育文化節目。
　　　　　　三、公共服務節目。
　　　　　　四、大衆娛樂節目。

第十七條　　（節目之內容標準與分配時間）前條第一款至第三款節目
　　　　　　之播放時間所占每週總時間，廣播電臺不得少於百分之四
　　　　　　十五，電視電臺不得少於百分之五十。

　　　　　　大眾娛樂節目，應以發揚中華文化，闡揚倫理、民主、科
　　　　　　學及富有教育意義之內容為準。

　　　　　　各類節目內容標準及時間分配，由新聞局定之。

第十八條　　（專業性電臺播放節目之分配）電臺具有特種任務或為專
　　　　　　業性者，其所播放節目之分配，由新聞局會同有關機關定
　　　　　　之。

第十九條　　（自製節目之比例及外國語言節目之規定）廣播、電視節
　　　　　　目中之本國自製節目，不得少於百分之七十。

　　　　　　外國語言節目，應加映中文字幕或加播國語說明，必要時
　　　　　　新聞局得指定改配國語發音。

第二十條　　（刪除）

第二十一條　（節目內容之禁止規定）廣播、電視節目內容，不得有
　　　　　　左列情形之一：

　　　　　　一、損害國家利益或民族尊嚴。

　　　　　　二、違背反共復國國策或政府法令。

　　　　　　三、煽惑他人犯罪或違背法令。

　　　　　　四、傷害兒童身心健康。

　　　　　　五、妨害公共秩序或善良風俗。

　　　　　　六、散佈謠言、邪說或淆亂視聽。

第二十二條　（偵查不公開原則）廣播、電視節目對於尚在偵查或審
　　　　　　判中之訴訟事件，或承辦該事件之司法人員或有關之訴
　　　　　　訟關係人，不得評論；並不得報導禁止公開訴訟事件之
　　　　　　辯論。

第二十三條　（錯誤報導之更正與責任）對於電臺之報導，利害關係

人認為錯誤，於播送之日起，十五日內要求更正時，電
臺應於接到要求後七日內，在原節目或原節目同一時間
之節目中，加以更正；或將其認為報導並無錯誤之理
由，以書面答覆請求人。

前項錯誤報導，致利害關係人之權益受有實際損害時，
電臺及其負責人與有關人員應依法負民事或刑事責任。

第二十四條　（評論之答辯）廣播、電視評論涉及他人或機關、團
體，致損害其權益時，被評論者，如要求給予相等之答
辯機會，不得拒絕。

第二十五條　（節目之審查）電臺播送之節目，除新聞外，新聞局均
得審查；其辦法由新聞局定之。

第二十六條　（節目之指定）新聞局得指定各公、民營電臺，聯合或
分別播送新聞及政令宣導節目。

第二十六條之一　（電視節目內容分級）主管機關應依電視節目內容
予以分級，限制觀看之年齡、條件；其分級處理辦
法，由主管機關定之。電視事業應依處理辦法播送
節目。

主管機關得指定時段，播送特定節目。

第二十七條　（節目時間表之核備）電臺應將其節目時間表，事前檢
送新聞局核備；變更節目時亦同。

第二十八條　（輸出輸入節目之許可）無論任何類型之節目，凡供電
臺使用者，其輸入或輸出，均應經新聞局許可。

第二十九條　（廣播節目之許可）電臺利用國際電信轉播設備，播放
國外節目，或將國內節目轉播國外者，應先經新聞局許
可。

第二十九條之一　（廣播電視節目供應事業之設置）廣播電視節目供
應事業之設立，應經新聞局許可，其節目內容及有

關管理事項準用第二十一條、第二十五條、第二十
八條及第三十四條之規定。

第四章　廣告管理

第三十條　　（播送廣告之許可）民營電臺具有商業性質者，得播送廣
告，其餘電臺，非經新聞局許可，不得爲之。

第三十一條　（播送廣告時間與方式）電臺播送廣告，不得超過播送
總時間百分之十五。

有關新聞局及政令宣導節目，播放之方式及內容，不得
由委託播送廣告之廠商提供。

廣告應於節目前後播出，不得於節目中間插播；但節目
時間達半小時者，得插播一次或二次。

廣告播送方式與每一時段中之數量分配，由新聞局定
之。

第三十二條　（廣告內容之禁止規定）第二十一條及第二十六條之一
第二項規定，於廣告準用之。

第三十三條　（廣告內容之審查）電臺所播送之廣告，應與節目明顯
分開；內容應依規定送請新聞局審查。經許可之廣告內
容與聲音、畫面，不得變更。

經許可之廣告，因客觀環境變遷者，新聞局得調回複
審。

廣告內容審查標準，由新聞局定之。

第三十四條　（廣告內容核准）廣告內容涉及藥品、食品、化粧品、
醫療器材、醫療技術及醫療業務者，應先送經衛生主管
機關核准，取得證明文件。

第三十五條　（電臺設備交由他人直接使用之禁止）廣播、電視事業
之負責人或其他從業人員，不得將電臺設備之全部或一

部，交由委託播送廣告者直接使用。

第五章　　獎勵輔導

第三十六條　　（獎勵事項）廣播、電視事業合於左列情形之一者，應
　　　　　　　予獎勵：

一、宣揚國策或闡揚中華文化，成績卓著者。

二、維護國家或社會安全，具有績效者。

三、辦理國際傳播，對文化交流有重大貢獻者。

四、推行社會教育或公共服務，成績卓著者。

五、參加全國性或國際性比賽，獲得優勝或榮譽者。

六、在邊遠、貧瘠或特殊地區，經營廣播、電視事業、
　　成績卓著者。

七、對廣播、電視學術有重大貢獻，或廣播、電視技術
　　有發明者。

前項獎勵規定，對廣播、電視事業負責人與從業人員及
節目供應事業準用之。

第三十七條　　（獎牌獎狀獎金之核給）前條之獎勵，除合於其他法律
　　　　　　　之規定者，依其規定辦理外，由新聞局核給獎牌、獎狀
　　　　　　　或獎金。

第三十八條　　（有關機關應予便利事項）電臺採訪新聞或徵集對業務
　　　　　　　有關之資料，有關機關應予以便利。

第三十九條　　（優先辦理事項）電臺委託或利用國營交通事業機構，
　　　　　　　傳遞新聞或電波信號時，得視需要優先辦理。

第四十條　　　（限制建築事項）電臺電波發射機天線周圍地區，因應國
　　　　　　　家利益需要，得由新聞局會同內政部、交通部劃定範圍，
　　　　　　　報經行政院核定後，函請當地主管建築機關，限制建築。

第六章　罰則

第四十一條　（處分種類）廣播、電視事業違反本法規定者，視情節輕重，由新聞局予以左列處分：

一、警告。

二、罰鍰。

三、停播。

四、吊銷執照。

第四十二條　（警告之處分）廣播、電視事業有左列情形之一者，予以警告：

一、違反第十條之一第二項、第十二條之二第一項、第十三條至第十五條、第十七條、第十九條、第二十條或第三十一條規定者。

二、違反第二十三條第一項、第二十四條、第二十五條或第三十三條第一項規定者。

三、違反依第二十六條之一第一項所定分級處理辦法者。

第四十三條　（罰鍰之處分）有左列情形之一者，電視事業處五千元以上、二十萬元以下罰鍰；廣播事業處三千元以上、三萬元以下罰鍰：

一、經警告後不予改正，或在一年以內再有前條情形者。

二、播送節目或廣告，違反第二十一條第三款至第六款規定之一或第三十二條準用第二十一條第三款至第六款規定之一者。

三、違反第二十二條、第二十七條至第二十九條或第三十四條規定者。

四、違反第三十三條第一項規定情節重大者。

五、未依第二十六條之一第二項或第三十二條準用第二
　　十六條之一第二項指定之時段播送節目、廣告者。

廣播、電視事業因播送節目或廣告受前項規定處分者，
得停止該一節目或廣告之播送。

第四十四條　　（罰鍰及停播處分）廣播、電視事業有左列情形之一
者，除處三萬元以上、四十萬元以下罰鍰外，並得予以
三日以上、三個月以下之停播處分：

一、一年內經處罰二次，再有前二條情形者。

二、播送節目或廣告，其內容觸犯或煽惑他人觸犯妨害
　　公務罪、妨害投票罪、妨害秩序罪、褻瀆祀典罪、
　　妨害性自主罪或妨害風化罪，情節重大，經判決確
　　定者。

三、播送節目或廣告，違反第二十一條第一款或第二款
　　規定者。

四、播送節目或廣告，違反第二十一條第三款至第六款
　　之一，情節重大者。

五、違反第三十條規定，擅播廣告者。

六、違反第三十五條規定者。

第四十四條之一　　（廣播電視廢止許可之情形）申請設立廣播、電視
事業者，於許可設立後，有左列情形之一者，主管
機關得廢止其許可：

一、違反第十條之一第二項規定，情節重大者。

二、未於取得設立許可六個月內申請電臺架設許可
　　證、未於電臺架設許可證有效期限內取得電臺
　　執照或未於取得電臺執照六個月內申請廣播或
　　電視執照者。

三、申請廣播或電視執照，經主管機關駁回者。

四、發起人所認股數變動達設立許可申請書所載預定實收資本額百分之五十以上者。

五、捐助財產總額或實收資本額低於廣播、電視設立申請書所載者。

第四十五條　（吊銷廣播、電視執照）廣播、電視事業有左列情形之一者，吊銷其廣播或電視執照：

一、播送節目或廣告，其內容觸犯或煽惑他人觸犯內亂罪、外患罪或懲治叛亂條例之罪，經判決確定者。

二、播送節目或廣告，其內容違反第二十一條第一款或第二款規定，情節重大者。

三、違反第四條第二項規定者。

四、違反主管機關依第七條或第二十六條所爲之規定者。

五、被處分停播期間，擅自播送節目或廣告者。

六、一年以內已受定期停播處分二次，再有違反本法規定情事者。

前項第一款情形，在判決確定前，新聞局得於報請行政院核定後，先予停播。

第四十五條之一　（未依法定程序架設設備之處分）未依法定程序架設電臺、轉播站或其他播放系統者，處三萬元以上、四十萬元以下罰鍰，並沒入其設備。

未依法定程序架設電視增力機、變頻機或社區共同天線電視設備者，沒入其設備。

前二項沒入處分，得請當地該管警察機關協助執行之。

第四十五條之二　（違反廣播電視節目供應事業設立之處分）違反第

　　　　　　二十九條之一之規定，經營、策劃、製作、發行或
　　　　　　託播廣播電視節目、廣告、錄影節目帶者，處三千
　　　　　　元以上、三萬元以下罰鍰，並沒入其節目。

第四十六條　（吊銷執照）依本法吊銷廣播或電視執照者，並由交通
　　　　　　部吊銷其電臺執照。

第四十七條　（罰鍰之強制執行）依本法所處罰鍰，受處分人延不繳
　　　　　　納者，得移送法院強制執行。

第四十八條　（停播與吊銷執照處分之執行）依本法所爲停播或吊銷
　　　　　　執照處分，受處分人抗不遵行者，得請該管警察機關協
　　　　　　助執行之。

第四十九條　（罰則之準用於從業人員）廣播、電視事業負責人與從
　　　　　　業人員及節目供應事業負責人與從業人員，違反本法之
　　　　　　規定或依本法所爲之規定者，得視情節輕重，準用第四
　　　　　　十二條或第四十三條之規定。
　　　　　　前項人員涉及刑事責任者，依有關法律處理之。

第七章　附則

第五十條　　（管理規則與電臺設備標準之訂定）本法施行細則、廣播
　　　　　　電視節目供應事業管理規則及廣播電視事業負責人與從業
　　　　　　人員管理規則由新聞局定之。
　　　　　　廣播電視事業工程人員管理規則及電臺設備標準，由交通
　　　　　　部定之。

第五十條之一　（規費收取）主管機關依本法規定受理申請許可、審
　　　　　　　查、核發、換發、補發證照，應向申請者收取審查
　　　　　　　費、證照費；其收費標準，由主管機關定之。

第五十一條　（施行日）本法自公布日施行。

廣播電視法施行細則（民國九十一年一月二日）

第一章　總則

第一條　本細則依廣播電視法（以下簡稱本法）第五十條第一項規定
　　　　訂定之。

第二章　電台設立

第二條　電臺之設立，應檢具電臺籌設申請書及營運計畫，向行政院
　　　　新聞局（以下簡稱新聞局）申請許可籌設。

　　　　電臺籌設申請書或其附件經新聞局審查認有應補正情形時，
　　　　應以書面通知申請人限期補正。屆期不補正或補正不全者，
　　　　駁回其申請。

　　　　電臺籌設申請書格式見附件一，電臺營運計畫格式見附件
　　　　二。

第三條　電臺籌設經許可後，申請人應依核定之營運計畫進行電臺籌
　　　　設事宜。

　　　　原核定之營運計畫有變更時，申請人應提出左列文件，向新
　　　　聞局申請核准變更：

　　　　一、營運計畫變更對照表及說明。

　　　　二、其他經新聞局指定之文件。

第四條　申請人應於取得籌設許可六個月內檢具電臺架設許可申請
　　　　書，送請新聞局轉交通部審查合格後，由交通部發給電臺架
　　　　設許可證。

　　　　電臺架設許可證有效期間為一年。必要時，申請人得於期限
　　　　屆滿前一個月內敘明理由，向交通部申請展期；展期最長不

得逾三個月，並以一次為限。

申請人於取得電臺架設許可證，完成機器架設並經交通部查驗合格後，應對電臺內部系統運作、電波涵蓋範圍及干擾評估進行測試，測試完成後，應向交通部申請複查。複查合格後，由交通部發給電臺執照。

前項測試，僅能發射測試用之測試音及檢驗圖，用以量測幅射電場強度、評估電波涵蓋範圍與電波干擾情形。

第五條　申請人取得電臺執照後，得對電臺內外系統連線整合、音質、影像及製作、發射、傳輸、接收等系統運作情況作試播。必要時，新聞局得要求提報試播計畫。

試播內容準用本法第二十一條之規定。

第六條　申請人應於取得電臺執照六個月內，檢具廣播或電視執照申請書，向新聞局申請核發廣播或電視執照。其屬民營電臺之籌設並檢具左列文件：

一、公司執照或財團法人登記證影本。

二、公司章程或財團法人捐助章程。

三、公司股東名簿及股東會會議紀錄。

四、董事、監察人名冊及董事會會議紀錄。

前項所繳交之文件，經新聞局審查認有應補正情形或繳交之文件內容與核定之營運計畫不符時，應以書面通知申請人限期補正。

廣播或電視執照申請書格式見附件三。

第七條　有左列情形之一者，新聞局得撤銷申請人之籌設許可：

一、違反第三條規定，未經新聞局核准變更營運計畫，情節重大者。

二、未於第四條第一項或第六條第一項所定期限內申請電臺架設許可證、廣播或電視執照者。

三、未於電臺架設許可證有效期限內取得電臺執照者。

四、未依第四條第三項或第四項規定測試者。

五、未依第五條規定試播者。

六、未依第六條第二項規定期限補正或補正不全者。

七、發起人所認股數變動達申請籌設許可時申請書所載預定實收資本額百分之五十以上者。

八、捐助財產總額變動低於電臺籌設申請書所載財產總額者。

第八條　申請電臺架設許可證，應載明左列事項：

一、電臺名稱及簡稱。

二、電臺類別、性質及目的。

三、電臺詳細地址、建築物面積及平面圖。

四、發射機電功率、安裝地點、天線系統圖暨預估電波涵蓋區域圖。

五、播音室、錄音（影）室、轉播機等設備及地點。

六、未來工程技術發展計畫。

七、臺址、轉播站、發射機及鐵塔平面圖。

八、其他經交通部指定之事項。

第九條　申請設立電臺實收之最低資本額如左：

一、電視事業：新臺幣三億元。

二、廣播事業：調頻廣播新臺幣五千萬元；調幅廣播新臺幣五千萬元。

申請設臺目的在服務特定群體、邊遠地區或促進地區性之發展，經提出合理說明者，其設立廣播電臺實收之最低資本額，得不受前項第二款規定之限制。但仍應符合公司法及其相關規定。

公營電臺須繳交核准資本額之證明文件並註明數額。

第十條　依本法第十二條規定申請換發廣播或電視執照，應於原執照
　　　　有效期間屆滿六個月前，向新聞局申請，其未申請換發者，
　　　　原領之執照期間屆滿，應即停播。

第十一條　依本法第十二條規定，申請換發廣播或電視執照時，應繳
　　　　　交左列文件：
　　　　　一、申請書一份。
　　　　　二、過去二年頻率運用績效報告。
　　　　　三、未來二年營運發展計畫。
　　　　　四、電波涵蓋區域圖。
　　　　　五、電臺執照影本及原廣播或電視執照影本。
　　　　　六、民營電臺檢具公司執照、營利事業登記證或財團法人
　　　　　　　登記證之影本及公司章程或捐助章程。
　　　　　七、民營電臺檢具公司股東、董事、監察人名冊及董事會
　　　　　　　會議紀錄。
　　　　　八、其他經新聞局指定之文件。
　　　　　前項所繳交之文件，經新聞局審查認有應補正情形時，應
　　　　　以書面通知電臺限期補正。屆期不補正或補正不全者，駁
　　　　　回其申請。
　　　　　換發廣播或電視執照申請書格式見附件四，過去二年頻率
　　　　　運用績效報告及未來二年營運發展計畫格式見附件五。

第十二條　新聞局審查申請換發廣播或電視執照案件時，應審酌左列
　　　　　事項：
　　　　　一、過去二年營運計畫執行情形及頻率運用績效評鑑結
　　　　　　　果。
　　　　　二、依本法受獎懲之紀錄。
　　　　　三、財務狀況。
　　　　　四、電臺發射機及天線地點是否與核准者相符。

五、營運是否符合服務區域民眾需求。

六、其他足以影響電台營運之事項。

前項審查結果，新聞局認有應改善情形時，應以書面通知電臺限期改善；屆期不改善或改善無效者，駁回其申請。

前項通知改善期間內，得發給臨時執照，其有效期間不得逾三個月。

第十三條　前條第一項第五款之認定，得依左列方式為之：

一、舉行公聽會。

二、委託其他機構辦理民意調查。

三、邀請事業負責人或相關人員面談。

四、至各服務地區訪談。

五、其他適當之方式。

第十四條　廣播或電視執照遺失或毀損者，應即登報聲明作廢，報請補發；其所載事項有變更時，應報請核准後，申請換發。

依前項規定補發、換發之廣播或電視執照，仍以原執照之有效期間為其有效期間。

第十五條　申請核發、效期屆滿之換發廣播或電視執照，應繳納執照費。

申請補發、所載事項變更之換發廣播或電視執照，應繳納登記費。

第十六條　本法第十三條所稱廣播、電視事業之組織規定如左：

一、廣播事業應分設節目、工程及管理部門外，並應視其性質增設新聞、教學、業務、專業廣播或其他有關部門。其員額自定之。

二、電視事業應分設新聞、節目、工程及管理部門外，並應視其性質增設教學、業務或其他有關部門。其員額自定之。

第十七條　廣播、電視事業應於年度結束後三個月內檢具左列文件，
　　　　　送請新聞局備查：

　　　　　一、全年度節目報告書。

　　　　　二、電臺員工詳細名冊及民營廣播、電視事業董事、監察
　　　　　　　人名冊。

　　　　　三、其他經新聞局指定之資料。

　　　　　公司組織之民營廣播、電視事業應於每屆營業年度結束六
　　　　　個月內，檢具依公司法第二十條規定製作之各項書表，送
　　　　　請新聞局備查。

　　　　　財團法人組織之民營廣播、電視事業，應於年度結束三個
　　　　　月內，檢具業務執行執告書及決算書送請新聞局備查。

第十八條　廣播、電視事業股份之轉讓申請時，受讓人如為自然人，
　　　　　應檢具過戶申請書、受讓人個人基本資料調查表、受讓人
　　　　　之全戶戶籍謄本，向新聞局申請許可。受讓人有左列情形
　　　　　之一者，不予許可：

　　　　　一、非中華民國國民。

　　　　　二、國內無設籍、無住所。

　　　　　三、配偶、直系血親、直系姻親或二親等以內血親關係之
　　　　　　　股份所有人，其持股總數超過該事業之總股數百分之
　　　　　　　五十者。

　　　　　四、新聞紙、無線電線或無線廣播事業之股東持股達各該
　　　　　　　事業總股數百分之十以上。

第十九條　前條股份轉讓申請時，受讓人如為法人，應檢具過戶申請
　　　　　書、受讓法人之登記資料，向新聞局申請許可。受讓人有
　　　　　左列情形之一者，不予許可：

　　　　　一、未依中華民國法律設立登記。

　　　　　二、國內無營業所或事務所。

三、新聞紙、無線電視或無線廣播事業之股東持股或與其
相關企業共同持股達各該事業總股數百分之五十以
上。

前項第三款所稱相關企業，係指經營廣播、電視事業之股
東所擔任董事或監察人之企業或其投資所占股權百分之二
十以上之企業。

第二十條　前二條各款規定，於電臺發起人及認股人準用之。

第二十條之一　本法第十四條第一項股權轉讓應經新聞局許可之規
定，於股票已在證券交易所上市或於證券商營業處所
買賣之廣播、電視事業，不適用之。

前項廣播、電視事業股權之轉讓，其受讓人應無第十
八條第一款、第二款及第十九條第一項、第二款之情
形。

第二十一條　本法第十四條所定許可之申請，經新聞局審查認有應補
正情形時，應以書面通知廣播、電視事業限期補正。屆
期不補正或補正不全者，駁回其申請。

新聞局得會商交通部審查前項許可之申請。

第三章　廣播電視節目管理

第二十二條　本法第十六條第一款所稱新聞節目，包括新聞之報導、
分析及實況轉播；所稱政令宣導節目，係指有關政府措
施與成果之介紹事項。

前項節目內容均應客觀、公正、確實、完整，並不得具
有廣告性質。

第二十三條　本法第十六條第二款所稱教育文化節目，係以發揚中華
文化，推廣社會教育，輔助學校教學，啟發兒童智能為
目的；其標準如左：

一、配合社會需要增進國民知識。

二、闡揚科學新知指導各種職業技能。

三、介紹有關生活修養、公共道德、體育、衛生及家事
　　知識，宣導法治觀念與禮讓精神，以協助推行生活
　　教育及倫理教育。

四、充實史地知識，闡揚固有文化，激發民族精神及國
　　家意識。

五、評介文學、音樂、美術、戲劇及舞蹈等節目，以陶
　　冶國民性情，提高鑑賞能力。

六、依教育法令之規定製作空中教學或輔助教學節目。

第二十四條　本法第十六條第三款所稱公共服務節目，係指氣象報
　　　　　　告、時刻報告、緊急通告、公共安全及其他有關社會服
　　　　　　務等事項；其標準如左：

一、以義務播送為原則，並對涉及公益之重大問題，予
　　以圓滿答覆。

二、在播送時間內，每四小時至少報告氣象、時刻一
　　次，電視電臺並應每一正點報時一次，均以主管機
　　關所供給之資料為準。

三、遇有天然災害，緊急事故時，應隨時插播，並報導
　　必要之應變措施。

第二十五條　本法第十六條第四款所稱大眾娛樂節目，係指同條第一
　　　　　　款至第三款以外之節目，包括歌唱、音樂、戲劇、小
　　　　　　說、故事、笑話、猜謎、舞蹈、技藝、綜藝及其他以娛
　　　　　　樂為內容之表演。

第二十六條　（刪除）

第二十七條　（刪除）

第二十八條　具有特種任務或為專業性之電臺所播送特種或專業節目

之時間，應占百分之六十以上，其他各類節目時間之比率，由電臺自行訂定後，附具詳細理由及施行期限，送請新聞局核定後實施。

第二十九條　電臺播送之節目，除新聞外，凡經新聞局依本法第二十五條指定事先審查者，應由電臺於新聞局指定之期限前，檢具申請書表，連同錄音帶、錄影帶、影片、審查費及證照費等送請新聞局審查，取得准播證明後，始得播送。

電臺對前項審查結果有異議時，得於文到之日起十四日內以書面申請重行審查，逾期不予受理。重行審查於必要時得邀請學者專家參加。

電臺對未經指定事先審查之節目，應自行負責審查後播送。播送後之錄音帶、錄影帶、影片、節目文稿或其他有關資料，應保存十五日，以備查考。

第三十條　電臺節目時間表應於播送五日前，送請新聞局核備。經核定後，非有左列情形之一者，不得變更：

一、於播送二十四小時前，將變更之節目時間送請核備。

二、遇有天然災害、緊急事故或具時效性之重大事件等特殊原因須臨時變更。

電臺對於變更之節目，應插播預告或即予說明。

第一項第二款節目時間之變更，應於播出後四十八小時內，將變更之節目內容及原因，送請備查。

第三十一條　電臺應備節目日誌，逐日記載當日各項節目名稱或標題、播音語言、主持人姓名、起訖時間、製作單位、簡要內容及所播送之廣告內容。

日誌表格，由各電臺自行製訂，其保存期限為二年，以備查考。

第三十二條　廣播電臺每次播音開始、結束及節目更換時，應播報臺
　　　　　　名、呼號及頻率；其於節目進行中，並應斟酌情況，每
　　　　　　半小時簡報臺名一次，以資辨認。
　　　　　　電視電臺及特種任務電臺，準用前項規定辦理。

第四章　廣播電視廣告管理

第三十三條　本法第三十一條第一項所稱播送總時間，係指節目表所
　　　　　　載每一節目播送起訖時間。

第三十四條　電視電臺播送廣告方式與每一時段中數量分配之規定如
　　　　　　左：
　　　　　　一、新聞報導及氣象報告時間達三十分鐘者，得插播廣
　　　　　　　　告一次；達四十五分鐘者，得插播廣告二次；達六
　　　　　　　　十分鐘者，得插播廣告三次。
　　　　　　二、前款以外節目時間達三十分鐘者，得插播廣告二
　　　　　　　　次；達四十五分鐘者，得插播廣告三次；達六十分
　　　　　　　　鐘者，得插播廣告四次。現場實況轉播，廣告插播
　　　　　　　　得選擇適當時機爲之。
　　　　　　廣播、電視電臺因執行政府指定之任務，而增加播送時
　　　　　　間者，經新聞局核准，得酌增播送廣告時間。

第三十五條　廣播、電視廣告經指定須事先審查者，應由播送電臺或
　　　　　　廣告製作業者填具申請書，連同廣告影片錄影帶、錄音
　　　　　　帶、審查費及證照費，向新聞局申請審查，經取得准播
　　　　　　證明後，始得播送；經許可之廣播、電視廣告，應留交
　　　　　　一份備查。
　　　　　　前項准播證明有效期間爲一年，但法令另有規定或廣告
　　　　　　項目及內容屬特定產品者，得予縮短。期滿後如須繼續
　　　　　　播送，得申請延期。

　　　　　　　廣播、電視廣告未經指定事先審查者，應由電臺自行負
　　　　　　　責審查後再行播送。並應將播送之錄音帶、錄影帶及廣
　　　　　　　告文稿等資料保存十五日，以備查考。
　　　　　　　第一項所稱廣告製作業者，係指依法加入廣告代理商業
　　　　　　　同業公會或廣播電視節目製作商業同業公會之會員。
第三十六條　廣告之音量不得超過節目正常進行之音量。

第五章　錄影節目帶管理

第三十七條　錄影節目帶之輔導與管理，新聞局得指定項目授權省
　　　　　　　（市）、縣（市）政府辦理。

第三十八條　本法第二條第十款所稱錄影節目帶，包括經由電子掃描
　　　　　　　作用，在電視螢光幕上顯示系統性聲音及影像之錄影片
　　　　　　　（影碟）等型式產品。但電腦程式產品不屬之。

第三十九條　廣播電視節目供應事業於錄影節目帶發行或播映前，應
　　　　　　　檢具申請書表、錄影節目帶、審查費及證照費，送請新
　　　　　　　聞局審查。其非自行製作之錄影節目帶，並應檢具經授
　　　　　　　權之證明文件；錄影節目帶經審查核准後，由新聞局發
　　　　　　　給證明。但經新聞局公告免送審者，不在此限。
　　　　　　　錄影節目帶之字幕應使用正體字，始得發行或播映。
　　　　　　　廣播電視節目供應事業名稱變更時，應於變更後七日
　　　　　　　內，向新聞局申請換發第一項證明；其為獨資或合夥組
　　　　　　　織者，負責人變更時，亦同。
　　　　　　　純供學校或社會教育機構教學用之錄影節目帶，應送請
　　　　　　　教育部審定，供發行時，仍應依前三項規定辦理。

第四十條　錄影節目帶經審查核准者，應由送審之廣播電視節目供應
　　　　　　　事業製作標籤黏貼或印製於錄影節目帶側面及其封套上，
　　　　　　　影碟形式之錄影節目帶則應黏貼或印製於封套上；其屬免

送審之錄影節目帶者，仍應依規定標示，並於核准字號欄內註明免送審類別。

前項標籤應載明節目名稱、長度、級別、核准字號、權利範圍、廣播電視節目供應事業名稱、地址、負責人姓名及登錄許可證字號；其標籤顏色由新聞局定之。

廣播電視節目供應事業應將前項標籤送請新聞局核驗。

第一項經審查核准之錄影節目帶，應複製一份送請新聞局備查。

第四十一條　錄影節目帶之內容不得有本法第二十一條各款情形之一，其為電影片者，並不得有經禁演或變更原核准範圍之情事。

第四十二條　錄影節目帶錄有廣告者，應依規定送請審查。經核准者，應複製一份送請新聞局備查。

經新聞局核准播放之電視廣告，供製作錄影節目帶之用時，在廣告准播證明有效期間內，免依前項規定辦理。但該廣告經新聞局調回複審核定禁演者，應將廣告銷磁。

第四十三條　使用單一視聽機播映錄影節目帶，應符合授權使用範圍。

經營錄影節目播映業務者，應依廣播電視節目供應事業管理規則有關規定辦理。

第四十四條　錄影節目帶之進口或出口，應經核驗許可；其內容有違反第四十一條規定者，得不予許可。

第四十五條　我國廠商接受國外委託加工錄影節目帶出口者，應檢具經官方或當地合法公證機構公證或由經政府核准成立之國際性相關著作權人組織查證之國外委託人授權文件，向新聞局申請核驗許可，不受第四十一條規定之限制。

第六章　附則

第四十六條　違反本細則之規定者，應視其情節，依本法有關規定處
　　　　　　理。

第四十七條　本法第四十五條之二所稱沒入其節目，係指沒入該廣
　　　　　　播、電視節目、廣告、錄影節目所附著之帶、片等物
　　　　　　品。

第四十八條　本細則所定之各項規費，其費額由新聞局定之。
　　　　　　前項規費之徵收應依預算程序辦理。

第四十九條　（刪除）

第五十條　本細則自發布日施行。

附件一：電臺籌設申請書

受文者：行政院新聞局

主　旨：茲依據廣播電視法施行細則第二條之規定，檢送電臺籌設申請書及電
　　　　臺營運計畫貳式各五份，申請籌設許可，請　查照。

○○電臺籌備處戳

電臺籌設申請書

申請事項	申請頻率	千赫/兆赫，發射電功率　　　千瓦
	電臺名稱	簡稱
	臺址預定地	使用分區或用地類別
	經營地區	
	（預定）實收資本額或財產總額	新臺幣　　　元整
	電臺類別	□民營、□公營
	電臺性質	□股份有限公司、□財團法人、□公營電臺
	設臺宗旨摘要 （請條列說明）	1. 2. 3. 4. 5. 6.
附件	一、民營電臺： 　1.全體發起人或捐助人之最近三個月全戶戶籍謄本。 　2.發起人或捐助人名冊。 　3.全體發起人或捐助人之個別聲明書。 二、公營電臺： 　1.直屬公營機構核准籌設電臺證明文件。 　2.直屬公營機構負責人聲明書。	

負責人或發起人／捐助人代表簽章（印鑑或關防）：

聯絡人及電話：

中　華　民　國　　　年　　　月　　　日

附件一之一：廣播電視電臺籌設發起人／捐助人名冊

姓名	身分證字號	出生年月日	所認股數	認股比例	其他媒體持股情形		最高學歷	主要經歷	地址電話	簽章
					媒體名稱	持股數				

附件一之二：電臺發起人聲明書

　　本人為　　　　發起人，茲聲明本人絕無廣播電視法施行細則第二十條準用第十八條暨第十九條規定所列各款情事，且提供之各項資料均正確無訛，如有虛偽不實，願無條件放棄電臺籌設申請之資格。
　　　　此　　致
行政院新聞局

　　　　　　　　　　　　　　　　　聲明人（簽章）：

　　中　華　民　國　　　　年　　　月　　　日

附件二：電臺營運計畫

一、人事結構及行政組織
　　(一)電臺組織及員額編制（請依據廣播電視法施行細則第十六條之規定辦
　　　　理）。
　　(二)人員進用及升遷途徑。
　　(三)薪資結構及福利措施。
　　(四)獎懲制度。

二、節目企畫
　　(一)節目理念及策略。
　　(二)節目規畫。
　　(三)節目管理及流程。
　　(四)內外製節目比率。

三、經營計畫
　　(一)經營理念及電臺特色。
　　(二)市場調查。
　　(三)內部管理控制制度。
　　(四)紛爭處理。

四、財務結構
　　(一)經費來源。
　　(二)內部會計控制制度。
　　(三)財務結構及概算。

五、業務推展計畫
　　(一)廣告結構。
　　(二)廣告管理。
　　(三)二年內業務推展計畫。

六、人才培訓計畫
　　(一)人員在職訓練計畫。
　　(二)專業進修。

七、電臺工程設備及設施
　　(一)電臺預定地（包括使用分區或用地類別）及預定之電波涵蓋區域。
　　(二)電臺架設時程及預定開播時間。
　　(三)工程設備購置計畫。
　　(四)製播器材購置計畫。
　　(五)工程技術及設施說明。
　　(六)技術推展計畫。

附件三：廣播或電視執照申請書

受文者：行政院新聞局

主　旨：關於申請核發廣播（電視）執照事，敬請　查照。

說明：一、依據廣播電視法施行細則第六條規定辦理。

二、檢送電臺執照影本二份，連同人事結構及行政組織、節目企畫、經
營計畫、財務結構、業務推展計畫、人才培訓計畫等相關文件一式
二份，敬請　審議。

申設人戳

廣播或電視執照申請相關文件

一、人事結構及行政組織

　　(一)電臺組織系統圖及員額編制表。

　　(二)經理人、各部門主管及節目製播人員名冊及資格證明文件。

　　(三)人事及行政管理規章。

　　(四)電臺安全維護辦法。

二、節目企畫

　　(一)節目品管流程。

　　(二)節目月報表及該月節目企畫書。

　　(三)節目表。

　　(四)節目製播顧問名冊。

三、經營計畫

　　具體之兩年經營計畫。

四、財務結構

　　(一)申請日前一個月內經會計師簽證之資產負債表。

　　(二)具體之會計稽核辦法。

　　(三)公營電臺須提出預算審核證明。

五、業務推展計畫

　　(一)廣告結構。

　　(二)廣告品管流程。

　　(三)具體業務推展計畫及時程表。

六、人才培訓計畫

具體之人員培訓計畫及時程表。

附件四：換發廣播（電視）執照申請書

廣播
電視　電臺換發執照申請書

兹依據廣播電視法施行細則第十一條規定，申請換發廣播（電視）執照。

此　致

行政院新聞局

申請人　　（簽章）

負責人	姓名	
	學歷	
	住址	
電臺名稱及簡稱		附件
申請頻率		一、過去二年頻率運用績效報告。 二、未來二年營運發展計畫。
電臺類別		三、電波涵蓋區域圖。 四、電臺執照影本。
設臺宗旨		五、原廣播（電視）執照影本。
電臺地址		六、公司執照。
機關（公司）地址		七、營利事業登記證（或財團法人登記證）影本。 八、公司章程（或捐助章程）。
經費來源		九、公司股東、董事、監察人名冊及董事會會議紀錄。 十、其他。
資本額或財產總額		以上文件一式五份。

附件五：過去二年頻率運用績效報告及未來二年營運發展計畫

一、人事結構及行政組織
　　(一)項目（請逐項陳述過去二年之具體作法）
　　　　1.電臺組織及員額編制
　　　　2.人員進用及升遷途徑
　　　　3.薪資結構及福利措施
　　　　4.獎懲制度
　　　　附：
　　　　　　1.電臺組織系統圖及員額編制表
　　　　　　2.負責人及各部門主管人員名冊
　　　　　　3.人事及行政管理規章
　　　　　　4.電臺安全維護辦法
　　(二)過去二年之逐項績效檢討
　　(三)未來二年之逐項具體計畫（含時程）
二、節目企畫
　　(一)項目（請逐項陳述過去二年之具體作法）
　　　　1.節目理念及策略
　　　　2.節目規畫
　　　　3.節目管理及流程
　　　　4.內外製節目比率
　　　　附：
　　　　　　1.節目品管流程表
　　　　　　2.節目月報表
　　(二)過去二年之逐項績效檢討
　　(三)未來二年之逐項具體計畫（含時程）
三、經營計畫
　　(一)項目（請逐項陳述過去二年之具體作法）
　　　　1.經營理念及電臺特色
　　　　2.市場調查
　　　　3.內部管理控制制度
　　　　4.紛爭處理
　　(二)過去二年之逐項績效檢討
　　(三)未來二年之逐項具體計畫（含時程）

四、財務結構

    (一)項目（請逐項陳述過去二年之具體作法）

        1.經費來源

        2.內部會計控制制度

        3.財務結構及概算

        4.具體之會計稽核辦法

    (二)過去二年之逐項績效檢討

    (三)未來二年之逐項具體計畫（含時程）

五、業務推展計畫

    (一)項目（請逐項陳述過去二年之具體作法）

        1.廣告結構

        2.廣告品管流程（附流程表）

    (二)過去二年之逐項績效檢討

    (三)未來二年之逐項具體計畫（含時程）

六、人才培訓計畫

    (一)項目（請逐項陳述過去二年之具體作法）

        1.人員在職訓練計畫

        2.專業進修

    (二)過去二年之逐項績效檢討

    (三)未來二年之逐項具體計畫（含時程）

——培養全方位廣播人

廣播電視事業負責人與從業人員管理規則

（民國八十八年十一月十九日）

第一條　本規則依廣播電視法第十三條及第五十條規定訂定之。

第二條　本規則所稱廣播、電視事業負責人，係指公營電台主管機關之負責人、民營電台之公司負責人或財團董事。廣播、電視事業之經理人、台長或分台主管，在執行職務範圍內，亦為負責人。

第三條　本規則所稱廣播、電視事業從業人員，係指廣播、電視事業負責人以外之執行業務人員。

第四條　有左列情事之一者，不得為第二條第一項所稱之廣播、電視事業負責人：

一、曾任廣播、電視事業之負責人或從業人員，於任職時因其行為致使其電台經依廣播電視法第四十五條吊銷廣播或電視執照者。

二、曾利用廣播、電視或新聞工作之職務關係犯罪，判處有期徒刑以上之刑確定者。

三、受破產宣告確定，尚未復權者。

四、受禁治產宣告尚未撤銷者。

五、國內無住所者。

第五條　廣播、電視事業之新聞部門主管，應具新聞專業素養，其記者及編譯，應具左列資格之一：

一、教育部認可之國內外大專校院畢業或高等考試以上考試及格者。

二、普通考試以上考試有關新聞類科及格者。

三、高級中等學校畢業或前款以外普通考試以上考試及格，

　　　　並從事廣播、電視或新聞工作二年以上者。

四、曾任委任職或相當委任職以上有關職務者。

五、從事廣播、電視或新聞工作三年以上者。

第六條　廣播電視事業工程人員之資格，依廣播及電視無線電台工程
　　　　技術管理規則之規定。

第七條　廣播電視事業負責人與從業人員，不得有損及廣播電視事業
　　　　名譽之行為。

第八條　廣播電視事業應重視所屬從業人員之專業素養，得自行舉辦
　　　　或參加各項專業訓練或講習。

第九條　本規則自發布日施行。

廣播電視節目供應事業管理規則（民國九十一年十月七日）

第一條　本規則依廣播電視法第五十條第一項規定訂定之。

　　　　廣播電視節目供應事業之管理，除依廣播電視法及其施行細則規定外，依本規則之規定。

第二條　廣播電視節目供應事業分為左列三類：

一、廣播電視節目業：

(一)廣播節目製作業：為無線廣播電台或其客戶策劃、製作節目或提供製作廣播節目之設備及場地之獨資、合夥、公司或其他法人組織。

(二)電視節目製作業：為無線電視電台、有線廣播電視系統經營者、有線電視節目播送系統、衛星廣播電視事業或其客戶策劃、製作節目或提供製作電視節目之設備及場地之獨資、合夥、公司或其他法人組織。

(三)廣播電視節目發行業：為無線廣播、電視電台、有線廣播電視系統經營者、有線電視節目播送系統或衛星廣播電視事業提供節目之獨資、合夥、公司或其他法人組織。

二、廣播電視廣告業：為無線廣播、電視電台、有線廣播電視系統經營者、有線電視節目播送系統、衛星廣播電視事業或其客戶策劃、製作節目或託播廣告之獨資、合夥、公司或其他法人組織。

三、錄影節目帶業：

(一)錄影節目帶製作業：自行製作或轉錄經授權之錄影節目帶之獨資、合夥、公司或其他法人組織。

　　　　　(二)錄影節目帶發行業：播映、出租、買賣或以其他方
　　　　　　 式供應錄影節目帶之獨資、合夥、公司或其他法人
　　　　　　 組織。

第三條　廣播電視節目供應事業之主管機關為行政院新聞局（以下簡
　　　　稱新聞局），其屬錄影節目帶業之輔導與管理，得指定項目
　　　　委託直轄市政府、縣（市）政府辦理。

第四條　（刪除）

第五條　廣播電視節目供應事業之最低實收資本額除法令另有規定
　　　　外，規定如左：
　　　一、廣播電視節目業：
　　　　　(一)廣播節目製作業：新台幣四十五萬元。其兼營提供
　　　　　　 製作廣播節目之設備及場地者，新台幣一百二十萬
　　　　　　 元。
　　　　　(二)電視節目製作業：新台幣一百二十萬元。其兼營提
　　　　　　 供製作電視節目之設備及場地者，新台幣一千萬
　　　　　　 元。
　　　　　(三)廣播電視節目發行業：新台幣一百二十萬元。
　　　二、廣播電視廣告業：新台幣一百二十萬元。
　　　三、錄影節目帶業：
　　　　　(一)錄影節目帶製作業：新台幣一百二十萬元。
　　　　　(二)錄影節目帶發行業：經營播映者，新台幣三百萬
　　　　　　 元；經營出租、買賣或以其他方式供應錄影節目帶
　　　　　　 者，新台幣四十五萬元。

第六條　廣播電視節目業、廣播電視廣告業之設備標準如左：
　　　一、獨有營業場所淨面積三十五平方公尺以上。但廣播節目
　　　　　製作業及廣播電視節目發行業之營業場所淨面積應在二
　　　　　十平方公尺以上。

二、廣播或電視節目製作或發行之資料。

兼營提供製作廣播或電視節目設備及場地之廣播節目製作業、電視節目製作業，其設備除前項規定外，應符合廣播電視無線電台設置使用管理辦法。

錄影節目帶製作業之設備標準如左：

一、獨有營業場所淨面積三十平方公尺以上。

二、固定錄製場所淨面積五十平方公尺以上、製作錄影節目帶目錄等資料及視聽機具設備或租賃契約。

錄影節目帶發行業之設備標準如左：

一、經營播映者：

　　(一)隔間式錄影節目播映場所：

　　　　1.獨有營業場所淨面積一百平方公尺以上。

　　　　2.場所設置標準（如附表）。

　　(二)大廳式錄影節目播映場所比照電影片映演業之映演場所申設標準規定辦理。

二、經營出租、買賣或以其他方式供應錄影節目帶者，獨有營業場所淨面積二十平方公尺以上。

應具標準	應繳表件
一、視聽室應僅供觀賞錄影節目用，不得附設床鋪、提供寢具或其他與觀賞錄影節目無關之設備。 二、視聽室不得裝設門鎖及門栓；房門應裝置透明玻璃，其規格長不得少於三十公分，寬不得少於四十公分（三十×四十公分），裝設位置需能視及室內使用情形。 三、視聽室所置座椅與視聽機具之距離，不得少於二點五公尺；視聽室內之前後距離之不得少於三公尺。 四、視聽室之燈光不得少於二十米燭光，其開關應裝設於室外。 五、錄影節目帶應公開集中置放於固定之陳列架。	一、負責人國民身分證或戶籍謄本影本一份。 二、營業場所所在地平面圖四份。 三、土地權利證明（或房屋所有權狀）或房屋使用同意書一份。

第七條　設立廣播電視節目業、廣播電視廣告業，應具備前條設備，填具申請書（格式如附件），向新聞局申請許可。

設立錄影節目帶業，應具備前條設備，填具申請書（格式如附件），依申設地點，向該管直轄市或縣（市）政府申請許可。但設立播映之錄影節目帶發行業，應填具籌設申請書（格式如附件），依籌設地點，向該管直轄市或縣（市）政府申請籌設。（備註：附件請參閱行政院公報第一卷二十六期九到頁）

第七之一條　設立播映之錄影節目帶發行業，應於核准籌設三個月內，具備第六條之設備，向原申請機關申請查驗。

前條第一項、第二項本文及前項設備經查驗合格後，由新聞局發給許可證。取得許可證者，應於六個月內依法辦妥設立登記，並於開業後一個月內加入當地商業同業公會。

前項錄影節目帶業之許可證，由新聞局委託該管直轄市政府、縣（市）政府發給。

第八條　廣播電視節目業、廣播電視廣告業開業後，其名稱、組織、負責人或經營業務有變更者，應於變更後十五日內申請新聞局換發許可證；其地址或資本額有變更者，應於變更後十五日內申請新聞局變更登記。

錄影節目帶業開業後，其名稱、組織、負責人或經營業務有變更者，應於變更後十五日內申請該管直轄市政府或縣（市）政府換發許可證。其地址或資本額有變更者，應於變更後十五日內申請該管直轄市政府或縣（市）政府變更登記。

依前二項規定換發許可證或變更登記後，應於十五日內向商業主管機關辦理變更登記。

廣播電視節目業、廣播電視廣告業遺失許可證者，應於登報

聲明作廢後十五日內，申請新聞局補發。

錄影節目帶業有前項情形者，應於登報聲明作廢後十五日內，申請該管直轄市政府或縣（市）政府補發。

第九條　第七條、第八條之申請，應記載事項或應備書件有欠缺者，得通知限期補正。逾期不爲補正或不能補正者，駁回其申請。

第十條　辦理非營利性廣播電視節目供應事宜或專以免費提供公益性、藝文性、社教性等節目或廣告予無線廣播、電視電台、有線廣播電視系統經營者或有線電視節目播送系統使用之政府機關、學校、獨資、合夥、公司或其他法人組織，免辦廣播電視節目供應事業之許可。

依電影法設立之電影片映演業經營大廳式錄影節目播映業務者，免辦錄影節目發行業之許可。

經營出租、買賣錄影節目帶之獨資、合夥、公司或其他法人組織符合左列情形者，免辦錄影節目帶發行業之許可。

一、非以出租、買賣錄影節目帶爲主要營業項目。

二、該項目之營業場所淨面積在二十平方公尺以下。

依前二項免辦錄影節目帶發行業之許可者，得向該管直轄市政府或縣（市）政府申請發給免辦許可證明。

第十一條　許可證發給後，發現有左列情事之一者，應限期通知改正，其不能改正或逾期不改正者，新聞局得廢止該許可。

一、違反第五條或第六條規定者。

二、未依第七條之一第二項規定於取得許可證後六個月內辦妥設立登記者。

三、未依第八條第一項、第二項、第四項或第五項規定辦理換發或補發許可證者。

四、開始營業後，自行停止營業六個月以上。但有正當理

由者，不在此限。

五、經營業務與許可項目不符者。

六、設立登記經該管主管機關命令解散、撤銷或廢止者。

第十二條　廣播節目製作業、電視節目製作業、廣播電視廣告業為無線廣播、電視電臺、有線廣播電視系統經營者、有線電視節目播送系統及衛星廣播電視事業策劃、製作節目或廣告者，應分別依廣播電視法、有線廣播電視法、衛星廣播電視法及其他相關法規辦理。廣播電視節目供應事業之負責人與從業人員不得將節目或廣告提供給未經新聞局許可擅自經營無線廣播、無線電視、有線廣播電視及衛星廣播電視者播放、播送。

第十三條　電視節目製作業、廣播電視節目發行業及廣播電視廣告業供應有線廣播電視系統經營者及有線電視節目播送系統之節目、廣告及其節目表，應自播送日起保存十五日備查。

第十三之一條　錄影節目帶發行業應公開陳列租售及公開上映之錄影節目。

第十四條　新聞局及有關機關得派員攜帶證件查核廣播電視節目供應事業之設施及業務。如發現有不合規定之情事者，除依有關法令辦理外，並應通知限期改正。

前項查核，對於錄影節目帶業未具備視聽機具或拒絕提供視聽機具查驗，或經查驗有疑義者，得將錄影節目帶帶回處理。

第十五條　錄影節目帶之分級，準用電影片分級處理辦法。

錄影節目帶發行業，不得將列限制級之錄影節目帶提供予未滿十八歲之人或將列輔導級之錄影節目帶，提供予未滿十二歲之人。

第十六條　廣播電視節目供應事業或其負責人、從業人員違反本規則

　　　　　　之規定者，分別依廣播電視法第四十五條之二或第四十九
　　　　　　條之規定辦理。
第十七條　依本規則規定申請核發、換發、補發許可證者，應繳納費
　　　　　　用，其收費標準由新聞局定之。
　　　　　　前項規費之徵收，新聞局應依預算程序辦理。
第十八條　本規則修正施行前，經營廣播電視節目供應事業者，應於
　　　　　　本規則修正施行日起三個月內依規定申請許可。
第十九條　本規則自發布日施行。

節目廣告化或廣告節目化認定原則 (民國九十年五月三十日)

節目有下列情形之一者，認定為節目廣告化：

一、節目名稱與提供廣告、贊助節目之廠商、或廣告中之商品名稱相
　　同者。

二、提供廣告或贊助節目之廠商負責人或代表，應邀於節目中出現，
　　其訪談或致詞內容有推廣宣傳其廠商之商品或服務者。

三、節目主持人、主講人或來賓所拍攝之廣告與節目內容有關聯性
　　者，或雖無關聯性但未以其他廣告前後區隔播送者。

四、節目中為促銷、宣傳目的，提及商品、風景區、遊樂區或營利場
　　所名稱者。

五、節目中以名牌、圖卡、圖表、海報、道具、布景或其他方式顯示
　　宣傳文字、圖片或電話。

六、刻意將節目中獎品或贈品之廠牌名稱、提供者名稱、電話、廣告
　　宣傳詞標示或以特寫畫面呈現者。

七、宣布贈獎內容時，強調其特性、功能及價格者。

八、節目墊檔之MTV歌曲未完整播出者；但因節目時間限制，致無
　　法完整播出者，不在此限。

九、節目諮詢電話或網址未於節目結束時以疊印方式播送、播送時間
　　逾二十秒或該電話與廣告中電話相同者。

十、感謝贊助單位時，未於節目結束時，併製作人員名單、以字幕方
　　式播送者。

十一、主持人、主講人或來賓於節目中鼓吹觀眾來電、入會、購買商
　　　品或參加活動者。

十二、節目中涉及有價付費講座或相關活動資訊者，但公益活動不在
　　　此限。

十三、節目中利用○二○四等付費語音電話舉辦活動者。

十四、節目無call in事實，卻出現call in電話、或call in電話與廣告中
　　　之電話相同者。

十五、節目中有推介特定商品之使用方式、效果，不論有無提及該商
　　　品名稱者。

十六、其他節目內容及表現有涉及廣告化或與廣告相搭配情形。

廣播電視廣告內容審查標準 (民國八十九年九月十一日)

第一條　本標準依廣播電視法（以下簡稱本法）第三十三條第三項規
　　　　定訂定之。

第二條　廣告審查包括內容、聲音、畫面、文字、旁白與播送時段。

第三條　廣告內容有違反本法第二十一條各款情形之一者，應不予許
　　　　可。

第四條　廣告之聲音、畫面不得有足以傷害公眾聽、視覺之情形。

第五條　廣告之文字、旁白應力求淨化，避免粗俗不雅之文詞。

第六條　廣告之許可，得視其內容，限制播送之時段。

第七條　播送電臺或廣告製作業者，對審查結果有異議時，得準用本
　　　　法施行細則第二十九條第二項規定申請複審。

第八條　本標準自發布日施行。

電訊傳播 2

廣播節目企劃與電台經營

——培養全方位廣播人

作　　者／賴祥蔚

出 版 者／揚智文化事業股份有限公司

發 行 人／葉忠賢

總 編 輯／林新倫

執行編輯／陳怡華

登 記 證／局版北市業字第1117號

地　　址／台北市新生南路三段88號5樓之6

電　　話／(02)2366-0309

傳　　眞／(02)2366-0310

郵撥帳號／19735365　葉忠賢

網　　址／http://www.ycrc.com.tw

E - m a i l ／yangchih@ycrc.com.tw

印　　刷／鼎易印刷事業股份有限公司

法律顧問／北辰著作權事務所　蕭雄淋律師

I S B N ／957-818-571-5

初版一刷／2003年12月

初版二刷／2005年2月

定　　價／新台幣350元

國家圖書館出版品預行編目資料

廣播節目企劃與電台經營：培養全方位廣播人

／賴祥蔚作. -- 初版. -- 臺北市：揚智文化,

2003[民92]

　面；　公分

參考書目:面

ISBN 957-818-571-5(平裝)

1. 廣播 - 節目 2. 廣播電台

557.76　　　　　　　　　　　92018005